U0732643

国家社会科学基金重点项目（20AJY007）
“大数据与制造业融合机制创新下我国制造业绿色转型的路径与对策研究”

大数据与制造业融合推动我国制造业绿色转型研究

吕明元　著

中国商务出版社
·北京·

图书在版编目（CIP）数据

大数据与制造业融合推动我国制造业绿色转型研究 /
吕明元著. -- 北京：中国商务出版社，2024. 11.
ISBN 978-7-5103-5449-6
Ⅰ. F426. 4
中国国家版本馆 CIP 数据核字第 202465EG52 号

大数据与制造业融合推动我国制造业绿色转型研究

吕明元　著

出版发行：中国商务出版社有限公司
地　　址：北京市东城区安定门外大街东后巷 28 号　邮　　编：100710
网　　址：http://www.cctpress.com
联系电话：010—64515150（发行部）　010—64212247（总编室）
　　　　　010—64515164（事业部）　010—64248236（印制部）
责任编辑：薛庆林
排　　版：北京天逸合文化有限公司
印　　刷：北京建宏印刷有限公司
开　　本：710 毫米×1000 毫米　1/16
印　　张：16. 5　字　　数：230 千字
版　　次：2024 年 11 月第 1 版　印　　次：2024 年 11 月第 1 次印刷
书　　号：ISBN 978-7-5103-5449-6
定　　价：79. 00 元

凡所购本版图书如有印装质量问题，请与本社印制部联系
版权所有　翻印必究（盗版侵权举报请与本社总编室联系）

前　言

加快我国制造业高质量发展，推进大数据和实体经济深度融合，是党的十九大报告提出的实现经济高质量发展的重要举措。十九届四中全会首次将数据列为生产要素，党的二十大进一步提出促进数字经济和实体经济深度融合。《中国制造 2025》行动纲领的目的在于以智能制造来促进中国制造业转型，以大数据与制造业融合为制造业绿色转型提供新动能。在此背景下，从大数据与制造业融合机制创新的角度，探索我国制造业绿色转型的路径和政策选择，是当前一个重要的研究课题。

本书具有重要的理论意义。首先，基于经济学视角的大数据与制造业绿色转型关系至今仍少有系统深入的研究成果。本书借鉴了相关的大数据理论和方法并应用于产业经济研究，构建大数据与制造业融合的理论分析框架，有利于促进大数据理论方法与产业经济研究的整合与互补，拓展交叉学科研究领域，分析大数据与制造业融合的理论机制、影响因素及其中介变量之间的相互关系，通过定性、定量的系统研究，形成具有创新意义的学术成果。其次，通过构建大数据与制造业融合的理论分析框架，在理论层面创新性地拓宽制造业问题的研究视野，探索将国内外相关学科的理论与经验研究成果加以整合，尝试建立一个逻辑一致、兼容并蓄的理论分析框架。

本书具有重要的实践意义。首先，从节约资源、保护环境等维度，分析我国大数据发展水平以及制造业绿色发展的总体情况、发展趋势和两者的内在关系，探索我国未来制造业绿色转型的路径，可为我国大数据与制造业深度融合、实现制造业由大到强和绿色发展提供决策依据。其次，近年来，伴随我国工业化进程的加速，实现制造业绿色转型日趋紧迫。结合我国国情，考虑我国不同区域、不同制造业行业两化融合水平，探索工业大数据的理论、技术方法及其实施策略的发展与创新，对于推进我国大数据发展战略、实现制造强国的战略目标，具有重要的实践意义。

大数据与制造业融合在学术界是一个较新的研究领域，尚未形成学术界广泛认可的理论框架，不同地域、不同行业、不同领域的差异化融合路径、内在机制以及特点形式等深层次理论方面的研究有待于继续拓展。从实证研究方面来看，实证分析涉及的数据量大、地域广、行业多，数据获取、整理和处理也存在不少困难。学术界仍未统一包括大数据在内的新兴数字经济概念，指标数据缺失和统计口径变更问题也时有存在，较早年份的大数据和制造业的数据搜集更为不易，造成了实证研究中指标选取、数据搜集和处理等方面的一定困难和不足。

本书是一次具有创新意义的探索，在此研究领域尚存许多需要深入研究的问题。需要深入研究如何构建科学合理的大数据发展水平评价指标体系，以准确反映大数据与不同行业融合的程度、方式之间存在的异质性；对大数据技术推动制造业绿色转型的研究需要进一步深入产业结构内部，尤其是需要注重行业异质性对制造业绿色转型效应的影响；大数据与制造业融合的国际比较方面，也需要进一步拓宽研究视野。在未来，这需要我们进行更深层次、更为系统的探索和努力。

目　录

第一章　大数据与制造业融合推动制造业绿色转型研究述评：机制、效应与路径

一、引言

党的十九大报告提出，“推动互联网、大数据、人工智能和实体经济深度融合”。党的二十大报告提出，“建设现代化产业体系。坚持把发展经济的着力点放在实体经济上，推进新型工业化，加快建设制造强国、质量强国、航天强国、交通强国、网络强国、数字中国”。大数据等新一代信息技术与制造业的融合发展和广泛应用，推动着制造业向智能制造、绿色制造转型发展。这些新技术成为赋能制造业绿色高质量发展的重要引擎，是我国经济社会高质量发展的重要推动力。

自 2010 年以来，我国的制造业规模已经连续 13 年居于世界第一的位置，但制造业“大而不强”的现实依然存在。尤其是近年来在进出口、投资、市场等环境不确定性加剧的背景下，我国制造业的转型不仅受到美国、德国、日本等发达国家积极部署的“再工业化”战略造成的高技术冲击，以及越南、菲律宾等发展中国家制造业低劳动力成本竞争的冲击，还面临制造业自身利润水平低下、企业间恶性竞争等导致的投资吸引力下降的问题，加之受到 2020 年以

来国内外新冠疫情的重大冲击，制造业亟须调整失衡结构、恢复生产效率并重塑竞争优势，推动制造业转型升级迫在眉睫。在此背景下，新一轮科技革命为制造业的转型升级提供了新的发展路径。

进入大数据时代，数据已成为企业核心资产，市场支配权的大小取决于对数据的掌握程度，而数据作为一种新型生产要素，能够直接作用于企业生产制造的全流程，改善传统制造业资源配置扭曲的现状。此外，以大数据为代表的新型数字技术与传统产业之间的交叉融合不断催生新业态和新模式，为提升制造业竞争力、促进经济高质量发展提供不竭动力。

从相关政策背景来看，通过把握新一轮技术革命的机遇、推进新兴技术与传统产业的融合来实现产业转型升级早已成为世界各国的共识。美国在 2012 年提出“工业互联网”计划，随后德国和日本分别提出“工业 4.0”和“机器人大战”，旨在通过人、数据、机器与技术的相互关联，为制造业企业创造新的营利点。我国于 2014 年将大数据首次写入政府工作报告，充分体现大数据对于经济发展的重要性。随后我国在 2015 年发布《促进大数据发展行动纲要》(国发〔2015〕50 号)，奠定了大数据对于经济转型与产业升级的重要基础。同年又颁布了《中国制造 2025》行动纲领，以体现信息技术与制造技术深度融合的数字化、网络化、智能化制造为主线。2020 年，工信部颁布了《关于工业大数据发展的指导意见》，要全面采集工业数据，实现工业设备的互联互通，加快建设国家工业大数据平台，推动工业数据共享，激发工业数据活力，完善数据应用，加强数据安全。2021 年发布的《中华人民共和国国民经济和社会发展第十四个五年规划和 2035 年远景目标纲要》(后简称《纲要》) 强调“充分发挥海量数据和丰富应用场景优势”。

加速数字经济与实体经济的深度融合，将大数据分析作为在数字化转型中的第一要务，以大数据、人工智能等赋能传统产业的转化提升，催生新型产业模式，推动经济社会高质量发展，已成必然趋势。加快大数据发展建设，推动大数据、人工智能等与实体经济各领域深度融合，对于加快地区制造业数字化转型与绿色转型进程，持续推进我国经济发展方式的转变，争夺国际竞争制高点，具有重要战略意义。

二、相关概念

（一）大数据

“大数据”一词最早于 1980 年由美国未来学家 Toffler（托夫勒）在《第三次浪潮》（“The Third Wave”）中提出，被称为第三次浪潮的华彩乐章。Michael 等（1997）在论文中提出大数据概念，用来定义计算机系统中具有大体量数据集的可视化挑战。随着学者们研究的逐步深入，大数据的内涵逐渐丰富。从其特征看，Dong（2001）提出“3V”理论，即数据具有三个特点：体量巨大（volume）、处理速度快（velocity）、类型多（variety）。Gantz 等（2011）将其拓展到“4V”，强调大数据的特点应该包括价值（value）。也有研究认为大数据应精确度高（veracity），提出了大数据的“5V”理论（Zikopoulos 等，2013）。2011 年 IBM 推出的 Waston 项目引起了全世界对大数据的关注。Manyika 等（2011）认为大数据是常规工具所无法获取、存储、管理和分析的数据集，提出大数据将带动未来生产力发展的创新和消费需求的增长，并预示着新一波生产率增长和消费者剩余浪潮的到来。李文莲和夏健明（2013）表示大数据应包括三层含义，即大数据技术之大、社会生活的泛数据化以及数据体量和形成速度之大。国务院《促进大数据发展行动纲要》(国发〔2015〕50号)提出，大数据是以容量大、类型多、存取速度快、应用价值高为主要特征的数据集合，正快速发展为对数量巨大、来源分散、格式多样的数据进行采集、存储和关联分析，从中发现新知识、创造新价值、提升新能力的新一代信息技术和服务业态。

综上，大数据同时具备技术、要素和产业三种属性，三种属性之间相互关联，构成大数据形成和发展的内在机制。首先，大数据是数字经济时代的创新型数字技术，具有海量性、多样性、高速性、价值性和准确性特征，也是推动产业发展与经济增长的核心驱动力技术。其次，大数据是以数据收集分析、机器学习等技术进步为基础，以互联网和信息化基础为支撑，紧密连接现有生产要素的交互关系，促进传统产业转型，提高生产效率，推动新兴信息技术产业发展的新型生产要素。最后，大数据是不断催生新业态，促进产业结构优化升级，革新商业模式，提升产业竞争力的新兴产业。

(二)制造业

制造业是指在机械工业时代，根据市场需求，利用物料、工具、设备、能源、资金、技术、信息和人力等资源要素，经过制造过程，生产出可供消费者利用的工业品与生活消费产品的行业。

制造业是立国之本，是一个国家生产水平的体现，也是一个国家的经济命门所在，从根本上体现了一个国家的国际竞争力。制造业是国民经济中的主导产业和支柱产业，也是经济高质量发展的主要推动力。制造业的特点是价值链长、关联性强、带动性大，可以为农业和服务业提供原料、设备以及技术支持。因此，一个国家制造业的发展水平很大程度上决定了这个国家农业以及服务业的发展程度。此外，在工业化快要结束的阶段，制造业往往还是国民经济各个部门当中提升效率最高的。所以，要提升整体经济发展水平，离不开制造业的发展。郭克莎等（2021）提出从劳动力转移层面看，一个国家的工业化速度和经济发展速度呈正向关系，工业化程度高的国家通常经济发展水平高，反之，经济发展水平较低；从制造业技术进步的角度来看，制造业的技术创新以及技术进步推动国民经济技术改造，制造业的高质量发展将会带动农业、服务业以及其他产业进行技术改造，从而为经济的高质量发展提供动力。

（三）大数据与制造业融合

产业融合的相关研究最早是从技术融合开始的。美国学者Rosenberg（1963）在研究过程中发现同一技术会在不同产业之间进行扩散，并将这种现象命名为“技术融合”。Neprouponte（1978）提出计算机、通信业及广播业三个产业的交汇点是创新活跃度最高、成长最快的地方。综上，技术融合就是相同的知识和技术在不同的产业之间共享的过程。在此基础上，一些学者认为产业融合就是新兴技术不断替代先前的技术，并促成创新活动发生的过程。植草益（2001）认为产业融合是通过技术变革以及放宽限制，降低不同行业之间的壁垒，以此加强各行业以及各企业之间的竞争合作关系。聂子龙和李浩（2003）认为产业融合就是基于人们不断谋求创新发展原动力的内在原因，由此形成的不同产业之间或者相同产业内部的不同行业之间相互渗透、交互，最终融为一体，并不断产生新兴产业的一种动态发展过程，往往还伴随着产业的退化、萎缩甚至消失。

随着新兴技术的不断发展，大数据在云计算、物联网和人工智能中的应用正在深入渗透制造业。大数据与制造业融合是5G时代对两化融合的进一步深化，其内涵是以互联网、云计算、大数据等新一代信息技术为核心驱动力，以促进制造企业数字化转型为主线，以工业大数据、工业互联网平台为抓手，以积极培育制造业新模式、新业态为载体，以5G、数据中心、工业大数据等新型基础设施为支撑，将大数据与传统制造业紧密结合，利用数字化技术、大数据分析等手段优化原有的生产流程，重塑其经营管理模式、商业模式等。同时，通过个性化定制、智能化制造、协同化生产和高效化管理，实现制造企业在研发、生产、质量把控等环节的生产效率和效益发生质的飞跃，最终实现制造业整体智能化转型。

综上所述，大数据与制造业融合并不是简单地将大数据在制造业中推广并运用的过程，而是产生了新的技术、管理模式和产业形态的全方位深度融合，深入推进大数据与制造业融合也是提升制造业竞争力的主要发展方向。

（四）制造业绿色转型

英国环境经济学家皮尔斯于1989年出版的《绿色经济蓝图》中首次提出“绿色经济”，主张以社会和生态环境为出发点，建立一种可承受的经济发展模式。由此，绿色经济应是以人与自然和谐共生为目的的一种发展状态，且制造业绿色转型是其重要组成部分。Bovenberg等（1995）将环境变量作为经济增长的生产要素之一，提出应合理考虑经济发展过程中的环境问题。绿色转型是指企业贯彻绿色发展理念，构建资源集约利用和环境友好两个目标，以绿色创新为中枢，坚持绿色生产，兼顾经济效益和环境效益，最终改善生态环境、促进经济社会高质量发展的一种生态发展模式（万攀兵等，2021）。从制造业绿色转型的原因来看，邵帅等（2019）提出，制造业绿色转型的内因是其原本高能耗、高污染的粗放型发展模式造成了严重的环境污染并破坏了生态，难以可持续发展；胡剑波等（2020）提出，制造业绿色转型的外因，是“双碳”目标紧凑的时间窗口和严重依赖资源、能源产品的外贸模式导致中国降碳减碳任务繁重。从其内涵来看，中国社会科学院工业经济研究所课题组（2011）提出，制造业绿色转型是经济增长模式由高投入、高消耗、高污染、低效益的粗放型转向资源集约利用、绿色减排的环境友好型的过程；李帅娜等（2023）提出，制造业绿色转型应着重提升制造业的生产效率，减少对环境的负面影响，使其可持续发展，主要表现为对制造业绿色生产率水平和产业结构绿色转型程度的影响；戴翔等（2022）提出，节能减排是制造业绿色化转型的核心和根本要义。从其测度方法来看，目前主要有数据包络分析（DEA）、绿色全要素生产率（GTFP）等。

（五）数据价值

数据价值分为经济价值和社会价值。经济价值主要体现在数据对企业商业模式的创新和在商业领域的应用方面；社会价值主要体现在推动经济发展转型和社会管理变革上。

经济价值方面，大数据已成为商业模式创新的时代背景。从技术层面理解大数据对商业模式的驱动作用，崔小委等（2016）以谷歌公司2000年建立的覆盖数十亿网页的索引库作为大数据应用起点，分析数据的应用如何推进大数据产业落地发展；Arfan等（2019）基于大数据分析框架，开发了包含大数据获取、集成、挖掘和知识共享机制在内的关键技术，优化了制造业质量、能源消耗和生产效率；Müller等（2018）发现企业应用大数据资源后其生产效率平均可提升3%~7%，为企业发展提供了机会；Chen等（2015）认为在噪声低、分布准确、可用范围广等时，企业才能够利用大数据分析洞察商业机会，将数据处理为知识，并应用于决策；而肖静华等（2018）提出企业利用生产商与消费者互动的数据进行产品研发决策。从思维层面探讨大数据驱动的商业模式创新，曾锵（2019）依托大数据思维，构造出包含产品、场景与消费者三要素的大数据驱动商业模式创新的分析单元；李文等（2020）发现大数据有利于推动新零售商业模式的运营发展，可深入挖掘用户需求的增长点和企业价值的实现点；江积海和阮文强（2020）利用数据驱动和价值网络构建运营场景化，提升用户感知并创造场景价值。

在社会价值方面，大数据作为一项新型技术在一定程度上改变了传统的国家与社会关系的模式，其运用促进了政府角色从监管者向服务者的转变，推动了政府和社会间公平协作关系的形成，以及促进社会分担政府公共服务的职能等。大数据还可以助力地方政府创新治理能力和管理决策能力的提升；大数据的应用将为政府效能、政务公开、公共服务优化等提供机遇，同时降低政府治理成本；除此之外，互联网大数据的普及也倒逼政府网站管理模式的创新和管理能力的提升（于施洋等，2013）。此外，大数据作为新动能可以实现巨大的社会经济价值。一方面，大数据作为战略性新兴技术，催生新模式、新业态，促进信息产业发展，是实现数字产业化的重要组成部分；另一方面，大数据以其突破性技术创新特点，由互联网行业向传统行业逐步延伸，并与行业应用领域深度融合，推进传统产业在经营、营利、服务等多方面的革新，推动传统产业数字化转型进程。

三、大数据与制造业融合水平评价与影响因素

（一）大数据与制造业融合水平评价

当前，学术界关于大数据与制造业融合水平评价的相关研究主

要集中于对制造业两化融合①、互联网与制造业融合、智能化与信息化水平的评价。

1. 制造业两化融合水平

支燕等（2012）从投入—产出角度出发，基于投入—产出表研究了制造业15大产业的两化融合度及其变化特征，得出资本与技术密集型制造业的融合度明显高于劳动密集型产业的结论，并发现传统制造业对两化融合的反应滞后；张辽等（2018）从同角度出发，发现我国2006—2015年东部地区制造业的两化融合水平明显高于中西部地区；柴雯等（2018）以中国两化融合服务平台的8万多家企业数据为样本，从制造业双创平台建设，新模式、新业态培育和新型工业基础设施体系构建三个维度，综合评价了我国互联网与制造业的融合发展水平；李远刚（2021）通过构建模型从实证角度分析了2016—2019年我国中部六省大数据与实体经济融合的情况，研究发现，中部六省中湖北融合水平最高，安徽融合水平最低，并且这六省融合水平均逐年提高；周晓辉（2021）选取2011—2019年长三角地区数据，通过构建先进制造业和数字经济发展水平测度体系，计算了二者的融合程度，并进一步研究影响其融合深度的因素。

2. 互联网与制造业融合水平

李晓磊（2019）从技术融合、产品融合、业务融合、市场融合和管理融合五个维度出发，以2016—2017年我国东中西部208家小微企业为样本，测得“互联网+”小微企业处于中高度融合水平，并且指出管理融合和市场融合能够显著影响“互联网+”小微企业

① 两化融合，即信息化与工业化的高层次深度融合。具体是指电子信息技术广泛应用到工业生产的各个环节，信息化成为工业企业经营管理的常规手段。

的竞争优势；牛竹梅和张咪（2021）利用投入—产出法测算了山东及全国“互联网+”装备制造业系统内七个行业的融合度，发现山东“互联网+”装备制造业融合度与全国平均水平有一定差距，但山东和全国的情况均是资本技术密集型行业融合度较高，而劳动密集型或资源密集型行业融合度较低；黄启斌（2019）利用熵值赋权法，与耦合协调模型相结合，研究了湖南互联网发展与制造业转型的协同演化关系，证明了湖南互联网发展与制造业转型呈现较强的相关性。

3. 智能化与信息化水平

张旺（2019）利用系统协调系数法，从数字化、网络化、智能化和服务化四个维度测算了湖北的制造业四化融合水平，结果表明湖北制造业四化融合正处于良好融合发展态势。高晓雨等（2017）基于中国两化融合服务平台上 7 万余家企业数据，从基础环境、产业应用、效益与影响三个维度来测算中国制造信息化指数，发现全国制造业水平呈现“东南沿海高、西部内陆低”的态势。吴敏洁等（2020）采用潜因子模型，从产品智能化、生产智能化、服务智能化、装备智能化、管理智能化五个维度对中国各省智能制造发展水平进行评估。万晓榆等（2020）从基础环境、产业发展、智能制造、融合应用和创新能力五个方面衡量了我国的智能化发展水平。陈畴镛和许敬涵（2020）从技术变革、组织变革和管理变革三个维度，综合评价了浙江轴承企业的数字化转型能力。马书琴和李卓异（2020）计算了中国 31 个省、自治区、直辖市（未选取我国港澳台地区数据）的信息化和工业化耦合协调度，并对其进行空间分析；根据各省耦合协调度的不同，用灰色关联度模型分析了信息化与工业化的耦合机制，发现我国两化融合总体上处于中低耦合阶段，东部省、直辖市的耦合协调度相对较高，而西部省份则相对较低。孙承志（2020）以2013—2017年信息化与新型工业化融合发展指标数据为基础，结合灰色关联度分析方法和熵权法对两化综合发展水平进行综合评价，发现2013—2017年全国整体以及四大板块地区的两化融合发展水平持续增加，但距离高水平融合仍有较大差距。

（二）大数据与制造业融合的影响因素

1. 数据安全与隐私

大数据和制造业融合的前提条件，是提升其安全水平。数据安全与隐私的保护是大数据背景下最重要的问题之一，保护数据可以为数字经济的发展创造良好的条件。Sariyar（2015）发现，帮助数据提供者辨别科学数据共享中可能存在的安全和隐私问题，是一个非常重要但往往被忽视的环节。生产厂商通过分析个人数据来寻找具有商业价值的信息，这个过程会损害消费者的个人隐私，因此，需要一套完整的法律实现个人隐私保护。茶洪旺等（2018）提出，我国数据安全相关法律法规不健全，管理体系不完善，自主设备采用不足，多使用国外设备，导致保护数据资源不易，同时处罚条例较轻，增加了大数据产业的发展风险。

2. 数字化基础建设水平

数字化基础建设水平为大数据与制造业融合提供底层支持。冯锋（2022）认为数字化基础设施建设主要包括两部分，即物理基础设施建设和信息基础设施建设，物理基础设施主要是指具备数字化和智能化功能的实体基础设施，信息基础设施主要是指智能终端设备以及数据技术载体平台；王海等（2023）认为数字化基础设施可以提升市场竞争程度，推动软件与信息技术服务业发展，改善企业经营状况，并推动企业进行数字化转型；洪银兴和任保平（2023）认为数字化基础设施的特点是应用场景丰富且数据资产广阔，可以推动实体经济和数字技术的深度融合，数字化基础设施建设的重点在于新一代信息通信基础设备、区块链基础设备、工业互联网标志解析体系，通过建设集大数据技术、云计算技术和超算技术于一体的数字化基础设施平台，拓宽数字技术与实体经济融合的广度和深度。

3. 数据开放程度

提高数据开放程度是促进大数据和制造业融合的有效举措。Boyd（2012）认为大数据生态系统中存在着大数据丰富和大数据贫瘠这一数字鸿沟，数字鸿沟制约了数据价值的发挥；数据共享的先决条件是数据开放，只有数据开放才能有效整合数据，进而提升数据价值，增加数据的利用效率。朝乐门等（2016）认为，我国数据开放程度不够，"数据孤岛"现象普遍存在，虽然北京、上海等地建立了数据开放门户网站，但由于各省市的协同和合作不足，数据开放仅局限在本省市，大数据呈现垂直化发展趋势。吕铁（2019）认为我国多数企业的数据应用还处于起步阶段，尚未构建工业数据链，且内部数据资源分散，无法互联互通，外部数据融合度不高，对数据的分布与更新不敏感，难以深度挖掘数据潜在价值。王伟玲等（2019）指出我国信息资源的五分之四被政府部门掌握，但这些资源并没有被充分使用，因此，除企业外，政府也应该推动信息数据公开，实现政府数据的经济社会价值。

4. 研发创新能力

研发创新能力是大数据和制造业融合的关键支撑，企业应该增强探究创新性学习和挖掘蕴藏潜力的能力。迈尔-舍恩伯格和库克耶（2013）指出大数据是人们创造新价值的源泉；刘晓云等（2015）提出自主创新是保障制造业协同创新系统高效运行的重要机制，也是提高制造业核心竞争能力最重要的战略举措；汪晓文等

（2016）认为，和发达国家相比，我国大数据产业的技术与研发能力非常薄弱，各个产业链处于断链的状态，没有形成规模优势，多数数据公司的研发能力还在基础阶段停留，并未涉及核心领域；汪满容等（2017）认为，和美国相比，我国大数据专利申请虽然数量多，但是创新能力较弱；除了大数据产业创新能力较弱，霍媛媛（2019）认为我国制造业核心技术薄弱，限制了大数据和制造业融合发展，也阻碍了中国智造的可持续发展；焦勇（2020）认为要充分发挥大数据在制造中的主观能动性，将机械化的制造过程转化为包含创新、创造的智慧过程，从而促进制造业智能化发展。

四、大数据与制造业融合的模式与路径

作为一种通用技术、生产要素和新兴产业，大数据能够实现与制造业产品、企业、产业不同层次的深度融合，全面提升制造业生产效益，助力制造业实现数字化、智能化和绿色化转型。

（一）大数据与制造业产品的融合

1. 催生产品形态变革

随着数字技术的持续深入应用与电子商务平台的迅猛发展，加上新冠疫情期间防控的形势特点，消费者的需求逐渐趋向于个性化和场景化，对产品的需求从传统的实物产品向数字产品与产品服务并重的趋势发展，并且希望获得全方位真实的场景体验与在线的解决方案（吕明元等，2022）。而大数据赋能环境下，制造业企业能够通过工业互联网等平台采集消费者历史浏览页面、消费记录、交易信息、在线评论等数据集，精准了解消费者对不同产品颜色、型号、性能等参数的潜在需求，并以智能化的数据分析技术为支撑，进一步挖掘和预测消费者的深层次需求，以需定产，不断生产出满

足不同用户需求和用户体验的个性化产品，推动产品生产由大规模制造转向定制化制造并形成最终产品。随着用户产品体验过程中的动态需求变化，制造企业基于反馈数据能够及时对特定产品进行功能和形态上的调整，生产出不断匹配用户需求且具有成长特性的产品（肖静华等，2020）。

2. 推动产品研发由经验驱动转向数据驱动

传统消费模式下，企业往往先通过与领先用户等特殊消费者进行互动或依靠中间渠道寻求用户来获取产品设计、用户需求等相关信息，再基于以往的销售数据和组织经验不断研发新产品，这种基于经验驱动实现的产品研发存在着研发成本高、研发周期长等问题。但在数字化环境下，依靠产品相关的大数据样本集和数据分析技术，制造业企业与消费者之间的互动变得更加便捷，任何普通消费者都能够与企业实时互动，将自身行为数据化，成为可被企业收集和分析的数据，进而参与企业的产品研发过程并且企业会基于用户的产品体验满意度数据集逐步实现产品的渐进式创新。此外，随着数字仿真、虚拟现实、数据可视化等技术的发展，企业不仅可以从整体上预测市场群体消费趋势，也能够从个体上对消费者的行为进行精准画像，还能从海量数据中挖掘新的用户市场，并依托大数据模拟不同情境下的产品设计模型，形成持续演进的产品创新系统，有效降低企业的产品研发成本。

3. 驱动企业实时动态优化产品定价策略

传统的产品定价更多是基于市场价格和有限的销售数量、消费者需求分布等信息，并在特定范围内进行调整。而在大数据情境下，庞大的非结构化的用户产品评论数据成为企业定价的重要信息来源。基于原始的消费者产品评论数据，企业能够在线选择产品客户，对不同产品功能进行细分，并获得不同消费者对不同产品功能的相对偏好，进而预测未来销量变化，提升产品定价能力。此外，一方面，日益成熟的数据分析和数据挖掘技术使得企业可以适时精准地为消费者提供心仪产品的点击页面，并利用优惠政策和福利活动将消费者的潜在需求和深层次需求转化为真实需求，增加产品收益；另一方面，企业可以针对不同消费者的偏好差异对产品做出准确的定位，实现不同销售渠道或不同细分市场上的差异化定价。

（二）大数据与制造业企业的融合

1. 大数据与前端研发融合，以创新驱动发展

一方面，大数据为制造业企业提供了新的开放式创新平台。大数据时代，企业可以获取内外部的各种数据，这些数据将企业内部科研人员、外部研发机构、消费者连接在一个信息网络中，打通信息壁垒，降低企业的信息交易成本和创新成本。另一方面，大数据技术被用于对企业创新模式的模拟分析中，提高了研发效率。传统的新产品、新工艺大多是企业创新生产后，通过试用，发现其问题再加以改进。而大数据技术可以利用企业的创新想法和设计理念虚拟出研发设计的过程，再运用计算机系统加以分析、评估和优化。这极大地缩短了企业的研发周期，减少了后期技术改进工作，也降低了企业的成本消耗。

2. 大数据与中端物流融合，创造增值空间

传统的物流一般是按企业的需求和经营状况采购原材料、实施运输，通常会浪费大量的人力、财力，降低企业的收益。大数据的出现和利用，为企业物流环节创造了更大的增值空间。一方面，企业通过在线数据分析平台控制采购的成本和质量，合理分配资金。大数据打破了传统物流的地域限制和信息壁垒，企业通过收集的数据预测各大供应商原材料的价格变动趋势，实时监测原材料的数

量、质量、供应渠道等情况，制订合理的采购计划，提高采购资金的利用效率。另一方面，大数据能够优化企业的运输渠道，降低库存。借助射频识别和大数据技术，企业可以从车间生产数据中挖掘物流轨迹（Ray 等，2015），并实时观测供应商和销售商的经营情况，选择最优的配送中心。企业利用大数据与人工智能技术优化运输渠道，实现智能配货和智能选车。在产品运输之前，企业可以通过供应商和销售商在线经营数据的反馈，提前选择合适的配送中心。在运输过程中，企业可以随时在线追踪人、货、车的配置情况，以及各地不同路段的交通状况，选择最合理的配送方式。例如，贵州推出的货车帮平台公司，就是依托大数据整合运输供需信息，以车货匹配为核心，为货主选择最优的运输车辆，为车主提供合适的货源信息，进而大幅提高运输效率，减少资源浪费（许宪春等，2019）。

3. 大数据与中端制造融合，实现智能制造

数字经济时代，大数据作为一种数字技术和生产要素运用到企业的生产运营中，不仅可以通过其自身蕴含的技术进步作用优化生产流程，还可以与其他生产要素重组融合，在生产模式、制造系统、经营管理等方面带来新的技术革新（张三峰等，2019）。通过利用大数据、人工智能、云计算等各种数字技术，依托于各部门数据的收集和分析，企业能够实现实时的生产可视化监控管理，快速收集与产品设备相关的信息，提前预警设备故障并进行预测性维护。通过实时数据监测原材料和中间产品，企业再运用数据分析技术和算法动态调整生产计划，优化其资源配置，提高生产控制与管理决策的敏捷度。此外，企业依托大数据通过系统集成能够实现柔性生产和大规模智能定制，甚至使个性化定制与大规模标准化生产同时实现，这将成为未来多场景下的先进制造模式（吴义爽等，2016）。

4. 大数据与营销和售后融合，打造品牌效应

随着电子商务的快速发展，大数据营销逐渐成为企业的主流销售方式。在大数据赋能下，企业能够依靠对用户需求、产品制造、市场动态等相关数据集的挖掘和分析，不断拓展新的营销渠道。同时，分析各种营销渠道之间的关系以及其为企业带来的价值，并衡量不同营销渠道对特定消费群体的影响，从而有针对性地分割消费者市场，利用消费者的过往需求和未来消费倾向，对产品实施合理精准的定价与宣传策略。这不仅能够提高企业营销效率、降低成本，还能最大限度提高用户黏性、维护企业价值。如今，用户体验更注重的是有形或无形产品与各种增值服务的结合。企业能够利用大数据技术远程监控用户对产品的评价和反馈，及时发现问题并对产品实施高效维护，提升用户的产品体验和服务质量，打造独特的企业品牌。

（三）大数据与制造业产业的融合

1. 大数据推进传统制造业革新

作为一种新型数字技术，大数据与制造业产业具有天然的融合性，其主要体现在两个方面：一是大数据技术对传统制造业的渗透与替代；二是在制造业技术边界处实现技术创新。数字经济时代，大数据作为一种通用技术，具有使用广泛、高渗透性、持续创新、高融合性等典型特征，能够发挥较强的关联和带动效应。目前，大数据已经广泛应用到传统制造领域，不仅能逐渐替代落后的生产技术，催生出服务型制造、智能制造、网络化协同等现代制造模式，推动传统制造业数字化转型，还能带动物联网、云计算等相关数字技术在制造业内的应用和发展，最终促进生产部门的技术革新。

2. 大数据扩展在传统产业的影响

一方面，数字技术在现有不同部门之间的渗透深化了产业间的技术关联和分工合作，网络和平台的发展使得产业间虚拟集聚效应更加明显，工业互联网模糊了传统制造业与信息技术服务业的边界，各产业链、供应链、价值链等伴随新兴技术的扩散变得更加协同和智能，逐渐实现全新的数字化、网络化和智能化的产业生态系统。另一方面，以大数据产业为代表的新型数字产业与传统制造业实现良性互动，随着数据交易和相关数字技术服务的形成与发展，大数据本身已经形成相对独立的产业生态体系，且技术创新和技术外溢效果显著，在大数据产业自身不断创新发展的同时，利用技术融合创新和网络协同效应对传统制造业部门进行数字化改造，并且在大数据变革制造业以及产业化应用的过程中，制造业需求侧和供给侧的响应又倒逼大数据产业不断升级。

3. 大数据推动产业链增效

大数据作为数字经济时代的核心生产要素，不仅能直接作用于制造业生产的全过程，还能够与其他生产要素重新组合投入生产系统，促使要素结构向虚拟化和高级化的方向转变，推动传统制造业向高技术产业的方向发展。此外，数据具有易复制共享、无限供给、边际成本几乎为零等特性，不仅能突破传统要素的利用限制，还能促使生产者、消费者和各相关利益主体均能参与到制造业的价值创造过程中，从而提高制造业的要素配置效率和生产效益，形成更加高效的产业链。

五、大数据对制造业绿色转型的影响机制

大数据作为一门新兴技术，在和制造业的融合过程中推动制造业向智能化、绿色化转型，催生了一系列的新业态、新模式，提升

了经济发展效率，助力制造业绿色发展。

（一）直接影响机制

1. 节能减排

大数据带来的技术革命可以从根本上控制能源消耗，Zhang 等（2016）提出了一种基于大数据分析的产品生命周期架构，利用所获得的与产品生命周期相关的数据和知识，使制造商、环境、产品设计和服务受益，有助于企业实施清洁生产；在此基础上，Zhang 等（2018）基于提出的大数据驱动分析框架，利用能源大数据采集、挖掘和分析，将能源消耗和能源成本分别降低了 3% 和 4%，极大促进了清洁生产战略的实施，推动了能源密集型制造业实现可持续发展，为后续大数据推动产业绿色转型研究提供了依据。此外，对大数据技术的利用可以实时监控生产过程中的生态环境变化，有效控制污染排放量，减少资源浪费，提升制造业绿色发展水平。

2. 提质增效

对于制造商而言，大数据带来的机遇可以通过提高价值链效率和产品质量来提高生产率：一方面，从减少产品开发周期中不必要的迭代到优化装配过程，大数据提高了整个价值链的效率；另一方面，制造商使用从实际产品中获得的数据来改进开发下一代产品，并配套创新售后服务产品，在提升产品质量的同时提高生产率。随着数据挖掘技术和算法的成熟，企业利用大数据处理体系结构框架，实时监测产品质量，进而降低企业的投资成本和人力成本。Arfan 等（2019）基于大数据分析框架，开发了包括大数据获取和集成、大数据挖掘和知识共享机制在内的关键技术，优化了增材制造技术的质量、能耗和生产效率。Hyun（2019）基于提出的用于智能化工厂环境中的大数据分析方法与智能设备工程系统，发现其能够显著提高制造产品的质量与产量。基于大数据分析技术，制造业企业可以通过对消费者行为数据的分析，把握市场需求，设计满足消费者需求的个性化产品，在降低库存的同时缩短研发周期，减少资源浪费，并且通过对生产过程的监控，进行质量把控，提升产品质量，减少废弃物的产生。

（二）间接影响机制

1. 优化决策

大数据时代，企业的决策主体变得更加普适化与多元化，全员都能参与企业决策，并且企业的决策思维模式将在数据驱动下从传统的依靠直觉决定变为基于数据决定，进而有效提高企业的财务绩效。将大数据应用到制造业的制造、采购和物流过程中，可以优化运营和供应链，帮助企业作出有效决策。Reinhold 等（2017）将大数据分析应用到钢铁厂的耐火材料生产中，发现不仅可以减少在恶劣或危险工作环境中工作的工人数量，还可以依据更多的可靠数据制订更精准的生产计划。Daniel 等（2019）基于网络物理系统的体系结构，依托大数据技术建立一种数据驱动引擎，从而对智能制造作出精准的调度决策。利用大数据技术，企业可以作出符合市场需求的设计决策、降低风险的生产决策、节约成本的物流决策、精准对接的营销决策。例如，企业可以利用大数据技术对物流层面的管理进行强化，有效进行资源配置，减少其运输成本，提升能源利用效率，进而减少碳排放，推动制造业绿色转型。总之，企业通过运用大数据技术，可以深入了解不同决策选项的影响和潜在的环境影响，从而制定出可持续的绿色发展策略。

2. 绿色研发

大数据情境下，消费者能够以一种不断循环的方式持续参与产品的开发。投入市场的最终产品仍要基于社交网络消费者的反馈数据回到产品开发的初始阶段，不断进行产品研发和更新。区别于传统形式下消费者以“漏斗”的形式参与产品的开发模式（李海刚，2011），在大数据分析技术和互联网参与平台的结合下，消费者能够通过虚拟社区与企业进行双向持续互动，进而不断延长消费者参与产品开发的时间。数字化环境下，大数据使得现实世界与虚拟世界之间的联系变得更加紧密，利用大数据能够将消费者的历史数据与即时数据实现精准匹配，进而促使消费者的异质性需求更加趋向于显性化和细碎化（张亚斌等，2015）。消费者的行为变化趋于移动化、社会化和个性化，随之带来的是产品变得更加智能和互联，产品创造过程更加倾向于按需生产和个性化定制（陈剑等，2020）。大数据技术可以帮助企业采集市场数据，了解消费者对环保产品的需求及其变化趋势，甄选出具有投资价值和良好生态环境效益的绿色项目，进而调整自身的研发方向，助力传统制造业绿色化改造。

3. 产业链转型升级

大数据技术的应用可以搜集、统计、处理和分析企业产生的海量数据，分析产业结构的相关性和预测产业结构的发展趋势，进而推动制造业的信息化转型和智能化生产（霍媛媛，2019）；房建奇等（2019）指出，大数据在制造业业务流程中的应用，可以实现制造业的个性化定制、智能化生产、网络化协同和精益化管理，大数据作用下产生的新的制造模式能够促进制造业的提质增效和转型升级；焦勇（2020）认为数字经济赋能制造业分别从要素驱动转向数据驱动、从产品导向转向用户体验、从产业关联转向企业群落、从竞争合作转向互利共生，不断创造制造业新业态和新模式；吕明元和苗效东（2020）选取 25 个省份 13 年的制造业面板数据为样本进行实证分析，发现大数据对中国制造业结构的高级化与合理化有着正向的促进作用。随着大数据技术的不断推进，越来越多的企业应用大数据技术进行相关信息的收集、分析和处理，提升了制造过程的智能化水平，从而推动了整个制造业产业链的绿色升级，促进制造业绿色转型。与此同时，大数据技术的运用打破了各行业和企业间的信息壁垒，拉近了彼此距离，加深了彼此沟通，促成了绿色技术的溢出效应，最终实现制造业绿色转型。

六、大数据在绿色制造中的应用

随着互联网的普及以及物联网和云计算的快速发展，全球数据量也在迅速增长，同时，云技术和虚拟存储技术的发展大大降低了数据的存储成本。这都表明，大数据时代已经到来，它的应用和发展也带来了更多机遇。数据是经济数字化转型的重要资源，大数据分析已经应用于各个行业，正在引发行业变革，制造业也不例外。制造业涉及行业众多，大数据在产品制造中的应用场景也不尽相同，但整体而言，产品制造过程可以分为设计、生产、销售、物流以及售后几个通用阶段。同时，根据 Jaroslav 等（2020）对制造业绿色过程的系统聚类分析，可以将绿色流程分为三个主要的领域：开发、制造和物流。这些领域是价值链的核心，它们的“绿色”实施能够提高整个行业的可持续性水平。因此，本书从绿色设计与开发、绿色制造、绿色物流与供应链管理出发，对大数据在制造业应用的相关研究进行介绍。

（一）大数据在绿色设计与开发中的应用

对于制造商而言，准确感知客户偏好、把握市场需求是其保持市场份额并获取利润的重要手段。随着商品生产向定制化、个性化方向发展，用户需求逐渐多样化且变化频繁。因此，从多种信息来源收集有关客户需求偏好的数据，进而改进产品设计变得至关重要，而大数据为企业决策者准确把握市场需求变化提供了机会。通过大数据分析，制造商可以从与客户需求相关的大量数据中筛选出对自己有用的信息，从而把握市场需求变化，及时推动产品迭代，提高客户忠诚度。通过应用大数据，可以从多个来源收集和汇总与客户需求相关的大量数据（例如，在线评论和情感、客户行为和评估、用户体验和反馈等），以获取可操作的依据。这些数据信息可用于及时预测市场需求，并可预测潜在的市场规模、利润率、竞争对手数量和产品差异程度。同时，尽管有许多因素有助于预测市场需求，但有些因素比其他因素更重要，大数据的使用提供了确定市场需求最重要预测因素的机会。制造商可以密切监控和分析竞品的特点、定价策略和客户反馈，这些信息可以帮助制造商制定适当的新产品战略。

此外，由于数据获得困难，传统的产品设计方法很少在设计过程中考虑整个产品生命周期的数据信息。而在大数据背景下，因数据限制导致的产品设计环节偏差将得到有效解决。在设计阶段，射频识别技术被有效地用于技术文件的管理，为产品设计提供了有效数据源。在大数据支持的智能制造中，大数据可以集成和分析影响产品设计环节的独立生命周期数据，以生成有关产品改进和创新的重要依据。例如，大数据分析可以集成产品生命周期其他阶段的数据，如生产阶段的产品性能、物流运输中的装配要求等，通过挖掘这些数据与产品设计创新之间的联系，产品研发人员能够改进产品现有设计，并且帮助指导产品新规格的制定（Dombrowski 等，2014）。在企业应用方面，丰田汽车公司在汽车上安装了智能传感器，并不断收集有关门锁、位置、点火开关和轮胎的数据，这些数据可用于制造商的装配线和新产品研发（Fahmideh 等，2019）。

大数据在产品设计环节的应用也体现在产品服务系统的选择上。“产品服务系统”是在现代制造业服务化导向下产生的一个术语，它将产品和服务整合到一个框架中，以实现可持续生产和消费战略。随着环境压力的加剧，制造商试图通过提供高附加值的产品服务系统来提高其市场竞争力，但由于方案设计阶段的要求不精确、决策阶段的选择和匹配不确定性等问题，产品服务系统的设计面临许多挑战（Li 等，2015）。大数据分析在识别隐藏需求、提高设计备选方案选择的有效性上能够发挥作用，通过大数据分析，企业决策者能够尽可能精确地发现要求、属性和备选方案之间的关系，为产品服务系统的开发提供全面指导。事实上，制造商已经开始了这方面的尝试，一些制造商就产品服务系统开发与外部利益相关者开展合作，邀请其提供关于产品服务创新的意见，拓展设计环节的创意来源，然后通过数据分析筛选出有价值的信息，为产品服务系统的开发提供数据支持（Zheng 等，2018）。

（二）大数据在绿色制造过程中的应用

随着制造业企业生产过程中的物联网设备从传统过程传感器向图像、视频和间接测量技术的不断进步，企业生产运营过程中产生的数据体量将大幅扩展。在大数据时代，只有能够使用不断加速扩张的海量数据来分析制造过程的制造商，才能掌握数据这一决定性的竞争资产，从而在制造业向高精尖端转型升级的下一发展阶段生存下来。因此，制造业生产运营过程中的大数据分析受到越来越多的关注。目前，大数据在制造过程中应用的研究大致可以归为质量和过程控制、能源和环境效率、主动诊断和维护以及安全和风险分析几个方面。

1. 大数据技术在制造业企业质量和过程控制上的应用

在不久的将来，企业中能够通过快速增长的数据量来监控其运营、预测产品质量缺陷并通过高级分析主动控制其流程的组织将领先其竞争对手。在此过程中，He 等（2018）讨论了处理复杂和多变量问题时，多元统计过程监控（multivariate statistical process monitoring，MSPM）方法可能失败或出现误导性的结果。新一代统计过程控制（statistical process control，SPC）工具的应用，意味着通过综合先进的大数据分析技术，如控制图模式识别（control chart pattern recognition，CCPR）、基于回归的方法、神经网络、支持向量等方法，采用越来越多的模型预测控制（model predictive control，MPC）以减少失误。制造商可以通过使用大数据将各种数据分析模型和算法应用于生产过程，以确定过程参数之间的相互依赖性及其对产量的影响。这些相互依赖性可以帮助制造商在重新设置参数和进行对产量影响最大的、有针对性的工艺变更方面作出更好的决策。

大数据技术还能通过警报管理作用于质量和过程控制上。警报管理采用了一套大数据分析技术以预测异常情况的发生，然后防止其由于沿着相互连接的路径传播而导致在产品生产过程中出现灾难性的事故。大数据分析可以将设备和工艺级数据与检验和计量数据联系起来，以便对生产故障做出更准确的预测。此外，大数据可以用于生产流程中的故障追因分析。当对过程知之甚少或无法获得关于构成失控事件成因的信息时，使用机器学习技术，如偏最小二乘法、k 均值聚类、自组织映射等，以便找出过程变量之间的相关性和因果关系，捕捉过程中的材料和信息流动路径，确定可能的故障发生点（Stanley，2018）。通过确定导致故障的因素，大数据分析有助于在生产过程早期减少产量损失。

2. 大数据在节约能源资源和提升环境效率上的应用

鉴于自然资源的有限性和日益严重的环境问题，节能和减排是制造过程中的大数据分析必须应对的两个重要挑战。Zhang 等（2018）提出一个基于能源大数据获取和能源大数据挖掘两种技术的大数据驱动分析框架，证明先进的大数据分析工具可用于优化环境性能这一事实。同时，研究表明这两种技术能够显著降低能源密集型制造业的能耗和排放。大数据分析对于更好地理解和控制运行参数、优化能源管理和减少环境影响至关重要（Chiang 等，2017）。在此过程中，大数据分析被广泛应用于制造过程，如预测能耗模型、智能电网管理和建筑能源管理。

3. 大数据在制造过程中的主动诊断和维护

大数据分析还面临制造过程另一个关键挑战，即设备的主动诊断和维护。设备主动诊断和维护的早期工业应用之一是基于状态的维护（condition-based maintenance，CBM），它通过整合当前的过程状态和事件，根据设备的使用、寿命和性能，估计设备何时需要维护，以最大限度地减少计划外停机（Chiang 等，2017）。在设备管理中，设备故障诊断直接影响产品的精度和质量。根据 Krumeich 等（2016）的观点，大数据采集和传感器技术允许定位和聚集设备缺陷，以便在故障实际发生之前准确识别、诊断和解决设备问题。设备主动诊断和维护的其他方面也已在文献中广泛讨论。例如，Beneventi 等（2017）讨论了设备的在线实时预测性维护，即可以通过发现阈值和参数之间的关系来预测设备行为模式，这些参数可用于指示可能出现的潜在问题（即诊断）和主要维护要求（即维护）。基于智能设备的配置，可以跟踪制造资源（如操作员、材料和在制品等）的实时数据。从原材料交付车间到最终产品包装，生产线上部署了几十个质量控制点，产生了大量数据。在运行和维护阶段，制造商可通过大数据分析使用运行状态和故障数据，以显著提高生产和产品质量。除此之外，大数据分析还应用于设备的远程控制或远程维护，以及一些其他维护相关功能，如备件库存和消耗管理。

4. 大数据用于安全和风险分析

由于当前制造流程的先进性和复杂性，风险和安全分析更加耗时的同时也更具挑战性，制造过程中的安全和风险分析受益于大数据分析的正确应用。正如 Hammer（2019）所述，可视化技术以及先进分析方法的应用将建立强有力的安全保障，从而保护工人、用户和环境。Zerrouki（2017）演示了贝叶斯网络在危险与可操作性分析中的应用。同样，Khakzad 等（2016）基于风险最小化原则，依靠大数据分析改进化工厂必备安全设计与区域利用规划。这意味着通过合理安排化工厂内各设备、机组安装的位置，可以使发生危险事故时人员财产损失最小，更加注重人性化与安全性。此外，Chiremsel 等（2016）使用先进分析方法对安全仪表系统进行诊断，以防止危险事件的发生，减轻其对工人、设备和环境的影响。Hu 等（2018）强调，除了基于危险与可操作性的分析之外，异常工作条件的诊断和重大事故紧急处理的决策也是重要的。

（三）大数据在绿色物流上的应用

物流是制造业的重要组成部分，过去，物流流程外包一直是大多数企业的主要做法。许多跨国公司将其物流流程外包给第三方物流供应商，并将其视为战略合作伙伴。优化服务体验，如交货时间、资源应用和地理覆盖，是物流系统持续面临的挑战。其中，延迟和提前交货都将给物流供应商带来高昂的成本，而计划交货与实际交货之间的时间差是物流企业面临的关键风险因素之一。天气预报和车辆性能的可靠性数据可以将交付时间不准确的风险最小化

(Shang 等，2017)。

物流供应商管理着巨大的产品流，并可以访问大量的数据。任何产品流量的可测量标准，如产地、目的地、大小、重量、价格、装载内容等都可以是一种利用信息创造价值的方法（Mikavicaa 等，2015)。GPS 效率的提高、传感器网络的应用和物联网的发展为物流和供应链自动化开辟了新的领域（Ashton，2009)。大数据物流可以定义为利用 GPS 设备、手机和物流公司运营产生的大数据集，它可被用于对物流系统进行建模和分析。从目前物流业大数据应用的趋势来看，物流业正处于从产品服务向信息化服务的过渡阶段。

物流行业中有一些重要的业务流程，如预测、运输、库存管理以及人力资源规划和管理，可以通过使用大数据加以改进。Jin 等(2018）将大数据分析和商业智能相结合，使快递公司对货物分拣和物流流程的分析成本最小化。其他可能的应用程序包括预测交付时间、管理客户关系、开发实时调度和管理供应商关系。物流管理的数据挖掘应用有三个方面：①通过数据分析来满足物流过程管理和客户的需求；②通过数据分析，在系统决策的基础上管理物流过程；③通过数据分析来辅助制定相关的决策。网络技术的发展使得决策者可以利用有关实时交易的信息来改善物流流程。由于物流信息适应性的增强，物流已经转化为一个动态的数据过程。Niu 等(2019）研究了两家有相互竞争关系的航空货运公司，并展示了使用大数据分析如何通过接收最新的需求信号而使航空公司受益。

此外，大数据也应用于优化车间物流。在大数据支持的智能制造过程中，物联网技术由于具备实时跟踪制造资源移动的能力而被广泛应用于支持仓库和车间的物流管理（Ren 等，2018)。在智能制造背景下，自动导航车辆（automated guided vehicle，AGV）生成了大量的物流数据，可供内部和外部物流运营商用于改进物流运营。对于基于物联网的智能制造而言，物流规划和调度很大程度上依赖于物料如何送达。因此，对物流轨迹（包括人员和车辆路径）的决策规划至关重要，而制造商物流规划部门可以利用车间的物流大数据改进物流规划，通过对历史物流数据和实时物流数据的分析，可以识别出对生产率和交货期有重大影响的经常性轨迹。这些信息可用于制定更有针对性的物流规划决策。例如，利用大量的轨迹数据来改进车间配送设施的布局（如机器之间的距离和车间的最优交通量）、确定车辆的最佳路径（如调整车间中被访问机器的顺序）以及最佳的交货和取货时间。这些措施可以改善车间的许多制造参数，包括产量、设备可用性、运营成本、交付时间和能耗等。

（四）大数据在绿色供应链管理上的应用

供应链是由供应商、制造商、运输商、仓库、零售商和客户组成的序列或网络。供应链管理试图管理供应链中的资金、信息和产品流，以确保以尽可能低的成本为客户提供高水平的产品和服务。每个供应链中有三个主要流程：信息、材料和资金。通过数据分析，供应链经理可以监控这些流程并应用，以便更好地完成工作。在系统中开发决策模型时，考虑数据的可用性是一个重要问题。传统的供应链管理决策，其信息来源主要是在各阶段以文本或报告等形式收集的结构化数据，因此往往存在数据来源单一、信息传递不及时、数据失真等问题，大数据技术的出现为解决这些问题提供了可能。与过去几年相比，供应链中的可用数据量大幅增加，移动互联、高级可视化等技术实现了数据的实时准确传递，同时基于云技术的出现使得数据存储成本大幅降低，加速数据计算的先进硬件和简化数据分析的强大软件增加了在供应链管理中使用大数据的可能性。

现有研究普遍认为使用大数据分析对改善物流和供应链管理流

程很有用。例如，大数据可以通过减少未来需求的不确定性来减少供应链中的“牛鞭效应”（Militaru 等，2015）。大数据使公司能够更好地评估其供应商并控制采购过程。利用大数据，企业还能够实现供应链模拟，这种模拟使得决策者能够在不同地点虚拟运行生产流程，提前发现供应链运行中可能存在的瓶颈环节并及时调整模型（Kynast 等，2016）。大数据可以通过提高供应链的可视性、弹性和组织绩效来提高供应链的吞吐量。在可持续供应链领域，Zhang 等（2020）认为大数据与区块链的结合应用可以提高供应链的可持续性。此外，大数据可以积极影响供应链中的需求预测、库存管理、生产和服务调度以及产品开发。Waller 等（2013a，2013b）认为，使用数据科学、预测分析和大数据可以帮助物流经理满足内部需求，并适应供应链环境的变化。Li 等（2018）的研究表明，用大数据和电子商务管理需求链比传统的供应链管理方法效果要好得多。Singh 等（2015）提出了一个云计算框架，以减少供应链的碳足迹。Liu（2019）演示了如何将大数据分析应用于产品的目标广告，以协调供应链减少碳排放。

此外，企业也高度期望在物流和供应链运营中利用大数据分析，以提高供应链和物流流程的可视性、灵活性和集成性，有效管理需求波动，并处理成本波动（Genpact，2014）。Oncioiu 等（2019）研究了大数据分析应用程序在罗马尼亚某公司供应链管理和提高公司绩效过程中的作用。在轮胎公司的案例研究中使用大数据分析可以比传统方法的预测精度提高 16.1 个百分点（Sagaert 等，2018）。Cakici 等（2011）使用 RFID 数据重新设计最佳库存策略。Yu 等（2017）探讨了数据驱动的供应链能力对中国制造企业财务绩效的影响，提出了一种基于结构方程建模的数据分析方法，研究结果表明，供应链合作伙伴之间的协调和供应链在快速响应市场需求变化方面的响应与组织的良好财务绩效正相关。Singh 等（2018）提出了一种大数据分析方法，用于分析 X① 的社交媒体数据，并确定其与现有供应链和食品物流管理相关的问题。这是一种文本分析方法，包括支持向量机和多尺度引导重采样的分层聚类，用于对捕获的 X 数据进行内容分析。这种方法的结果包括大量的词汇，这些词汇可以告知决策者改进食品供应链和物流管理的各个环节。

随着这些研究的深入，供应链管理中有许多领域可以从大数据方法和技术中受益，包括“牛鞭效应”的缓解、多标准决策、可持续供应链管理、制造业中基于传感器数据的预测维护、高效物流、预测和需求管理、规划和调度。

七、国外关于大数据与制造业融合推动制造业绿色转型的研究

（一）大数据与制造业融合模式

1. 美国再工业化战略

再工业化战略的核心是工业互联网的发展，具体来讲就是注重数据、软件等在制造业中的应用。大数据是工业互联网的命脉，工业互联网运行过程中产生的海量数据是制造业智能化的基础。在美国，工业互联网发展的支撑点是政府、科研机构和企业三者的融合创新，具体来讲，就是让业界领袖担任董事会领导、企业参与、政府支持以形成国家层面的创新中心。王茹（2018）统计发现，如果工业互联网可以将美国工业生产率每年提升 1%～1.5%，使其重回

① X 原名推特（Twitter）。

互联网革命时期的峰值水平，则未来20年将使平均收入比当前水平提高25%~40%。综上所述，美国再工业化战略的重点在于制造业回归，将其掌握的先进软件和数据技术应用于制造业，实现其工业互联网布局，以形成美国式的智能制造生态系统。

2. 德国工业4.0战略

德国工业4.0战略指网络信息化生产，其核心是网络化、信息化和智能化。工业4.0战略被视为以智能制造为主导的第四次工业革命，旨在通过深度应用信息技术和信息物理系统等技术手段，将制造业推向智能化转型。其本质是基于信息物理系统实现“智能工厂”，使智能设备根据处理后的信息，进行判断、分析、自我调整、自动驱动生产加工，直至最后的产品完成。消费需求的个性化，对传统制造业现有的生产方式与制造模式提出革新要求。制造业企业应有能力对消费需求所产生的海量数据与信息进行大数据处理和挖掘；与此同时，伴随着非标准化产品生产过程的进行，大量的生产信息与数据产生了，需要对其进行及时采集、处理和分析，进而反向指导生产。这两方面大数据信息流最终利用互联网流通于智能设备之间，由智能设备进行分析、判别、决策、调整、控制并开展智能生产，从而得到品质优良的个性化产品。综上所述，工业4.0战略的重点在于从制造业本身出发，基于信息物理系统连接网络世界和物理世界，实现传统工厂向智能工厂的转变。

（二）国外相关研究

针对制造业转型升级，Pietrobelli等（2007）提出，制造业转型升级就是生产者提高生产效率，使产品更加优质；Forbes等（2002）提出制造业升级代表其产品附加值的上升，所以从本质上看，制造业升级就是价值链的升级。

在对大数据与制造业融合推动制造业绿色转型的研究上国外学者已取得一些成果。Caputo 等（2016）指出新兴技术如大数据、云计算和物联网等通过与传统制造业融合推动了制造业的转型升级；Wu 等（2016）从理论层面研究大数据与绿色革命的关系，发现无论是在宏观还是微观层面，大数据都能推进环保和可持续发展绿色目标的实现；Lahouel 等（2021）研究认为作为技术密集型产业的信息通信技术（ICT）产业，其发展会推动国民经济重心向技术密集型行业转移，ICT 的应用有利于减少碳排放并促进经济绿色发展；Chen 等（2015）指出，在日新月异的市场环境中，大数据对竞争力的影响会被放大；Zhang 等（2017）从宏观视角出发，发现企业利用大数据的能力越强，其适应能力越强，越容易产生绿色核心竞争力；Li 等（2020）从信息处理角度出发，认为伴随着市场环境的不断变化，数字技术通过数字化供应链平台对经济效益和环境效益的间接影响将会增强。

进一步研究发现，大数据与制造业融合推动制造业绿色转型主要从以下三个角度进行，即资源配置、技术创新和监督管理。

首先，资源配置方面，大数据通过将资本和其他生产要素推向高效率部门，减少了社会对能源的消耗和浪费，不仅优化了资源配置，还推动了产业结构向合理化、智能化和绿色化转型升级，助力制造业绿色发展（Kohli 等，2019）；大数据在制造业中的推广运用，有利于缩小各行业之间的数字化接入鸿沟，进而降低制造业企业在生产经营过程中的信息采集与管理成本，革新制造业绿色生产方式，提高绿色生产效率（Higon 等，2017）；与此同时，企业信息获取成本大大降低，导致市场竞争压力猛增，倒逼企业增加研发投入，实现绿色转型（Mathyssens，2019）。

其次，技术创新方面，大数据的发展推动数据资源共享和生产要素流动，助力能源技术进步，提高能源利用效率，进而影响绿色生产效率（Nambisan 等，2017）。一方面，研发过程存在较大的不确定性，而利用大数据能够提高识别能力，找出最优的实验结果（Agrawal 等，2018），从而提高研发新产品的成功率。另一方面，大数据的应用，使得企业有能力根据消费者的需求制订个性化产品的生产方案，推动研发模式从以企业为主转变为以消费者需求为主，降低库存和资源消耗，推动制造业绿色发展。Doloreux（2016）发现大数据拓展了企业信息采集的深度和广度，促使绿色技术创新要素在更大范围上实现优化配置，并获得更多创新资源。Wang（2021）提出绿色技术创新能力的高低将直接影响制造业绿色转型水平，两者正向相关，且制造业绿色技术创新更多地表现为污染预防和治理技术的提升。Mubarak 等（2021）发现工业 4.0 技术，如大数据技术，能够推动企业的开放式创新，激励企业从事绿色创新活动。

最后，监督管理方面，Belhadi 等（2020）发现在大数据技术的支持下，使用监测、可视化和分析技术，能有效降低生产和维护过程的资源耗费，并减少污染排放，由此推断大数据技术能评估和提高环境效益。

八、总结与展望

（一）大数据在制造业中应用的挑战

综合来看，大数据在制造业的应用已经逐渐普及，同时学界普遍认为大数据在制造业的应用有助于制造业向高精尖端发展，实现绿色转型。但也有学者指出，由于大数据的跨学科和复杂性等特点，大数据在制造业的应用还面临诸多挑战。

1. 大数据设备的高初始投资和运营成本

与电子商务、电信等其他领域相比，制造业在业务流程中应用数据分析平台的速度似乎比较慢（Li 等，2015），这可能缘于与制造业相关的大数据设施的高资本成本。制造业的大数据设施在一个或多个阶段之间实现自动化集成和数据流处理。它们通常由许多软件系统、机器、运输设备等共同组成，而这些先进设备的购置和运行需要较高的初始投资。Wang 等（2014）提出，即使大数据技术有可用性，但其硬件设备非常昂贵，高成本的基础设施是在制造组织实施大数据的挑战之一。在组织中，管理层的支持对于成功实施大数据分析系统具有至关重要的作用，但就目前来讲，如何就长期利用大数据设备进行初始成本和效益评估是一项非常困难的任务。一些大型跨国公司如亚马逊、谷歌等能够基于其掌握的大量数据从大数据分析中获益，但对一般企业来讲，无法证明它们的组织采用大数据分析是有益的。

与此同时，数据中心的运营成本也是一项挑战。各种不同形式的数据不断增加，使得数据中心需要处理的数据量也越来越大。基于灵活性和分散风险的考虑，企业组织的数据中心通常分布在不同的地理区域。例如，谷歌分布在 8 个国家的 13 个数据中心中的大量资源被分配用于支持数据密集型操作，这些都会导致高存储和数据处理成本（Gu 等，2015）。如何做到成本最小化是数据中心的一个重要挑战，大数据分析的倡导者寻求处理大量复杂数据的经济高效的方法。数据中心的数据处理成本和其他运营支出可能影响组织采用和实施技术解决方案的方式。但也有学者对此持乐观态度，比如，Al-Qirim 等（2017）认为，采用大数据分析可能会产生较高费用，但从长远来看，未来回报收益可能会远大于投资成本。

2. 大数据在制造业应用的人才短缺

大数据应用程序的一个很明确的问题是在哪里以及通过什么方式收集有用的数据，并且将有价值的信息从可用数据中分离出来。数据分析人员应该知道他想要从海量数据中获取的信息，同时，可用的数据应该能够回答分析员的问题。Sandhu 等（2014）认为，简单的统计分析无法挖掘大数据的潜在价值；Zhang 等（2015）支持这一观点并指出，为了应对大数据挑战，先进的大数据分析需要非常高效、可扩展和灵活的技术来管理。大数据在制造业应用的挑战之一是缺乏熟练的人才和充足的资源。大数据起源于计算机科学，它的跨学科性质使其在制造业的应用存在困难。为了对数据进行分析并提取有价值的信息，组织通常需要有经验的专业大数据分析师。大数据计算分析技术与时俱进，但企业利用大数据所需的人才和专业知识却落后，这是一个巨大的挑战。Ghalehkhondabi 等（2020）认为，应该雇用可以处理大数据的数据分析师，或者与知识经验丰富的指导者保持联系，以便他们能够为企业的数据分析师提供培训。随着企业对技术发展的快速响应，对大数据分析师的需求将不断增加。可以预见，在制造业数字化转型过程中，具有数据分析和制造流程相关知识背景的复合型人才缺口将是巨大的。此外，在数据分析师和管理者之间建立信任也是一个挑战，大多数组织最初都抵制更改，因此，为了使用数据分析的结果来改善组织，就必须得到高层管理者的支持。

3. 数据安全和隐私问题

大数据定义中增加的第四个“V”是指大数据的价值，但随之而来的是数据安全问题。安全性是一个主要问题，如果安全问题没有得到解决，那么大数据技术将不会在全球广泛推广，所以信息安全可能是组织应用大数据分析的阻碍。海量数据增加了系统中存在机密和有价值信息的可能性，这也增加了数据的脆弱性和网络犯罪的可能性。在与数据相关的几个安全挑战中，大数据的分布式特性是复杂的，但同样容易受到攻击，恶意软件一直是对数据安全不断增长的威胁（Abawajy 等，2014）。缺乏足够的安全控制，数据存在被更改的可能（Bertot 等，2014），分析用于取证和入侵检测的日志、网络流和系统事件一直是对数据安全的挑战（Cárdenas 等，2013）。组织需要完善的基础设施来确保数据安全，如数据的完整性、机密性、可用性和责任性。

同时，大数据也带来严重的隐私侵犯问题，如何在数字经济时代保护隐私是一个很现实的挑战。为优化制造流程，组织对大数据项目进行了高频投资，但在管理隐私问题和招聘大数据分析师上的挑战消解了组织在利用大数据方面的努力（Krishnamurthy 等，2014）。大数据使隐私信息披露成为最受关注的问题之一，大数据的隐私保护比传统的信息保护更加困难，在与隐私相关的挑战中，由大数据应用程序收集和通过网络传输的基于位置的信息存在严重的隐私泄露问题。例如，基于位置的服务提供商可以通过跟踪订户的位置信息来识别订户，这些信息可能包含了他们的办公室或住宅信息，所以保护隐私的挑战是巨大的。

4. 数据共享问题

大数据应用的另一个挑战是组织内各个部门之间或者各个组织之间的数据共享问题。共享数据和信息需要平衡和控制，以最大限度发挥其作用，因为这将有助于组织与其业务合作伙伴建立密切和协调的联系。但是，要确保共享数据的所有利益相关者都能从这种合作中获得好处是一项重大挑战。在组织存储具有潜在分析挑战的大规模数据集的地方，它还面临着在不同组织间共享和集成关键信息的艰巨任务。在远程组织（或部门）之间共享数据和信息是一项挑战，例如，每个组织及其各个部门通常都拥有一个不同的敏感信息仓库（基于不同的技术平台和供应商开发），并且多个部门之间通常不愿意共享受隐私条件约束的专利数据。根据 Khan 等（2014）的观点，这里面临的挑战是确保在收集和使用大数据与保证用户隐私权之间不超过界限。

此外，Nath 等（2007）断言，在共享实时数据时，数据所有权是一个复杂问题，其复杂程度与数据本身一样大。Kaisler 等（2013）声称，数据所有权是一个关键且持续的挑战，特别是在社交媒体环境中，如谁拥有脸书、X、MySpace 上的数据，是更新其状态的用户还是社交媒体的提供商（Sivarajah 等，2015）。人们普遍认为，用户和社交媒体提供商都拥有数据，但 Kaisler 等（2013）认为这种二分法的界定是不清晰的，所有权问题仍须解决。Nath 等（2007）指出传感器数据过于敏感，可能导致捕获和显示数据的不一致，但重点在于谁拥有这些数据，数据所有权是一个更深层次的社会问题。

（二）研究展望

目前来讲，大数据在制造业的应用已经相当广泛，相关研究也已经取得了较多成果。但梳理相关文献不难发现，现有研究仍存在许多不足，结合上文，本章认为未来的研究可能需要在以下几个方面努力。

1. 构建合理的大数据发展水平评价指标体系

目前，大数据在制造业中应用的理论和案例研究较多，但实证研究的文献相对不足。从经济学理论的均衡范式来看，基于经济统计的计量规范分析是经济学研究的主要方法之一，但目前来讲，用于衡量大数据发展水平的统计数据尚不清晰，这是大数据相关实证研究相对不足的主要原因之一。因此，需要构建合理的大数据发展水平评价指标体系，以此进一步探究其对制造业绿色转型的异质性影响。

2. 加强国内研究

国外大数据技术与制造业绿色发展相结合的研究较多，但国内文献相对有限。绿色转型是我国制造业未来发展的必然趋势，在数字经济大背景下，大数据在制造业的应用从助力“中国制造”向“中国智造”转变是制造业转型升级的重要方向。目前，国内制造企业数字化转型已经初见成效，未来大数据在企业的应用也将更加广泛，因此，大数据在国内制造业绿色发展中的应用值得进一步关注。

3. 完善大数据在制造业中应用的相关配套机制

大数据作为新兴技术的同时也是一种新型生产要素，其在制造业中的应用涉及多个领域，然而，不论是数据的采集、存储、管理还是数据的分析和应用，都存在一定的限制。例如，企业掌控的数据量受到存储中介的约束，企业对所拥有的数据进行分析受到算法的制约。由此，下一步应不断完善相关配套机制，让制造业企业可以更好地应用大数据技术，从而推动制造业的绿色转型。

4. 对大数据技术推动制造业绿色转型的论证需要进一步深入

伴随“双碳”目标的提出，制造业绿色转型的重要性进一步加深，各区域针对其管辖内制造业企业应如何利用自身的发展条件、资源禀赋和地区差异，制定适宜的产业政策促进其绿色转型，还有待进一步研究。总之，大数据与制造业绿色发展相结合的研究是值得关注的领域。大数据技术在不断发展，其在制造业的应用也在不断推进，两者结合产生的经济效益和社会效益将会是巨大的。同时，制造业企业在采用大数据技术时面临的挑战也不容忽视，我们应密切关注相关研究进展，以期为制造业绿色发展提出切实可行的政策建议。

参考文献

[1] 李文莲，夏健明. 基于“大数据”的商业模式创新［J］. 中国工业经济，2013（5）：83–95.

[2] 郭克莎，宋杰. 关于制造业高质量发展与经济稳增长的理论分析［J］. 社会科学战线，2021（8）：36–46.

[3] 郭克莎，杨倜龙. 制造业与服务业数字化改造的不同机制和路径［J］. 广东社会科学，2023，219（1）：36–46.

[4] 胡金星. 产业融合的内在机制研究［D］. 上海：复旦大学，2007.

[5] 植草益. 信息通讯业的产业融合［J］. 中国工业经济，2001（2）：24–27.

[6] 周振华. 信息化进程中的产业融合研究［J］. 经济学动态，2002（6）：58–62.

[7] 聂子龙，李浩. 产业融合中的企业战略思考［J］. 软科学，2003（2）：80–83.

[8] 万攀兵，杨冕，陈林. 环境技术标准何以影响中国制造业绿色转型——基于技术改造的视角［J］. 中国工业经济，2021（9）：118–136.

[9] 邵帅，张可，豆建民. 经济集聚的节能减排效应：理论与中国经验［J］. 管理世界，2019（1）：36–60.

[10] 胡剑波，闫烁，王蕾. 中国出口贸易隐含碳排放效率及其收敛性［J］. 中国人口·资源与环境，2020（12）：95–104.

[11] 中国社会科学院工业经济研究所课题组. 中国工业绿色转型

研究［J］. 中国工业经济，2011（4）：5-14.
［12］李帅娜，刘东阁，梁志杰. 促进还是抑制：数字化与制造业绿色转型发展［J］. 当代经济管理，2024，46（1）：52-61.
［13］戴翔，杨双至. 数字赋能、数字投入来源与制造业绿色化转型［J］. 中国工业经济，2022，414（9）：83-101.
［14］崔小委，吴新年. 大数据应用促进大数据产业落地［J］. 科技管理研究，2016，36（2）：203-207.
［15］肖静华，吴瑶，刘意，谢康. 消费者数据化参与的研发创新——企业与消费者协同演化视角的双案例研究［J］. 管理世界，2018（8）：154-173.
［16］曾锵. 大数据驱动的商业模式创新研究［J］. 科学学研究，2019（6）：1142-1152.
［17］李文，武飞，张珍珍，等. 基于大数据能力的新零售商业模式研究［J］. 商业经济研究，2020（6）：118-120.
［18］江积海，阮文强. 新零售企业商业模式场景化创新能创造价值倍增吗？［J］. 科学学研究，2020（2）：346-356.
［19］于施洋，杨道玲，王璟璇，等. 基于大数据的智慧政府门户：从理念到实践［J］. 电子政务，2013（5）：65-74.
［20］支燕，白雪洁，王蕾蕾. 我国“两化融合”的产业差异及动态演进特征——基于2000—2007年投入产出表的实证［J］. 科研管理，2012，33（1）：90-95+119.
［21］张辽，王俊杰. 中国制造业两化融合水平测度及其收敛趋向分析——基于工业信息化与信息工业化视角［J］. 中国科技论坛，2018（5）：32-40+70.
［22］柴雯，马冬妍. 我国制造业与互联网融合量化评价与政策研究［J］. 制造业自动化，2018，40（9）：157-161.

[23] 李远刚. 区域大数据与实体经济深度融合实证分析 [J]. 工业技术经济，2021，40（8）：134-141.

[24] 周晓辉. 先进制造业与数字经济的融合度测算：以长三角为例 [J]. 统计与决策，2021，37（16）：138-141.

[25] 李晓磊. 共享经济背景下“互联网+小微企业”融合测度及竞争力提升研究 [J]. 山东社会科学，2019（1）：165-170.

[26] 牛竹梅，张咪. “互联网+”装备制造业融合的绩效评估——以山东省装备制造业系统发为例 [J/OL]. 系统科学学报，2021（1）：107-112.

[27] 黄启斌，熊曦，张为杰，曹润凯. 湖南省互联网发展与制造业转型协同演化关系实证研究 [J]. 经济地理，2019，39（11）：134-141.

[28] 张旺. 制造业“四化”融合与区域产业融合提升路径——基于湖北省数据实证测度 [J]. 经济论坛，2019（12）：20-28.

[29] 高晓雨，马冬妍，王涛. 中国制造信息化指数构建与评估研究 [J]. 制造业自动化，2017，39（3）：52-55.

[30] 吴敏洁，徐常萍，唐磊. 中国区域智能制造发展水平评价研究 [J]. 经济体制改革，2020（2）：60-65.

[31] 万晓榆，赵寒，张炎. 我国智能化发展评价指标体系构建与测度 [J]. 重庆社会科学，2020（5）：84-97+2.

[32] 陈畴镛，许敬涵. 制造企业数字化转型能力评价体系及应用 [J]. 科技管理研究，2020，40（11）：46-51.

[33] 马书琴，李卓异. 我国信息化与工业化深度融合的影响因素及变化机制分析 [J]. 情报科学，2020，38（6）：38-43.

[34] 孙承志. 新时代信息化与新型工业化深度融合发展与对策研究 [J]. 情报科学，2020，38（2）：129-134+162.

[35] 荼洪旺，郑婷婷. 中国大数据产业发展研究 [J]. 中州学刊，2018 (4)：19-25.

[36] 王海，闫卓毓，郭冠宇，等. 数字基础设施政策与企业数字化转型："赋能" 还是 "负能"？[J]. 数量经济技术经济研究，2023，40 (5)：5-23.

[37] 洪银兴，任保平. 数字经济与实体经济深度融合的内涵和途径 [J]. 中国工业经济，2023，419 (2)：5-16.

[38] 朝乐门，马广惠，路海娟. 我国大数据产业的特征分析与政策建议 [J]. 情报理论与实践，2016，39 (10)：5-10.

[39] 吕铁. 传统产业数字化转型的趋向与路径 [J]. 人民论坛 · 学术前沿，2019 (18)：13-19.

[40] 王伟玲，王晶. 我国数字经济发展的趋势与推动政策研究 [J]. 经济纵横，2019 (1)：69-75.

[41] 维克托 · 迈尔-舍恩伯格，肯尼思 · 库克耶. 大数据时代：生活、工作与思维的大变革 [M]. 杭州：浙江人民出版社，2013.

[42] 刘晓云，赵伟峰. 我国制造业协同创新系统的运行机制研究 [J]. 中国软科学，2015 (12)：144-153.

[43] 汪晓文，曲思宇，张云晟. 中、日、美大数据产业的竞争优势比较与启示 [J]. 图书与情报，2016 (3)：67-74.

[44] 汪满容，刘桂锋，孙华平. 基于专利地图的全球大数据技术竞争态势研究 [J]. 现代情报，2017，37 (1)：148-155.

[45] 霍媛媛. 以大数据技术驱动制造业转型升级 [J]. 人民论坛，2019 (25)：54-55.

[46] 焦勇. 数字经济赋能制造业转型：从价值重塑到价值创造 [J]. 经济学家，2020 (6)：87-94.

[47] 吕明元，麻林宵．“十四五”时期我国数字经济与实体经济融合的发展趋势、问题与对策建议［J］．决策与信息，2022(2)：66-71.

[48] 肖静华，胡杨颂，吴瑶．成长品：数据驱动的企业与用户互动创新案例研究［J］．管理世界，2020，36（3）：183-205.

[49] 许宪春，任雪，常子豪．大数据与绿色发展［J］．中国工业经济，2019（4）：5-22.

[50] 张三峰，魏下海．信息与通信技术是否降低了企业能源消耗——来自中国制造业企业调查数据的证据［J］．中国工业经济，2019（2）：155-173.

[51] 吴义爽，盛亚，蔡宁．基于“互联网+”的大规模智能定制研究——青岛红领服饰与佛山维尚家具案例［J］．中国工业经济，2016（4）：127-143.

[52] 张亚斌，马莉莉．大数据时代的异质性需求、网络化供给与新型工业化［J］．经济学家，2015（8）：44-51.

[53] 陈剑，黄朔，刘运辉．从赋能到使能——数字化环境下的企业运营管理［J］．管理世界，2020，36（2）：117-128+222.

[54] 吕明元，苗效东．大数据能促进中国制造业结构优化吗？［J］．云南财经大学学报，2020，36（3）：31-42.

[55] 王茹．新技术时代制造业转型升级的方向和政策路径［J］．福建论坛（人文社会科学版），2018（11）：42-48.

[56] Toffler A. The third wave [J]. Bantam Books, 1981.

[57] Cox M, Ellsworth D. Managing big data for scientific visualization [J]. ACM SIGGRAPH, 1997.

[58] Gantz J, Reinsel D. Extracting value from chaos [J]. IDC iView, 2011: 1-12.

[59] Zikopoulos P C, Deroos D, Parasuraman K. Harness the power of big data: the IBM big data platform, McGraw-Hill, 2013.

[60] Manyika J, Chui M, et al. Big data: the next frontier for innovation, competition, and productivity [R]. New York: McKinsey Global Institute, 2011.

[61] Rosenberg N. Technological change in the machine tool industry, 1840-1910 [J]. Journal of Economic History, 1963, 23 (4): 414-443.

[62] Zheng P, Wang H H, Sang Z Q, et al. Smart manufacturing systems for Industry 4.0: conceptual framework, scenarios, and future perspectives [J]. Frontiers of Mechanical Engineering, 2018, 13 (2): 137-150.

[63] Cui Y S, Kara S, Chan K C. Manufacturing big data ecosystem: a systematic literature review [J]. Robotics and Computer-Integrated Manufacturing, 2020, 62: 101861.

[64] Bovenberg A L, Smulders S. Environmental quality and pollution-augmenting technological change in a two-sector endogenous growth model [J]. Journal of Public Economics, 1995, 57 (3): 369-391.

[65] Arfan Majeed, Lv J X, Peng T. A framework for big data driven process analysis and optimization for additive manufacturing [J]. Rapid Prototyping Journal, 2019, 25 (2): 308-321.

[66] Müller O, Fay M, Vom B J. The effect of big data and analytics on firm performance: an econometric analysis considering industry characteristics [J]. Journal of Management Information Systems, 2018, 35 (2): 488-509.

[67] Chen D Q, Preston D S, Swink M. How the use of big data analytics affects value creation in supply chain management [J]. Journal of Management Information Systems, 2015, 32 (4): 4-39.

[68] zhang Y F, Ren S, Liu Y, et al. A big data analytics architecture for cleaner manufacturing and maintenance processes of complex products [J]. Journal of Cleaner Production, 2016, 142 (2): 626-641.

[69] Zhang Y F, Ma S Y, Yang H D, et al. A big data driven analytical framework for energy-intensive manufacturing industries [J]. Journal of Cleaner Production, 2018, 197: 57-72.

[70] Sim H S. Big data analysis methodology for smart manufacturing systems [J]. International Journal of Precision Engineering and Manufacturing, 2019, 20 (6): 973-982.

[71] Steiner R, Gregor L, Christian S, et al. Refractories 4.0 [J]. BHM Berg - und Hüttenmännische Monatshefte, 2017, 162 (11): 514-520.

[72] Rossit D A, Fernando T, Mariano F. A data-driven scheduling approach to smart manufacturing [J]. Journal of Industrial Information Integration, 2019, 15: 69-79.

[73] Vrchota J Pech M, Roli L, Bedna J. Sustainability outcomes of green processes in relation to Industry 4.0 in manufacturing: systematic review [J]. Sustainability, 2020, 12 (15): 5968.

[74] Beneventi F, Bartolini A, Cavazzoni C, Benini, L. Continuous learning of HPC infrastructure models using big data analytics and in-memory processing tools [C] // Conference on Design, Auto-

mation & Test in Europe Conference & Exhibition (DATE). IEEE, 2017: 1038-1043.

[75] Khakzad N, Reniers G. Application of network and multi-criteria decision analysis to risk-based design of chemical plants [J]. Chemical Engineering Transactions, 2016, 48: 223-228.

[76] Chiremsel Z, Said R N, Chiremsel R. Probabilistic fault diagnosis of safety instrumented systems based on fault tree analysis and bayesian network [J]. Journal of Failure Analysis and Prevention, 2016, 16 (5): 747-760.

[77] Niu B, Dai Z, Zhuo X. Co-opetition effect of promised-delivery-time sensitive demand on air cargo carriers' big data investment and demand signal sharing decisions [J]. Transportation Research Part E: Logistics and Transportation Review, 2019, 123: 29-44.

[78] Waller M A, Fawcett S E. Click here for a data scientist: big data, predictive analytics, and theory development in the era of a maker movement supply chain [J]. Journal of Business Logistics, 2013, 34 (4): 249-252.

[79] Waller M A, Fawcett S E. Data science, predictive analytics, and big data: a revolution that will transform supply chain design and management [J]. Journal of Business Logistics, 2013, 34 (2): 77-84.

[80] Li L, Chi T, Hao T, Yu T. Customer demand analysis of the electronic commerce supply chain using big data [J]. Annals of Operations Research, 2018, 268 (1-2): 113-128.

[81] Singh A, Mishra N, Ali S I, Shukla N, Shankar, R. Cloud computing technology: reducing carbon footprint in beef supply chain

[J]. International Journal of Production Economics, 2015, 164: 462-471.

[82] Liu P. Pricing policies and coordination of low-carbon supply chain considering targeted advertisement and carbon emission reduction costs in the big data environment [J]. Journal of Cleaner Production, 2019, 210: 343-357.

[83] Oncioiu I, Bunget O C, Türkeş M C, et al. The impact of big data analytics on company performance in supply chain management [J]. Sustainability, 2019, 11 (18): 4864.

[84] Sagaert Y R, Aghezzaf E H, Kourentzes N, Desmet, B. Temporal big data for tactical sales forecasting in the tire industry [J]. Interfaces, 2018, 48 (2): 121-129.

[85] ÇAkıCı Ö E, Groenevelt H, Seidmann A. Using RFID for the management of pharmaceutical inventory—system optimization and shrinkage control [J]. Decision Support Systems, 2011, 51 (4): 842-852.

[86] Yu W, Chavez R, Jacobs M A, Feng M. Data-driven supply chain capabilities and performance: a resource-based view [J]. Transportation Research Part E: Logistics and Transportation Review, 2018, 114: 371-385.

[87] Singh A, Shukla N, Mishra N. Social media data analytics to improve supply chain management in food industries [J]. Transportation Research Part E: Logistics and Transportation Review, 2018, 114: 398-415.

[88] Pietrobelli C, Rabellotti R. Upgrading to compete: global value chains, clusters, and SMEs in Latin America. Inter-American

Development Bank, Washington D. C., 2007.
[89] Forbes N, Wield D. From followers to leaders: managing technology and innovation [M]. London: Routledge, 2002.
[90] Wu J, Guo S, Li J, et al. Big data meet green challenges: big data toward green applications [J]. IEEE Systems Journal, 2016, 10 (3): 888-900.
[91] Lahouel B B, Taleb L, Zaied, et al. Does ICT change the relationship between total factor productivity and CO_2 emissions? Evidence based on a nonlinear model [J]. Energy Economics, 2021 (101): 105-406.
[92] Zhang Y F, Ren S, Liu Y, et al. A big data analytics architecture for cleaner manufacturing and maintenance processes of complex products [J]. Journal of Cleaner Production, 2017, 142: 626-641.
[93] Li Y, Dai J, Cui L. The impact of digital technologies on economic and environmental performance in the context of Industry 4.0: a moderated mediation model [J]. International Journal of Production Economics, 2020, 229: 107777.
[94] Rajiv Kohli, Melville N P. Digital innovation: a review and synthesis [J]. Information Systems Journal, 2019, 29 (1): 200-223.
[95] Higon D A, Gholami R, Shirazi F. ICT and environmental sustainability: a global perspective [J]. Telematics and Informatics, 2017, 34 (4): 85-95.
[96] Mathyssens P. Reconceptualizing value innovation for Industry 4.0 and the industrial internet of things [J]. Journal of Business & In-

dustrial Marketing, 2019, 34 (6): 1203-1209.

[97] Agrawal A, Mchale J, Oettl A. Finding needles in haystacks: artificial intelligence and recombinant growth [R]. NBER Working Paper, 2018: 24541.

[98] Doloreux D, Porto Gomez I. A review of (almost) 20 years of regional innovation systems research [J]. European Planning Studies, 2016 (11): 371-387.

[99] Wang Y Z, Hangm Y, Wang Q W, et al. Cleaner production vs end-of-pipe treatment: evidence from industrial SO_2 emissions abatement in China [J]. Journal of Environmental Management, 2021, 277: 111429.

[100] Mubarak M F, Tiwari S, Petraite M, et al. How Industry 4.0 technologies and open innovation can improve green innovation performance? [J]. Management of Environmental Quality, 2021, 32 (5): 1007-1022.

[101] Belhadi A, Kamble S S, Zkik K, et al. The integrated effect of big data analytics, lean six sigma and green manufacturing on the environmental performance of manufacturing companies: the case of North Africa [J]. Journal of Cleaner Production, 2020, 252: 119903.

[102] Al-Qirim N, Tarhini A, Rouibah K. Determinants of big data adoption and success [C] //Proceedings of the 1st International Conference on Algorithms, Computing and Systems. ACM, 2017: 88-92.

[103] Sandhu R, Sood S K. Scheduling of big data applications on distributed cloud based on QoS parameters [J]. Cluster Computing,

2014, 18: 1-12.

[104] Zhang F, Liu M, Gui F, Shen W, Shami A, Ma Y. A distributed frequent itemset mining algorithm using Spark for Big Data analytics [J]. Cluster Computing, 2015, 18 (4): 1493-1501.

[105] Bertot J C, Gorham U, Jaeger P T, Sarin L C, Choi H. Big data, open government and e-government: issues, policies and recommendations [J]. Information Polity, 2014, 19 (1, 2): 5-16.

[106] Cárdenas A A, Manadhata P K, Rajan S P. Big data analytics for security [J]. IEEE Security & Privacy, 2013, 11 (6): 74-76.

[107] Uddin M F, Gupta N. Seven V's of big data understanding big data to extract value [C] //Proceedings of the 2014 zone 1 Conference of the American Society for Engineering Education. IEEE, 2014: 1-5.

[108] Nath S, Liu J, Zhao F. SensorMap for wide-area sensor webs [J]. Computer, 2007, 40 (7): 90-93.

[109] Kaisler S, Armour F, Espinosa J A, et al. Big data: issues and challenges moving forward [C] //2013 46th Hawaii International Conference on System Sciences. IEEE, 2013: 995-1004.

[110] Sivarajah U, Irani Z, Weerakkody V. Evaluating the use and impact of Web 2.0 technologies in local government [J]. Government Information Quarterly, 2015, 32 (4): 473-487.

[111] Laney D. 3D data management: controlling data volume, velocity and variety [J]. META Group Research Note, 2001, 6 (70): 1.

[112] Ghalehkhondabi I, Ahmadi E, Maihami R. An overview of big data analytics application in supply chain management published in 2010-2019 [J]. Production, 2020, 30: e20190140.

第二章　大数据与制造业融合的理论与机制

伴随着云计算、大数据、物联网、移动互联网等新一代信息技术的发展，作为物理对象在网络空间的映射的数据成为经济社会发展的重要资源，特别是在制造业中，大数据作为企业决策的依据以及信息、知识交流的基础和重要载体，甚至成为核心生产要素。从大数据的应用来看，一方面，数据搜集、共享和融合是制造业创新升级的重要基础；另一方面，大数据分析和处理技术作为通用目的性技术，可以推动制造业的生产模式、产业形态、商业模式发生数字化、网络化、智能化的变革。制造业未来的国际竞争，必定是智能设备、物联网以及大数据分析应用能力的竞争（张伯旭等，2017）。

本章探讨大数据与制造业融合的理论与机制，包括两大部分，共计五个内容。第一部分是大数据与制造业融合理论，主要讨论大数据与制造业融合的理论基础、国内外大数据与制造业融合的相关研究评述、大数据与制造业融合而产生的“三维度理论”。第二部分是大数据与制造业融合机制。主要讨论大数据与制造业融合机制的内涵；从大数据作为一种要素的角度，探讨大数据要素与制造业各要素融合的创新机制；从大数据作为一项技术的角度，分析大数据技术与制造业各生产环节融合，提高制造业生产效率的机制；从大数据作为一个产业的角度，探讨大数据产业与制造业的业态融合，推动制造业商业模式变革的机制。

一、大数据与制造业融合理论

（一）大数据与制造业融合的理论基础

现有文献对大数据与制造业融合的理论研究较少，结合已有的信息技术、生产性服务业与制造业融合的理论，大数据技术作为新一代 ICT 的重要组成部分，同时也提供了重要的生产性服务。现有的生产性服务业、信息技术与制造业融合理论对大数据与制造业融合理论的分析具有重要借鉴意义。

1. 生产性服务业与制造业关系的演变理论

根据王玉玲（2017）对国内外学者对生产性服务业概念、特征和功能的梳理，可知生产性服务业是为其他产品或服务的制造过程提供中间投入的部门，具有人力、知识资本密集，服务异质性，对制造业需求有依赖性的特点。在制造过程中，生产性服务包括产品研发设计、信息咨询服务、ICT、技术支撑、市场营销、金融、法律服务等。

生产性服务业与制造业的关系演变经历了四个阶段。第一阶段是“制造业需求引领阶段”，体现为，在工业化时代，随着社会分工的细化，对服务的需求不断增加，从而使生产性服务业从制造业中分离出来，开始专业化生产以及规模化扩张。第二阶段是“服务业供给主导阶段”，强调生产性服务业通过增加制造业知识、技术等要素投入，发挥提高制造业生产效率、增加产品附加值和降低成本的重要作用。第三阶段是“产业互动阶段”，即生产性服务业与制造业高度相关，相互依赖程度增强，推动制造业和生产性服务业的生产效率不断提高，促进市场规模进一步扩大。第四阶段是“产业融合阶段”，即生产性服务业与制造业彼此渗透程度加深，产业边界模糊化，推动制造业转型升级和服务业现代化水平不断提高。

2. 信息技术与制造业互动关系

随着二十世纪末以来信息技术水平的不断提高及其在各行各业的渗透，特别是在作为国民经济支柱性产业的制造业，信息技术产业与制造业呈现必然的产业融合关系。

通过数学公式推导信息技术与制造业趋同的过程，肖静华等（2006）指出，信息技术与工业化融合发展过程中依次经历了初期的工业化主导信息技术发展方向阶段、短暂的两者影响力相持阶段、信息化带动工业化发展阶段。在第三阶段发生了“信息化跳跃”，表现为经过第二阶段，信息化发展达到了高速饱和状态，工业化水平由于信息技术投入获得跨越式发展。在第三阶段之后，产业融合遵循趋同理论呈现螺旋式上升现象。从现实国情分析的角度，丁焰辉（2001）认为，发达国家的传统产业由于已经具有较先进的信息技术基础，信息化的发展更注重于对信息技术中关键核心技术的自主研发。发展中国家则亟须利用信息化完成工业化，以便在工业化与信息化的渗透融合中，进一步发挥信息化的主导作用，推进工业生产自动化、网络化与智能化。从对两条融合路径的融合均衡度进行实证分析的角度，谢康等（2012）对 2000—2009 年全国工业化和信息化融合过程中的质量水平进行实证检验，综合各省市实证结果，可以得知全国信息化带动工业化趋势总体稳定，接近完全融合水平，但呈每五年融合程度下降的特点。除此之外，还发现与工业化带动信息化相比，信息化带动工业化对两化融合程度提高具有更大的贡献。但是，从融合系数的发展现状来看，除了 2008

年，工业化对信息化系统达到理想发展水平的促进作用强于信息化带动工业系统达到理想发展水平的作用。初铭畅等（2021）采用投入—产出法，用消耗系数测度了辽宁省2012—2017年的新一代信息技术产业与制造业的关联性指标，用投入率和需求率指标测度两个产业的融合共生水平。

综上所述，现有研究认为在我国信息化与工业化融合发展过程中，工业化促进信息化处于引领性的基础作用，而信息化促进工业化能进一步推动两化融合达到完全融合程度。因此，信息化带动工业化这一产业融合路径不仅具有融合的工业化物质基础，而且对工业发展质量和效率以及两化融合整体水平的提高具有重要的意义和作用。大数据作为信息化的产物和关键要素，探索其与制造业融合发展具有重要的理论和现实意义。

（二）国外产业融合理论

产业融合思想最早源于Rosenberg（1963）对美国机械设备业演化的研究。之后，1988年Stuart Brand提到Negreouponte自1973年开始使用该词，认为两个产品功能无关的产业进行产业融合的重要条件在于共性数字技术的交叉扩散（单元媛等，2012）。由单元媛等（2012）对国外产业融合理论综述的研究可知，按照我国的三次产业分类法，国外较多是以科学研究和应用这一产业大类中的融合为研究对象。如以ICT产业融合为研究对象，提出了“知识—技术—应用—市场”的融合路径。Curran等（2010，2011）以依附基础科学技术的知识密集型产业间的融合为研究对象，如食品和医药结合的功能性食品、化妆品和药物结合的药妆品。在此基础上，国外以专利份额的系数相关性作为产业融合度的测度指标，开展了同一产业大类、不同产业大类之间的融合程度测度研究。对于跨产业大类进行产业融合的分析，特别是信息技术与工业化融合的分析只涉及基本内涵概念以及影响效果。

在信息化与工业化融合领域，由于西方在完成工业化后才开启了信息化，因此，对信息化与工业化融合的相关理论研究较少。具有代表性的国外观点是，从两化融合的内涵来看，工业化与信息化融合主要体现为信息技术向制造业产品、生产工艺渗透，从而导致两个独立的产业边界模糊（Martha 等，2001；Karmarkar，2010）。

在大数据与制造业融合的研究中，大数据被看作重要的生产要素和数据处理技术。Chang 和 Lin （2019）认为大数据是实现智能制造的关键要素，制造系统中内嵌于设备、材料、产品的传感器和控制器产生和实时传输的生产数据是监控和优化制造业生产过程的决策依据，制造业外部环境搜集的消费数据引导大规模定制的方向。Wu 等（2020）对公司数据研究发现，大数据技术应用于企业流程改进和与现有技术相结合产生的技术创新，与全新领域技术创新相比，其对企业生产率有极大改善作用。Faheem 等（2021）提出，用先进的信息技术对生产过程产生的数据进行分析，制造业企业能及时实施机器维护策略。Kamble 等（2021）研究发现，在多个大型利益相关群体共同决策的环境下，让大数据充分参与群体决策过程，能够促进在制造组织中对优先实施循环经济达成共识，从而帮助各组织实现循环经济的可持续发展目标。

（三）大数据与制造业融合模式

大数据与制造业融合的理论研究涉及了具体的融合方式与路径，但是具有观点零散分布、不具有统一性和完整性的特点，缺乏对融合理论与机制的系统性阐述与分析。本章基于大数据的要素、技术、产业特性这三个不同视角，对大数据与制造业的融合理论进行梳理归纳，从而发现融合过程中各要素的相互作用关系并总结融合规律，为进一步系统性开展大数据与制造业融合实践提供路径参考。

1. 大数据要素与制造业传统要素融合

大数据要素是数字技术与传统产业的通用性技术融合的结果，具有融合特性，与传统要素融合过程中不断促进传统要素的数字化改造（张昕蔚等，2021）。在制造业数字化、网络化、智能化的三个发展阶段，数据发挥着不同的作用。企业生产数据是数字化的基础，生产数据的互联互通是网络化的关键。在这一阶段，大数据技术也开始发挥作用，并引发服务型制造、网络化协同等制造模式，海量数据共享进一步推动人工智能技术发展，实现智能化制造（赵剑波，2020）。在大数据资源实现产品创新绩效路径中，其不能直接促进产品创新，而在行业信息技术基础好的情况下，通过与劳动要素结合，才能直接促进产品创新。另外，大数据资源通过与劳动要素结合形成大数据应用能力后，再与知识要素结合形成组织学习，以及与管理要素结合形成惯例变革，从而不受行业信息技术基础影响，总能实现产品创新（谢康等，2020）。在与劳动要素结合过程中，基于数字劳动的一般性和特殊性理论分析，大数据作为直接投入要素时，提高了劳动力的最低标准；作为劳动对象时，通过大数据技术的处理与分析，与其他劳动资料融合进入下一个生产环节（石先梅，2021）。在与知识要素结合环节，资本要素是要结合的外部影响因素。

现有研究展示了，大数据要素以直接投入生产过程、对传统生产要素进行赋能以及促进资源合理配置三种方式与制造业融合；目前，对第一种直接投入方式和第二种赋能方式进行融合的研究较多，对第三种促进资源合理配置方式的研究较少；并且现有研究都缺乏对大数据要素与制造业融合过程的系统性描述和路径分析。

2. 大数据技术与制造业技术融合

蔡跃洲和张钧南（2015）实证分析了自2000年以来，包括大数据技术在内的新一代ICT与各产业部门的全要素生产率提升、经济增长存在因果关系。基于大数据挖掘技术建立的制造业生产工艺自适应设计模型能够通过工艺参数和工艺缺陷预测模型的验证，从而发挥对产品工艺设计的自适应优化作用（魏巍等，2020）。在基于模型、数据、知识的设计与制造协同框架中，数据资源和大数据分析技术是协同框架构建所需知识和模型优化的重要来源（周新杰等，2019）。在智能工厂生产中，大数据技术实现了消费者验证过程的快速迭代和虚拟工厂的建立（肖静华等，2016）。基于大数据的制造业作业成本控制体系具有完善作业成本核算流程、优化制造业成本控制的效果（蔚利芝等，2017）。

现有研究分析了大数据技术在企业生产流程的广泛应用，以及对生产和管理效率的提高作用。但是，缺乏对生产环节融合机制的完整、详细阐述。

3. 大数据产业与制造业业务模式融合

大数据产业指与大数据要素和技术应用相关的行业，提供涵盖数据搜集、存储、处理、分析、应用领域的产品和服务。

刘祎等（2020）对中设智控案例进行研究提出，工业大数据具有产品定制化、生产服务化、运营平台化这三大示能性，组织通过产品升级、价值链升级、商业模式升级的具体行为实现工业大数据的示能性。对消费数据进行分析，通过对偏好预判、引导和挖掘，其能推进制造商的服务化转型（肖静华等，2016）。大数据平台发挥着由工业物联网到知识互联网再到协同应用的重要桥梁作用（周新杰等，2019）。平台企业以数据资源作为关键要素资源，发挥着数据信息、技术集散地的重要作用，推动形成以平台企业为核心、制造业上下游企业群落互利共生的生态体系，共同致力于更好地为消费者服务（焦勇，2020）。数字技术应用和商业模式变革对2007—2019年制造业上市公司生产率有显著影响，商业模式变革与其他要素互补作用对生产率也有显著影响（刘飞，2020）。将数字基础设施和数字化设备作为生产资料，由于规模效应的要求，形成的基建网络方便不同产业的沟通联系，推动了网络化协同制造模式的发展（石先梅，2021）。

现有研究提出了大数据对制造业商业模式改造的重要影响以及多种改造方式，但是对商业模式改造的阐述不具有系统性。

（四）大数据与制造业融合的“三维度理论”

汲取现有研究的精华并进行总结提炼，本部分试图进一步系统全面阐述大数据与制造业融合理论，因融合研究从三个维度展开，因此称为“三维度理论”。

①大数据具有要素属性，是人类进入信息化时代，作为蓬勃发展的经济新业态，即数字经济的重要生产要素之一，也是制造业转型升级必不可少的生产要素之一。②大数据具有技术属性，是新一代信息技术的重要组成部分。根据信息技术受制造业需求产生和改进的特点，大数据技术对制造业具有较高的适用性。③大数据具有产业属性，高新技术服务业是生产性服务业中的重要组成部分，是制造业发展必不可少的中间环节。因此，大数据与制造业融合包含要素融合、技术融合、产业融合三大维度。在三个维度中，大数据对制造业的要素体系、技术水平以及业务模式逐步交叉渗透，建立对制造业的要素质量与结构、技术水平改造和业务模式改造的融合机制，从而完成融合过程。

结合产业生命周期理论与产业融合发展规律，传统产业与战略性新兴产业融合发展可划分出三个阶段、两个方向：①相互适应的低度融合阶段；②协调发展的中度、深度融合阶段（方向）；③无融合的分化排斥阶段（方向）。在与大数据产业融合过程中，传统制造业的最终归宿要么是在淘汰落后产能中走向消亡，要么是进行转型升级成为战略性新兴产业。

二、大数据与制造业融合机制

（一）大数据与制造业融合机制的总体架构

“机制”一词最早源于希腊文，指机器的构造和工作原理，把机制的本义引申到不同的领域就产生了不同的机制。经济学中的机制表示在一定经济机体内，各构成要素之间的相互联系和作用的关系及其发挥的功能。本部分基于融合机制是系统内各要素协调运行的过程这一定义，以大数据向制造业渗透融合为研究对象，以大数据与制造业融合的过程为分析载体，探讨大数据与制造业融合的实现机制。

系统论认为，大数据与制造业融合是一个系统工程，不同的融合机制作为复杂系统里面的多个要素，具有相互联系、相互作用的特点。良好的机制设计能够通过要素间的有序作用更好地发挥各要素功能，以及使集合各要素功能的系统整体效用更优化。基于各个子机制要素的特点，提出三个子机制相互作用的融合总体机制。具体关系如图 2-1 所示。

要素融合在融合总系统中位于基础地位，提供制造业生产必备的劳动主体、劳动工具、劳动对象；技术融合处于支撑地位，影响对客观对象改造过程中的作用方式，导致不同的劳动结果；产业融

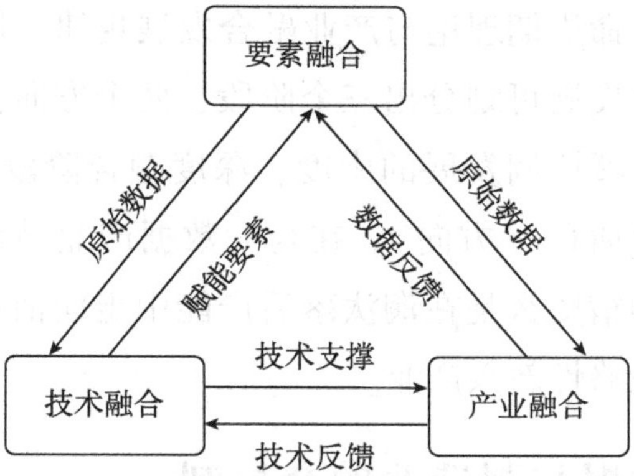

图 2-1　大数据与制造业的融合总体机制

资料来源：根据文字内容整理。

合处于最高的归宿地位，通过劳动主体和劳动资料价值的充分发挥，达到生产的目的，从而完成最终的融合进程。根据系统论的自组织演化理论，在总系统（总体机制）中，不同子系统（子机制）之间的相互作用及由此形成的系统结构，推动了融合系统从低级向高级发展，从简单向复杂持续演化。

（二）大数据与制造业融合机制的耦合分析

通过或借助信息技术产业与制造业的融合过程来理解大数据产业与制造业的融合概念。初铭畅等（2021）认为融合过程主要表现在制造业和信息技术产业间的投入产出相互渗透。谢康等（2012）认为信息技术产业与制造业融合本质上是一种趋同或收敛现象，表现为一种过程和过程状态。过程可由静态的融合系数来衡量，过程状态由动态的融合水平来衡量。

从数学表达来看，借鉴最早在物理中用“耦合关系”表示两个及以上不同系统之间的相互影响关系和构建的“耦合系数模型”，可以得出反映大数据产业与制造业互动关系的耦合度模型，见公式（1）：

$$C = \left\{ \frac{f(x) \times g(y)}{\left[\frac{f(x) + g(y)^2}{2} \right]} \right\}^2 \tag{1}$$

其中，C 为耦合度，$C \in [0, 1]$，反映出两个产业间相互作用的强弱，可以用来判断产业融合趋势（高智等，2019）。根据系统科学论，大数据产业与制造业的系统状态有序性受各自子系统功效系数的影响。其中，$f(x)$ 是大数据产业各子系统的综合序参量，表示大数据产业各子系统对耦合系统的贡献度；$g(y)$ 是制造业各子系统的综合序参量，表示制造业各子系统对耦合系统的贡献度。两者可由包含的子系统指标综合计算得到，即 $f(x) = \sum_{i=1}^{m} a_i x_i$，$g(y) = \sum_{i=1}^{m} b_i y_i$，其中 m 表示子系统对应的指标的个数，a_i 和 b_i 分别为各子系统对应的指标的权重，x_i 和 y_i 为两个产业各子系统相应指标的功效系数，体现为各指标的得分值。公式（1）所表示的产业融合水平的逻辑在于，两个产业系统的综合评价体系中包含的因素之间存在相互作用关系（薛继亮等，2020），基于此构建以两者综合评价指数为自变量的融合水平测度函数。耦合度的缺陷在于不能衡量融合的协调性，即当两大产业都在较低的综合评价指数水平或较高的综合评价指数水平上，具有较强的相关关系时，耦合度仍然将呈现较高值。因此引入了耦合协调度，见公式（2）：

$$D = \sqrt{C \times T} \tag{2}$$

其中，$T = \alpha \times f(x) + \beta \times g(y)$，$\alpha + \beta = 1$。$D$ 为耦合协调度，$D \in [0, 1]$。T 是两类产业的耦合协调系数，α 和 β 分别是大数据产业和制造业对融合度的贡献水平。综合考虑耦合度指标 C 的值和耦合协调度 D 的值，可以衡量大数据产业与制造业的融合质量与水平。借鉴薛继亮等（2020）对传统产业与战略性新兴产业的耦合发展研究采用的等级分类方法，不同区间的指标值对应的融合层次如表 2-1 所示。

表 2-1　耦合度与耦合协调度分类标准

耦合度 *C*	耦合水平	耦合协调度 *D*	协调水平
[0, 0.3)	低水平耦合	[0, 0.3)	低度协调
[0.3, 0.5)	抗衡	[0.3, 0.5)	中度协调
[0.5, 0.8)	磨合	[0.5, 0.8)	高度协调
[0.8, 1]	高水平耦合	[0.8, 1]	深度协调

资料来源：薛继亮，邬浩，于莉. 战略性新兴产业与传统产业耦合发展及对就业的影响研究［J］. 工业技术经济，2020，39（1）：152-160.

根据耦合熵以及耗散结构理论，可知融合过程中的耦合系统稳定性以及耦合协调度的动态变化规律，即随着耦合熵的变化，融合过程中耦合系统的稳定状态呈现“无序—有序—无序—有序”的循环发展状态，耦合协调度呈现不断上升状态（史一鸣和包先建，2013），如图 2-2 所示。

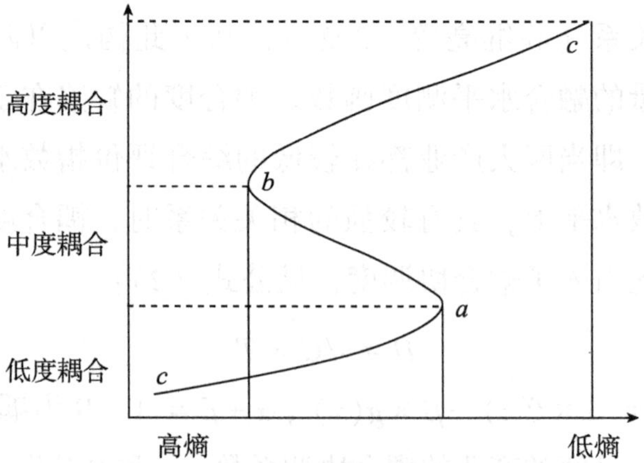

图 2-2　耦合系统突变过程

资料来源：史一鸣，包先建. 高技术服务业与装备制造业的耦合熵模型及运行机制［J］. 长春工业大学学报（自然科学版），2013，34（1）：26-29.

c点为融合的初始状态，高熵值表明耦合系统呈现为无序、不稳定的状态，耦合水平也很低。按照实际情况，大数据与制造业的耦合系统满足它是一个能与外界进行能量、信息等交换的开放系统的假设。根据耗散结构理论，在开放环境下，耦合系统与外界进行交换（郗炳峰，2009），系统将由无序向有序、稳定状态演变。但是图中在a点处达到熵的极小值后发生突变，即又走向无序的状态。而从耦合度来看，系统的演化是一个耦合度不断提高的螺旋式上升过程。

三、大数据与制造业的要素融合机制

（一）大数据要素的内涵与特点

1. 大数据与工业大数据内涵

从大数据是一种存储在计算机中的物理符号来看，2008年计算社区联盟最早对大数据提出“3V”定义，认为大数据具有数据总量规模大（volume）、数据储存类型多样化（variety）、数据传输速度快（velocity）的特点。在此基础上，后来学者提出数据价值（value）密度低的特点。维基百科对大数据的定义是，运用传统软件工具捕获、管理和处理数据所耗时间超过可容忍时间的数据集。

中国电子技术标准化研究院等编写的《工业大数据白皮书》（2019版）对工业大数据的边界做出定义：从数据来源看，工业大数据的第一类是用于企业运营管理的内部信息化数据，包括企业资源计划（ERP）、产品生命周期管理（PLM）、供应链管理（SCM）、客户关系管理（CRM）和能耗管理系统（EMS）等。第二类是生产过程中制造执行系统实时传递的数据，包括设备运行参数、物料用量、环境参数、加工过程的工况参数等。在智能装备大量应用的情况下，此类数据量增长最快。第三类是从外部获取的数据，包括产品使用数据、客户名单、供应商名单、外部的互联网数据等。

2. 大数据要素的经济特征

弗里曼和佩雷斯认为，关键生产要素的变迁是推动经济增长的原生变量，具有生产成本的下降性、供给能力的无限性和运用前景的广泛性三个方面的基本特征。在ICT成熟的背景下，数据具有低复制成本、非排他性或部分排他性、非竞争性以及外部性等经济特征（蔡跃洲等，2021），这使得大数据符合关键生产要素的基本要求且具有与传统有形生产要素截然不同的特点，成为新一轮技术革命中的关键生产要素，是新经济、新业态、新模式运行的基础。

数据的低成本复制性是满足“低成本”“无限供给”“广泛应用”的重要基础。虽然前期需要较大的硬件和软件投入，但搜集完成后，除去存储介质和复制过程中少量电力耗费外，复制成本接近于零。数据的部分排他性是指，除了部分商业化数据外，数据自生成之时起就由多个相关的不同主体同时掌控，且由于比特形式易于通过互联网传播，数据流通空间可以无限扩大。基于数据低成本广泛复制的大前提，在数据的消费环节，数据被使用后价值不被削弱，甚至实现增值（时效性强的数据例外）。在数据的生产环节，同一数据能被不同的数据搜集方搜集，从而使数据具有非竞争性。外部性是指通过数据分析工具对数据进行处理分析，对其他个体带来的收益或损害。如对大数据的搜集与分析用于提高企业生产效率、改善产品质量，从而增加消费者和生产者的福利。随着网络平台中数据量的累积，外部性将通过网络效应被进一步放大，构建形成可分析数据量越多，产品性能提升就更快，顾客满意度也就更高，从而形成可分析数据更多的良性循环格局。

因此，大数据似乎一经生产，就具有关键生产要素的特质。但从其产生过程来看，大数据建立在互联网、云计算、物联网、区块链、人工智能等新一代信息技术基础之上，并与其不断融合，相互促进发展。互联网和物联网为数据的获得和传输提供了保障，云计算为大数据的存储和分析提供了支持，区块链和人工智能则为海量数据潜力的挖掘提供了安全环境和智能要素支持。

（二）大数据要素与制造业传统要素融合

1. 大数据①要素提高制造业生产能力

大数据作为关键性的要素，驱动制造业的智能化、网络化生产。主要表现在四个方面：①在研发前，企业通过获取消费者的需求信息和反馈的产品操作信息，使消费者能够间接参与产品的多样化、个性化设计。在设计环节，设计资源的共享推动了全球创新设计资源的汇聚，进而实现产业链上的协同设计，提高零部件供应效率，改进虚拟仿真体验后的产品设计。②在建立先进制造执行体系环节，生产设备内嵌的传感器、无线射频识别系统（RFID）等测量和传递的制造过程实时数据，不仅是制造计划精准执行的驱动数据，也是对各系统进行过程控制的重要依据（宋利康等，2015）。虚拟工厂和真实工厂的数据交换是生产线柔性化设计的关键要素。③在经营管理环节，供应链上的采购、生产、财务等数据的集成与分析为企业管理决策提供依据。④在售后服务环节，产品运行状态的监控数据是进行产品质量检测、故障预警、远程运维的重要依据。

由此可知，大数据直接参与生产制造过程的前提是制造业运营各环节数据的获取与传递；数据进一步参与制造过程的关键是数据

① 此处大数据指经过大数据技术筛选、处理后的具有实用价值的海量数据。

的分析和应用。

2. 大数据要素赋能制造业传统生产要素

大数据要素与其他要素在价值创造过程中存在相互依赖的合作需求（王谦等，2021）。大数据产生于信息技术高速发展阶段，具有调节性的技术经济特征，即在发挥数据要素的价值时，从技术手段上赋能传统要素，倒逼劳动力、资本、技术、组织、知识、土地等生产要素进行适应性改进，赋能后的生产要素在价值创造过程中将具有乘数效应。

随着技术水平的进步，人力资本的提质增效是推动制造业基本生产要素向高级生产要素转变的重要桥梁（苏杭等，2017）。以尚品宅配为例，尚品宅配以家具定制为主营业务，是在行业中智能制造技术水平领先的企业。它建立了设计库系统、订单控制系统以及智能生产系统。该公司在其设计库中积累了大量的房型数据、户型数据以及产品样式数据。在需求获取阶段，设计库中的大量样式模块数据赋能消费者，使其充分表述家居设计需求，同时使设计师快速匹配需求。在需求传递阶段，智能生产系统传递的数据为工人提供加工指令，赋能劳动力和生产设备对个性化需求的精准执行。在需求实现阶段，智能分析技术对订单数据按产品的不同部件进行拆分，赋能生产线对相同生产流程部件进行批量生产，从而降低大规模定制的成本。

可见，大数据通过赋能消费者、劳动者、资本品，与制造业传统要素相融合。

3. 大数据要素驱动制造业生产要素合理配置

从外部环境来看，在大数据时代，伴随着移动互联网、云计算、物联网、大数据、人工智能等新一代信息技术的发展，资源配置方式向网络化配置转型，数据成为驱动资源配置方式发生变革的重要力量。从企业内部环境来看，对获取的数据要素进行加工处理，把数据转化为信息，信息转化为知识，知识转化为科学决策，以应对和解决制造过程的复杂性和不确定性等问题，从而提高制造资源的配置效率（王建民，2017）。其表现在，基于网络空间的资源、产品、要素以数据为载体实现在线化，打破了资源配置的时空限制（刘刚，2019）。资源的充分流动促进了资源共享、协同，为资源优化组合、合理配置、融合发展提供重要基础。

作为大数据要素与制造业传统要素融合的最高阶段，在数据赋能传统要素生产能力提高的基础上，数据之间的传递和共享通过组织协同管理的中介作用，实现要素资源的优化配置、协同生产，从而提高全要素生产率。大数据与制造业的要素融合机制如图 2-3 所示。

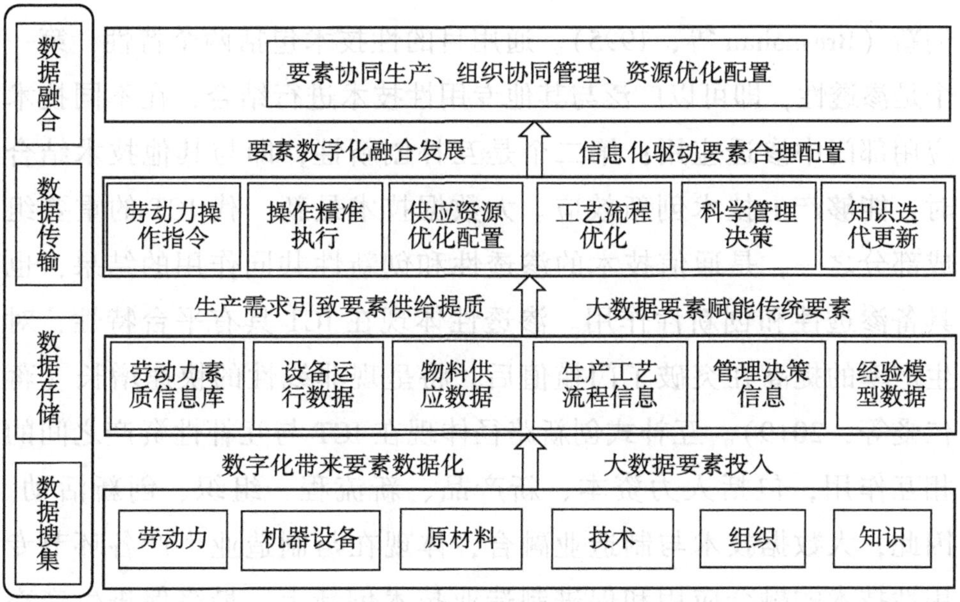

图 2-3　大数据与制造业的要素融合机制

资料来源：根据文字内容整理。

四、大数据与制造业的技术融合机制

自信息化与工业化深度融合实施以来，制造企业的数字化改造不断推进，实现了企业内部数据的可获取性。工业大数据则是在制造业内部数据采集的基础上，广泛采集产业链上协作企业的数据以及产业链外部产品的使用数据。大数据技术应用于制造业各环节，通过产品全生命周期数据的存储、处理、分析和应用，助力制造业生产技术的改进与升级，提高研发设计、生产制造、产品管理的智能化水平，推动制造业数智化进程。

（一）大数据的技术特性

ICT 是一种通用目的性技术（general purpose technology），对输入此技术的部门有普遍的技术改进潜力并能与应用部门进行互补式创新（Bresnahan 等，1995）。通用目的性技术包括两个特性，第一个是渗透性，即可以广泛与其他专用性技术进行结合，在不同技术应用部门中渗透应用；第二个是互补创新性，即与其他技术结合时，能够产生技术创新效应。大数据技术是新一代 ICT 的重要组成部分之一，是通信技术的渗透性和创新性共同作用的结果，也具备渗透性和创新性作用。渗透性体现在 ICT 具有平台特性，对生产率的提高在突破了门槛值后，将呈现非线性的快速增长（蒋仁爱等，2019）。互补式创新路径体现在 ICT 与互补性资产之间的相互作用，包括人力资本、新产品、新流程、组织、创新活动。因此，大数据技术与制造业融合，体现在与制造业生产各环节专用性技术的融合应用和促进制造业技术创新上，最终促进生产率快速提高。

（二）大数据技术与制造业各生产环节融合

大数据技术是指以大数据为处理对象而进行的一系列数据采集、存储、处理（包括分享环节）、分析和应用技术。大数据技术融入制造业各生产环节主要体现在与人工智能、云计算、互联网、物联网等信息技术结合，对工业大数据进行一系列的科学处理，从而充分挖掘数据价值，提高各生产环节的制造技术水平和管理决策的科学性。

1. 大数据技术融入制造业研发设计

通过大数据技术搜集的海量数据能够为产品设计模型中参数的优化提供重要训练集。同时，对数据进行结构化处理，有利于解决信息共享难的问题。房建奇等（2019）指出，利用大数据虚拟仿真技术，可以对研发设计环节进行模拟分析、评估验证和优化改进，一方面促进优化生产工艺流程，另一方面提高产品技术改良效率，缩短产品研发周期，降低成本能耗，从而在研发设计阶段提升制造业生产效率。

在大数据技术与制造业研发设计融合的深层次阶段，随着数据获取范围的扩大，通过获取下游的产品销售数据以及产品使用和评价信息，并对数据进行处理分析，能够驱动产品设计技术改进和促进产品性能升级。例如，加强新材料、新产品、新工艺的研发和推广应用，能推动工业设计向高端综合设计服务转变（夏杰长等，2019）。下游销售环节的反馈数据分析推动了制造企业由只关注产品使用性能向提供“产品+服务”的综合解决方案转变。

因此，大数据技术与研发设计技术结合，能提高产品研发设计效率，引导产品研发方向，为服务型制造业转型奠定技术基础。

2. 大数据技术融入制造业生产制造

在制造工艺流程设计阶段，制造业内部的上游产品工艺设计数据向下游产品制造环节传输时，面临数据格式不统一导致的数据传递阻碍，虚拟化制造技术在确定产品工艺参数和布局设计生产车间时面临相关数据获取阻碍。大数据技术通过集成各个信息系统建立专门的产品数据源，打通了产品研发制造数据流，提升了企业内部数据使用的唯一性、准确性（李强等，2014）。

在制造过程的管理环节，大数据技术助力制造业成本控制。大数据技术通过信息系统的数据集成，将上游供应商的原材料供应与下游制造企业的生产需求互联互通，丰富了制造企业预算管理信息。与流程制造业相比，离散制造业具有更分散化的生产环节、更多样化的生产设备且易于通过软件转换流程。离散制造业依靠云计算模型处理数据，实现制造环节的资源和任务调度，利用边缘计算技术高效、准确调度制造业内部各个边缘节点的资源，从而最优化制造业生产流程各环节，提高制造业管理和生产效率（Chang 和 Lin，2019）。

在深层次阶段，大数据技术与移动互联网、物联网、人工智能和云计算技术相融合，成为智能制造的必要技术基础，推动制造系统实现自感知、自分析、自决策、自执行。例如，在服务器主板制造过程中，第一个业务环节是锡膏印刷，之后再贴装电子元组件。而在生产过程中，电子器件可能出现偏移、覆盖件漏印、爬锡短路等故障。基于主板焊点质量检测数据和主板质量数据积累，结合基于机器学习的智能复判算法，能够形成一个“故障复判机器人”，将其加入检测流程后，只需输入检测器件传输的参数，就能够自主、智能地进行故障复判，提高服务器主板制造的品质稳定性。

通过大数据技术与制造业生产环节相融合，改进了工艺流程、创新发展柔性化生产技术，提高了制造业资源管理效率，为智能制造奠定技术基础。

3. 大数据技术融入制造业产品运维

对于设备属性的产品来说，对产品使用过程中的工作性能稳定状况、周边环境、用户交互行为等数据实时监控，并开展服务于产品维修的分析，能够提前预测故障概率、准备维修配件，从而提高售后维修的处理效率。在故障诊断环节，根据远程传输的产品状态数据，结合智能算法进行诊断，有助于设计远程维修的最优解决方案，优化配置产品售后维修所需资源。

大数据技术融入产品维修环节，通过监控数据提前预测故障和制订远程维修资源调配方案，从而提高维修效率，进而提升产品的使用效能和客户满意度，为服务型制造业奠定基础。

（三）大数据的技术创新促进效应

1. 数字化背景下的数字创新理论

技术创新路径包含三个递进的阶段：企业内部的技术效率提升、企业内部的整体技术进步以及制造业普遍出现的技术范式变迁（焦勇等，2019），推动持续创新为制造业技术升级提供根本动力。大数据与制造业融合有两种创新场景，分别呈现不同的创新要素组合方式。独立创新时，注重内部数据的采集、存储和分析；协同创新时，注重企业内外部数据与创新要素的协同融合（辛璐等，2019）。随着产品需求的异质性特征日益显著，大数据技术通过搜集、传递、分析需求不仅能为制造业技术创新提供重要的技术支持和技术创新方向引导，而且与人工智能、云计算等信息技术融合，能够加快提升技术效率，从而推进信息技术范式持续向高级化变迁，即通过新的技术效率提高、技术进步、技术范式变迁循环，推进新旧动能持续转换。

2. 大数据技术推动的制造业技术融合创新

大数据技术推动大规模个性化定制技术创新。其中互联网技术是重要支撑，云计算是关键技术处理工具，积累的数据资源是关键要素。尚品宅配能实现大规模定制，包括个性化需求准确获取、有效传递和高效满足三个阶段（周文辉等，2018）。在个性化需求获取阶段，大数据与云计算技术升级了制造业设计系统，形成在线设计、明确感知需求以及快速匹配方案的设计模式；在个性化需求传递阶段，将订单管理系统与制造业拆单排产技术相结合，对不同生产流程拆单、同流程排单生产，板材利用率达到90%以上，奠定了低成本、大规模生产的基础；在生产阶段，大数据技术及时分析和传输信息，给予员工操作指令，赋能员工精益制造。

大数据技术支撑3D打印技术创新。通用电气公司将计算机视觉技术与基于大数据的机器学习算法结合，对3D打印部件进行打印缺陷检查。通用电气添加物研究实验室团队首先用高分辨率相机拍摄添加制造时每一层的印刷过程，记录了肉眼看不见的条纹、凹坑、印刷粉等其他图案；之后机器学习技术将记录的粉末图案模式数据与通过“计算机断层扫描（CT）”显示的缺陷数据进行陪练和匹配，以“学习”和“预测”打印过程中的问题和检测缺陷。通用电气3D制造研究小组表示，基于数据的机器学习技术能够在制造过程中检测3D打印部件的质量，减少了时间和材料浪费。

大数据技术助力产品和设备故障检测技术创新。在制造业数字化背景下，智能生产主要依靠工业生产系统的硬件支撑和软件系统的操作执行。常敏（2021）基于大数据技术设计了一种软件缺陷静态检测系统。在设计过程中，首先，依据大数据技术的操作要求来改良系统硬件，改进了系统的信息采集、存储模块和传输通道，从而提升了对系统运行数据操作的精准度；其次，利用大数据分析技术清洗传入的数据并调整软件系统准则以提高匹配度；最后，通过实验验证得出，与基于代码源数据和深度学习的检测系统相比，基于大数据的静态软件缺陷检测系统能够在更短的时间内完成软件的缺陷检测，从而提高软件使用效率。

大数据技术赋能知识管理技术创新。上海宝信软件股份有限公司是宝钢股份控股的软件企业，为实际提高精品钢附加值的目标，以“数据驱动”为主线，深度挖掘分散的钢种标准、工艺路线、参数配置、控制模型信息间的关系，提取精品钢创新研发的关键知识，促进知识发现和技术创新；在本体建模中加入绿色化、安全化、智能化目标，通过语义网技术对知识进行统一管理，完成了精品智能制造知识库建立；在精品智能制造知识库基础上，将知识发现技术与制造业产品研制、工艺技术规律相结合，完成制造知识挖掘流程。

大数据与制造业的技术融合机制如图 2-4 所示。

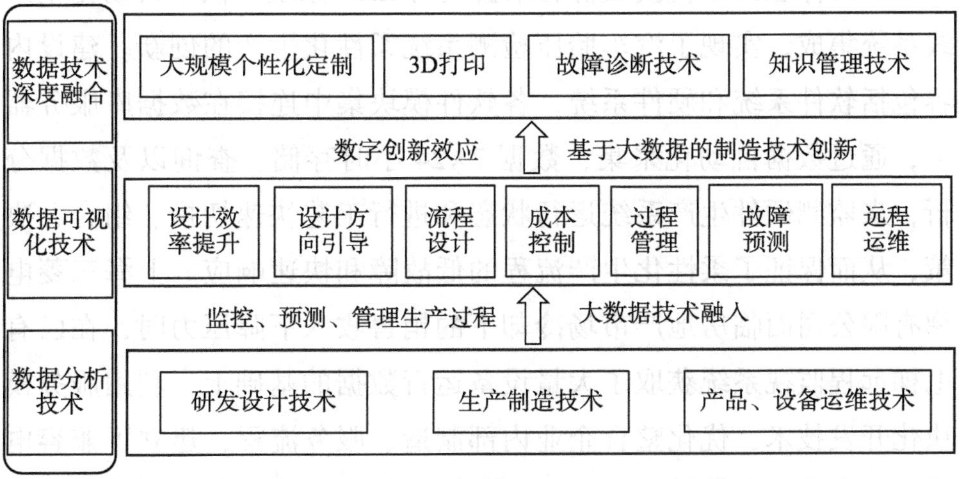

图 2-4 大数据与制造业的技术融合机制

资料来源：根据文字内容整理。

五、大数据与制造业的产业融合机制

大数据产业指由从事大数据搜集、存储、分析、应用的上下游企业组成的业务相互配合、密切衔接的产业链条。大数据产业与制造业融合是大数据融入制造业的高级阶段，基于产业间要素融合、技术融合的基础，再进行市场融合，从而形成制造业新模式、新业态。技术变革是制造业组织形式和企业边界变革的重要推动力（林琳等，2019）。产业融合创新了价值创造方式，催生了制造业新业态，创造了新产品、新服务，开辟了新市场。

（一）服务化按需制造新业态

服务型制造是指制造企业在产品全生命周期增加服务要素的投入，从而提高产品的服务附加值。大数据产业提供资源、技术、知识、营销等重要的生产性服务投入，推动形成服务型制造新模式。

上海保隆汽车科技股份有限公司将 ERP 系统与汽车自动化生产线系统集成，实现了汽车胎压检测系统柔性化生产的创新。建设内容包括软件系统和硬件系统，各软件模块集中连接在数据库服务器上，通过数据自动化采集，数据 7×24 小时存储、查询以及数据分析，来监测硬件生产系统运行状态和进行工艺快速切换、组合、决策，从而保证了柔性化生产流程的低故障和快速响应。上海三菱电梯有限公司面临房地产市场冷却下的销售收入下降压力时，在已有电梯远程监视系统获取了大量设备运行数据的基础上，利用服务模块化开发技术，优化整合企业内部制造、服务流程，建立了兼容电梯维护保养业务知识和电梯运行数据的信息系统，为电梯维保服务提供了技术支撑，由此创造了新的利润增长点。上海和鹰机电科技股份有限公司提供了全球领先的服装工艺产品线，即缝前、缝中、缝后全流程的数字化解决方案。在缝前，该公司通过在线下门店布置的三维人体扫描仪收集人体数据，并运用模型计算顾客精准尺寸信息，通过计算机虚拟建模技术对数据进行处理，生成顾客真实三维立体模型，并进行在线试穿效果展现。在缝中，得到客户确定的产品需求信息后，运用大数据技术生成和传输数字化订单，由 CAD 智能系统进行剪裁程序设计，制造完成后出库，完成服装“量体裁衣”精准化制造。上海康耐特光学股份有限公司是一家有最齐全品类的树脂镜片制造商，建设了大数据平台，形成了产品个性化定制模式。在该平台上，一方面，创新运用远程镜架图形传输技术，赋能顾客进行眼镜定制；另一方面，通过数据分析软件基于用户数据描绘用户画像，深入挖掘消费者需求。

（二）平台化协同制造新业态

协同制造从企业内部看，涉及企业内部的协同行为；从供应链看，包括产业链上下游之间的协同行为。协同制造依赖平台载体，大数据产业为制造业建立供应链上下游信息交流平台提供了重要的信息要素和技术支撑，及利益协调和决策协同的经营战略指导。最终建立涵盖产品价值链上研发、制造、营销和售后服务等各环节的集成平台，这是一种多主体共同建立、共同运营、共享收益的平台。

上海海立（集团）股份有限公司是一家从事空调压缩机等制冷关联产业的核心零部件的研发、制造的企业，面向上海、南昌、绵阳以及印度的德里、艾哈迈达巴德市的 5 个工厂创新建立了网络协同制造模式。首先，该公司对生产线进行了设备智能化和工业机器人替换部分人工的改造；其次，开发设备通信协议与数据库系统对接的技术，建设工厂间的互联通信网络架构；最后，将各网络的供应链采购、生产、销售数据集成到统一 ERP 系统，实现四地五厂的供应链研发、制造、销售一体化管理。上海振华重工（集团）股份有限公司是一家主营海洋工程装备生产的企业，创新建立了“大型海洋工程装备协同研发设计与制造信息系统”。该系统的底层是各个信息集成系统的综合，以期按照研发制造协同流程进行集成系统中的数据在不同系统间传输；中层通过设计建模来规范统一设计数据与制造数据；高层对产品设计结构的功能进行仿真和优化，实现精准安装。该项目的实施降低了质量管理成本，提升了研发设计效率。上海龙头（集团）股份有限公司是纺织服装生产制造龙头企业，积累了产业链上下游大量研发、生产、销售资源。该公司利用已有资源优势，建立了面向服装行业的中小企业生产性服务业公共平台，通过统一门户共享企业已有的研发、制造、销售技术等资源优势。该公司还运用大数据技术进行接口兼容性设计，进一步提高纺织企业供应链资源共享能力，推动生产网络化、协同化，构建合作共赢的产业链生态。

（三）智能化设备监测新业态

生产设备是制造业的重要固定资产，设备使用管理效率与制造成本和收入密切相关，大数据产业为制造业设备智能化管理提供专业的管理技术和问题解决方案支持。

上海电气集团股份有限公司是中国较大的主营机械装备生产业务的企业之一，该企业研发了“电器工业大数据分析平台”。该平台首先通过语义网技术创新了多源异构数据的处理和存储方式，然后运用大数据分析技术建立风电机组正常运行状态基准模型，通过与实时设备运行数据比对，实现了故障预判技术创新。远景能源科技有限公司在2014年已位于国内风机制造前三名的位置，开发设计了阿波罗光伏云平台进行能源资产智慧管理。该平台采集了从逆变器数据到气象站、直流柜，甚至是光伏板上的全方位、多样性的数据，从而能进行风机运行状态的实时查询，建设“无人值守风电场”，并且运用大数据分析技术进行电能供应、需求数据分析，评估电站运营绩效。

（四）绿色化能源利用新业态

大数据对产品全生命周期的环境和消费变量有关键的洞察力，从而在促进制造过程的绿色化上面发挥了重要作用。一方面，建立从销售到生产计划安排的闭合数据流，利用数据处理算法做出最优生产方案。这种方案有效管理各种资源的流转与消耗，有助于提高资源利用率，从而减少资源浪费带来的污染问题。另一方面，将新一代信息技术渗透到制造业生产环节，促进制造业生产技术升级和生产工艺、流程、设备改造，从而降低单位产量的能耗水平。

正泰电器股份有限公司是一家大型电气设备制造企业，其产品制造环节具有能耗高的特点。该企业建立了“高压、特高压系列变压器设计制造一体化能源综合优化系统”，该系统包括底层生产车间数据提供层、数据存储处理层以及能耗数据分析层。同时，企业在变压器工艺设计和制造技术一体化模型中加入能耗数据和能源约束指标，从而实现了变压器设计制造的一体化节能。上海氯碱化工股份有限公司是一家主产氯产品的化学原料制造企业，产品制造环节高消耗水、电、蒸汽能源。该企业建立了“企业能耗系统耗能模型与优化调度平台”，在该平台上，首先，对生产过程中的能源流、物料流、信息流、排放流数据建立可视化模型和进行生产过程仿真；其次，运用智能优化技术配置生产要素、调整工艺参数进行生产；最后，对历史工况数据进行存储、抽取、清理、转换操作，挖掘出生产能耗最低的生产工艺参数。在实际运用后，产业链的氯产品综合能耗降低6.7%，排放总量下降5.3%。上海宝钢股份控股公司将知识发现技术与制造业产品研发、制造理论相结合，以进一步完善绿色制造知识挖掘，为绿色技术创新提供支撑。项目成果在宝钢钢铁工程的热轧产线、冷轧产线的应用中具有经济、环保与安全成效。上海宝钢节能技术有限公司主要提供能源管理专业解决方案，开发了“合同能源管理远程智能监控中心”项目。该项目基于物联网技术采集了跨地域的节能设备能源消耗数据，运用无线网络技术进行数据传输和存储，通过数据分析技术建立能耗模型和工艺模型，结合人工智能技术优化设备运行参数，从而实现了节能设备的远程监控和能源利用率的提高。中国商用飞机有限责任公司旗下的上海飞机制造有限公司主要从事民用飞机的研发和制造，建立了民用飞机生产能源综合管理系统。该系统通过数据采集层获取生产现场的实时能耗数据，通过存储层进行能耗数据计量和存储，通过数据统计与分析层进行能源供需平衡管理和能源消耗预测，为能源技术改进工作提供重要支撑。

大数据与制造业的产业融合机制如图2-5所示。

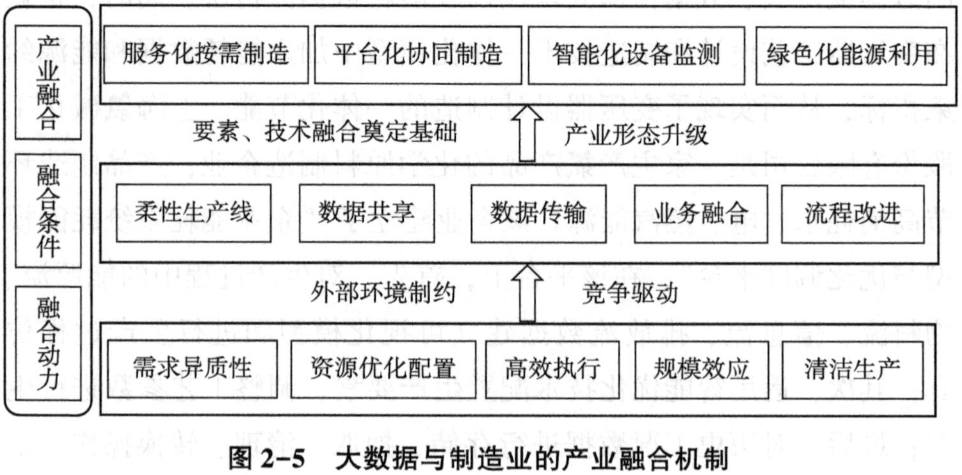

图2-5 大数据与制造业的产业融合机制

资料来源：根据文字内容整理。

参考文献

[1] 张伯旭，李辉. 推动互联网与制造业深度融合——基于“互联网+”创新的机制和路径 [J]. 经济与管理研究，2017，38 (2)：87-96.

[2] 王玉玲. 中国生产性服务业与制造业的互动融合：理论分析和经验研究 [D]. 上海：上海社会科学院，2017.

[3] 肖静华，谢康，周先波，等. 信息化带动工业化的发展模式 [J]. 中山大学学报（社会科学版），2006（1）：98-104+128.

[4] 丁焰辉. 关于信息化带动工业化的若干理论问题 [J]. 改革与战略，2001（6）：9-13.

[5] 谢康，肖静华，周先波，等. 中国工业化与信息化融合质量：理论与实证 [J]. 经济研究，2012，47（1）：4-16+30.

[6] 初铭畅，何强，赵文雪，韦浪静. 制造业与新一代信息技术产业融合发展实证研究 [J]. 辽宁工业大学学报（社会科学版），2021，23（3）：42-44.

[7] 单元媛，赵玉林. 国外产业融合若干理论问题研究进展 [J]. 经济评论，2012（5）：152-160.

[8] 张昕蔚，蒋长流. 数据的要素化过程及其与传统产业数字化的融合机制研究 [J]. 上海经济研究，2021（3）：60-69.

[9] 赵剑波. 推动新一代信息技术与实体经济融合发展：基于智能制造视角 [J]. 科学学与科学技术管理，2020，41（3）：3-16.

[10] 谢康，夏正豪，肖静华. 大数据成为现实生产要素的企业实现机制：产品创新视角 [J]. 中国工业经济，2020（5）：42-60.

[11] 石先梅. 数字劳动的一般性与特殊性——基于马克思主义经济学视角分析 [J]. 经济学家, 2021 (3): 15-23.

[12] 蔡跃洲, 张钧南. 信息通信技术对中国经济增长的替代效应与渗透效应 [J]. 经济研究, 2015, 50 (12): 100-114.

[13] 魏巍, 陈政, 袁君. 一种基于制造大数据的产品工艺自适应设计方法 [J]. 中国工程科学, 2020, 22 (4): 42-49.

[14] 周新杰, 明新国, 陈志华, 等. 基于模型、数据、知识的设计与制造协同框架 [J]. 计算机集成制造系统, 2019, 25 (12): 3116-3126.

[15] 肖静华, 毛蕴诗, 谢康. 基于互联网及大数据的智能制造体系与中国制造企业转型升级 [J]. 产业经济评论, 2016 (2): 5-16.

[16] 蔚利芝, 樊燕萍. 基于大数据的制造业作业成本控制体系构建 [J]. 数学的实践与认识, 2017, 47 (7): 63-69.

[17] 刘祎, 王玮, 苏芳. 工业大数据背景下企业实现数字化转型的案例研究 [J]. 管理学刊, 2020, 33 (1): 60-69.

[18] 焦勇. 数字经济赋能制造业转型: 从价值重塑到价值创造 [J]. 经济学家, 2020 (6): 87-94.

[19] 刘飞. 数字化转型如何提升制造业生产率——基于数字化转型的三重影响机制 [J]. 财经科学, 2020 (10): 93-107.

[20] 高智, 鲁志国. 装备制造业与高技术服务业融合发展对提升全要素生产率的影响 [J]. 商业研究, 2019 (7): 42-49.

[21] 薛继亮, 邬浩, 于莉. 战略性新兴产业与传统产业耦合发展及对就业的影响研究 [J]. 工业技术经济, 2020, 39 (1): 152-160.

[22] 史一鸣, 包先建. 高技术服务业与装备制造业的耦合熵模型

及运行机制［J］. 长春工业大学学报（自然科学版），2013，34（1）：26–29.

［23］郗炳峰. 基于熵及耗散结构理论的生产系统分析研究［D］. 天津：天津大学，2009.

［24］蔡跃洲，马文君. 数据要素对高质量发展影响与数据流动制约［J］. 数量经济技术经济研究，2021，38（3）：64–83.

［25］宋利康，郑堂介，黄少华，等. 飞机装配智能制造体系构建及关键技术［J］. 航空制造技术，2015（13）：40–45+50.

［26］王谦，付晓东. 数据要素赋能经济增长机制探究［J］. 上海经济研究，2021（4）：55–66.

［27］苏杭，郑磊，牟逸飞. 要素禀赋与中国制造业产业升级——基于 WIOD 和中国工业企业数据库的分析［J］. 管理世界，2017（4）：70–79.

［28］王建民. 工业大数据技术综述［J］. 大数据，2017，3（6）：3–14.

［29］刘刚. 基于网络空间的资源配置方式变革（下）［J］. 上海经济研究，2019（6）：38–48.

［30］蒋仁爱，贾维晗. 信息通信技术对中国工业行业的技术外溢效应研究［J］. 财贸研究，2019，30（2）：1–16.

［31］房建奇，沈颂东，亢秀秋. 大数据背景下制造业转型升级的思路与对策研究［J］. 福建师范大学学报（哲学社会科学版），2019（1）：21–27+168.

［32］夏杰长，肖宇. 生产性服务业：发展态势、存在的问题及高质量发展政策思路［J］. 北京工商大学学报（社会科学版），2019，34（4）：21–34.

［33］李强，杨保. PLM 支持下的虚拟制造技术及其应用研究［J］.

中国铸造装备与技术，2014（1）：46-51.

[34] 焦勇，公雪梅. 技术范式变迁视角下制造业新旧动能转换研究——兼论持续创新的制造业企业失败的原因［J］. 云南社会科学，2019（5）：135-141+188.

[35] 辛璐，唐方成. 构建大数据驱动制造业创新发展的治理机制［J］. 管理现代化，2019，39（6）：27-31.

[36] 周文辉，王鹏程，杨苗. 数字化赋能促进大规模定制技术创新［J］. 科学学研究，2018，36（8）：1516-1523.

[37] 常敏. 基于大数据技术的静态软件缺陷检测系统设计［J］. 现代电子技术，2021，44（17）：37-41.

[38] 林琳，吕文栋. 数字化转型对制造业企业管理变革的影响——基于酷特智能与海尔的案例研究［J］. 科学决策，2019（1）：85-98.

[39] 上海市经济和信息化发展研究中心. 制造业与互联网融合创新发展实践［M］. 上海：上海科学技术文献出版社，2018.

[40] Rosenberg N. Technological change in the machine tool industry, 1840-1910 [J]. The Journal of Economic History, 1963, 23 (4): 414-443.

[41] Chang V I C, Lin W X. How big data transforms manufacturing industry: a review paper [J]. International Journal of Strategic Engineering, 2019, 2 (1): 39-51.

[42] Wu L, Hitt L, Lou B. Data analytics, innovation, and firm productivity [J]. Management Science, 2020, 66 (5): 2017-2039.

[43] Faheem M, Butt R A, Ali R, Zara B, Ngadi M A, Gungor V C. CBI4.0: a cross-layer approach for big data gathering for active

monitoring and maintenance in the manufacturing industry 4.0 [J]. Journal of Industrial Information Integration, 2021, 24: 100236.

[44] Kamble S S, Belhadi A, Gunasekaran A, Ganapathy L, Verma S. A large multi-group decision-making technique for prioritizing the big data-driven circular economy practices in the automobile component manufacturing industry [J]. Technological Forecasting & Social Change, 2021, 165: 120567.

第三章　我国大数据与制造业融合水平测度及其影响因素分析

大数据与制造业融合是5G时代对两化融合的进一步深化与提升，其内涵是以互联网、云计算、大数据、人工智能等新一代信息技术为核心驱动力，以促进制造企业数字化转型为主线，以工业大数据、工业互联网平台为抓手，以积极培育制造业新模式、新业态为载体，以5G、数据中心、工业大数据等为代表的新型基础设施为支撑（柴雯和马冬妍，2018），将大数据与传统制造业务紧密结合，利用数字化技术、大数据分析方法、数据生产要素等优化制造业原有的生产流程，重塑制造业的经营管理模式、商业模式、产业链协同模式等，通过个性化定制、智能化制造、协同化生产和高效化管理，实现制造企业在技术研发、生产管理、质量把控等环节的生产效率和效益发生质的飞跃，最终实现制造业整体智能化转型。

制造企业是数字经济时代大数据与制造业融合的发展主体，智能制造是大数据与制造业融合的未来发展方向。在融合过程中企业将大数据技术、思维和分析应用到传统制造业的整个生命周期，通过数据、信息、资源的开放共享与技术创新，不断催生新的制造范式和发展模式，从而促进传统制造业向智能制造的方向发展。

大数据与制造业的融合不是简单的制造业利用大数据的过程，而是全方位的深度融合。深入推进大数据与制造业融合是两化融合在数字经济时代的具体体现，也是未来制造业提升竞争力的主要发展方向。

一、大数据与制造业融合水平评价指标体系构建与说明

（一）指标体系构建

在界定大数据与制造业融合内涵与系统分析大数据与制造业内在融合机制的基础上，本章基于科学性、可操作性等原则来构建大数据与制造业融合水平评价指标体系。借鉴孙承志（2020）、吕明元和麻林宵（2022）等的相关研究，从融合基础、融合应用、融合动力和融合效益 4 个维度选取 21 个指标，来全面衡量大数据与制造业的融合水平。其中，融合基础是大数据与制造业融合发展的前提，融合应用是制造业在与大数据全方位的融合过程中不断向网络化、数字化、智能化和服务化发展的应用水平，融合动力是未来大数据与制造业实现深度融合的核心支撑，融合效益是全面体现大数据与制造业在其深入融合下带动制造业转型升级的效果。

在融合基础层面，大数据与制造业的融合发展离不开完善的信息基础设施和交通基础设施。参考焦勇等（2019）、刘军等（2020）和徐星星（2020）的相关研究，本章选用各省份互联网宽带接入端口、移动电话普及率、移动电话交换机容量、光缆密度、宽带普及率，以及铁路强度来衡量大数据与制造业融合发展的基础环境。其中，光缆密度用各省份光缆线路长度与省域面积之比来表示，宽带

普及率用各省份宽带接入用户与总户数之比来表示，铁路强度用省际铁路里程与省域面积之比来表示。各项融合基础指标数值越高，说明该省份的现代化基础设施水平越高，更利于大数据与制造业的融合发展。

在融合应用层面，参考张旺（2019）、吴敏洁等（2020）和万晓榆等（2020）的相关研究，本章选用各省份每百家企业拥有网站数，每百人使用计算机数，有电子商务交易活动企业数所占比重，电子商务交易额占 GDP 之比，信息传输、软件和信息技术服务业固定资产投资占 GDP 之比，以及新产品销售收入占比，来衡量大数据与制造业的融合应用水平。各项融合应用指标数值越高，说明该省份大数据与制造业融合的效果越佳。

在融合动力层面，技术进步和人力资源作为信息时代产业发展的硬动力和软实力，是驱动大数据与制造业深度融合的核心动能。参考程广斌和杨春（2020）的相关研究，本章选用 R&D 经费投入强度、国内三种专利授权数、技术市场成交额、R&D 人员全时当量以及每十万人口高等教育平均在校学生数，来衡量大数据与制造业的融合动力水平。各项融合动力指标数值越高，说明该省份大数据与制造业融合发展的潜力越大。

此外，在融合效益层面，参考李成刚（2020）和高晓雨等（2017）的相关研究，本文选取计算机、通信和其他电子设备制造业利润总额，仪器仪表制造业利润总额，软件业务收入，以及单位地区生产总值电耗，来衡量大数据与制造业融合的融合效益。其中，除单位地区生产总值电耗之外，其余各项融合效益指标数值越高，说明该省份大数据促进制造业提质增效的水平越高，大数据与制造业的融合水平也就越高。本章构建的大数据与制造业融合水平评价指标体系具体见表 3-1。

表 3-1　大数据与制造业融合水平评价指标体系

目标	一级指标	二级指标	指标属性
大数据与制造业融合水平评价指标体系	融合基础	互联网宽带接入端口（万个）X_1	正向
		移动电话普及率（部/百人）X_2	正向
		移动电话交换机容量（万户）X_3	正向
		光缆密度（%）X_4	正向
		宽带普及率（%）X_5	正向
		铁路强度（公里/万平方公里）X_6	正向
	融合应用	每百家企业拥有网站数（个）X_7	正向
		每百人使用计算机数（台）X_8	正向
		有电子商务交易活动的企业数所占比重（%）X_9	正向
		电子商务交易额占 GDP 之比（%）X_{10}	正向
		信息传输、软件和信息技术服务业固定资产投资占 GDP 之比（%）X_{11}	正向
		新产品销售收入占比（%）X_{12}	正向
	融合动力	R&D 经费投入强度（%）X_{13}	正向
		国内三种专利授权数（件）X_{14}	正向
		技术市场成交额（亿元）X_{15}	正向
		R&D 人员全时当量（人年）X_{16}	正向
		每十万人口高等教育平均在校学生数（人）X_{17}	正向
	融合效益	计算机、通信和其他电子设备制造业利润总额（亿元）X_{18}	正向
		仪器仪表制造业利润总额（亿元）X_{19}	正向
		软件业务收入（亿元）X_{20}	正向
		单位地区生产总值电耗（千瓦时/元）X_{21}	负向

（二）样本选取与数据来源

基于数据的可得性，本章选取 2013—2020 年我国部分地区，即 29 个省、自治区、直辖市的①相关数据进行分析。各指标所用数据主要源于中经统计数据库，全国及各省、自治区、直辖市 2014—

① 鉴于我国港澳台地区、宁夏回族自治区和西藏自治区部分指标数据缺失较多，故不包含在本章样本范围内。

2021年《统计年鉴》，以及历年《中国工业统计年鉴》《中国科技统计年鉴》《中国第三产业统计年鉴》《中国人口与就业统计年鉴》等，对于个别的缺失数据采用均值法进行补充。

（三）测度方法

基于面板数据的适用性，为客观准确地比较选取的各省份大数据与制造业的融合水平，本章参考程广斌和杨春（2020）的相关研究，选用客观赋权评价法中改进后的熵值法，来确定各个指标的权重，进而对各省份大数据与制造业融合的综合得分进行评价。

（1）指标说明：设 r 个年份，n 个省份，m 个指标，则 $X_{\theta ij}$ 为第 θ 年省份 i 的第 j 个指标值。

（2）指标标准化处理：由于各指标之间量纲不同不具可比性，需要对数据进行标准化处理。

正向指标标准化：

$$X'_{\theta ij}=\frac{X_{\theta ij}-\min\{X_{\theta j}\}}{\max\{X_{\theta j}\}-\min\{X_{\theta j}\}} \tag{1}$$

负向指标标准化：

$$X'_{\theta ij}=\frac{\max\{X_{\theta j}\}-X_{\theta ij}}{\max\{X_{\theta j}\}-\min\{X_{\theta j}\}} \tag{2}$$

（3）对标准化后的数值进行平移处理：为避免求熵值时出现零和负值而使对数处理无意义，对标准化后的数值进行平移处理：

$$X''_{\theta ij}=X'_{\theta ij}+1 \tag{3}$$

（4）确定第 i 年份第 j 项指标值的比重：

$$Y_{\theta ij}=\frac{X''_{\theta ij}}{\sum_{\theta=1}^{r}\sum_{i=1}^{n}X''_{\theta ij}} \tag{4}$$

（5）计算第j项指标的信息熵值：

$$e_j = -K\sum_{\theta=1}^{r}\sum_{i=1}^{n} Y_{\theta ij}\ln(Y_{\theta ij}) \tag{5}$$

其中，$K = \frac{1}{\ln(rn)}$。

（6）计算第j项指标的信息效用值：

$$g_j = 1 - e_j \tag{6}$$

（7）计算各指标的权重：

$$W_j = \frac{g_j}{\sum_{j=1}^{m} g_j} \tag{7}$$

（8）计算各省份大数据与制造业融合发展水平的综合得分：

$$S_{\theta i} = \sum_{j=1}^{m} (W_j X'_{\theta ij}) \tag{8}$$

基于改进后的熵值法与2013—2020年我国部分地区，即29个省、自治区、直辖市的面板数据，得到21个大数据与制造业融合水平评价指标的权重值，见表3-2。

表3-2　大数据与制造业融合水平评价指标的权重值

指标	信息熵值	信息效用值	权重
互联网宽带接入端口（万个）X_1	0.9980	0.0020	0.0627
移动电话普及率（部/百人）X_2	0.9984	0.0016	0.0495
移动电话交换机容量（万户）X_3	0.9980	0.0020	0.0624
光缆密度（%）X_4	0.9987	0.0013	0.0399
宽带普及率（%）X_5	0.9977	0.0023	0.0719
铁路强度（公里/万平方公里）X_6	0.9979	0.0021	0.0641
每百家企业拥有网站数（个）X_7	0.9990	0.0010	0.0307
每百人使用计算机数（台）X_8	0.9985	0.0015	0.0477
有电子商务交易活动的企业数所占比重（%）X_9	0.9985	0.0015	0.0451

续表

指标	信息熵值	信息效用值	权重
电子商务交易额占 GDP 之比（%）X_{10}	0.9983	0.0017	0.0516
信息传输、软件和信息技术服务业固定资产投资占 GDP 之比（%）X_{11}	0.9988	0.0012	0.0386
新产品销售收入占比（%）X_{12}	0.9990	0.0010	0.0300
R&D 经费投入强度（%）X_{13}	0.9981	0.0019	0.0591
国内三种专利授权数（件）X_{14}	0.9989	0.0011	0.0350
技术市场成交额（亿元）X_{15}	0.9988	0.0012	0.0378
R&D 人员全时当量（人年）X_{16}	0.9982	0.0018	0.0571
每十万人口高等教育平均在校学生数（人）X_{17}	0.9986	0.0014	0.0426
计算机、通信和其他电子设备制造业利润总额（亿元）X_{18}	0.9987	0.0013	0.0402
仪器仪表制造业利润总额（亿元）X_{19}	0.9985	0.0015	0.0459
软件业务收入（亿元）X_{20}	0.9981	0.0019	0.0587
单位地区生产总值电耗（千瓦时/元）X_{21}	0.9991	0.0009	0.0293

数据来源：中经统计数据库，全国及各省、自治区、直辖市 2014—2021 年《统计年鉴》，以及历年《中国工业统计年鉴》《中国科技统计年鉴》《中国第三产业统计年鉴》《中国人口与就业统计年鉴》。经过作者整理、计算所得。

二、大数据与制造业融合水平测度与评价

（一）2013—2020 年各区域大数据与制造业融合水平分析

从样本各区域来看①，总体上 2013—2020 年整体样本地区以及东中西三大区域大数据与制造业融合水平均呈现持续增长的趋势，

① 按国家统计局划分标准，对应本章样本范围，东部地区包括北京、天津、河北、上海、江苏、浙江、福建、山东、广东、海南、辽宁 11 个省、直辖市；中部地区包括山西、安徽、江西、河南、湖北、湖南、吉林、黑龙江 8 个省；西部地区包括内蒙古、广西、重庆、四川、贵州、云南、陕西、甘肃、青海、新疆 10 个省、自治区、直辖市。

其中东部地区大数据与制造业融合水平远远领先于中西部地区且高于整体平均水平；中西部地区大数据与制造业融合水平均低于整体平均水平且西部地区成为大数据与制造业融合水平最低的区域（见图 3-1）。此外，2020 年整体样本地区大数据与制造业融合水平为 0.3078，同比增长 4.83%，较 2013 年增长 78.67%；2013—2020 年，整体样本地区大数据与制造业融合水平的增速分别为 11.83%、14.34%、7.86%、6.98%、8.80%、6.17%和 4.83%，这也直接表明 2013—2020 年 29 个省、自治区、直辖市整体大数据与制造业正以较快的速度实现深度融合（见表 3-3）。

表 3-3 中国各区域大数据与制造业融合水平

地区	2013 年	2014 年	2015 年	2016 年	2017 年	2018 年	2019 年	2020 年
东部	0.2550	0.2791	0.3130	0.3279	0.3490	0.3750	0.3975	0.4158
中部	0.1351	0.1546	0.1798	0.1948	0.2089	0.2289	0.2444	0.2615
西部	0.1112	0.1283	0.1511	0.1741	0.1876	0.2079	0.2203	0.2276
整体样本地区	0.1722	0.1926	0.2202	0.2376	0.2541	0.2765	0.2936	0.3078

数据来源：中经统计数据库，全国及各省、自治区、直辖市 2014—2021 年《统计年鉴》，以及历年《中国工业统计年鉴》《中国科技统计年鉴》《中国第三产业统计年鉴》《中国人口与就业统计年鉴》。经过作者整理、计算所得。

从东中西部地区来看，2020 年东部地区大数据与制造业融合水平为 0.4158，同比增加 4.61%，较 2013 年增加 63.05%；2020 年中部地区大数据与制造业融合水平为 0.2615，同比增加 6.97%，较 2013 年增加 93.55%；2020 年西部地区大数据与制造业融合水平为 0.2276，同比增加 3.35%，较 2013 年增加 104.72%，这表明中国大数据与制造业融合水平呈现“东—中—西”依次递减的趋势，但大数据与制造业融合水平增速却呈现“中—东—西”依次递减的态势，表明未来中西部地区大数据与制造业具有较大的融合发展潜力，并有望缩小与东部地区的融合发展差距。

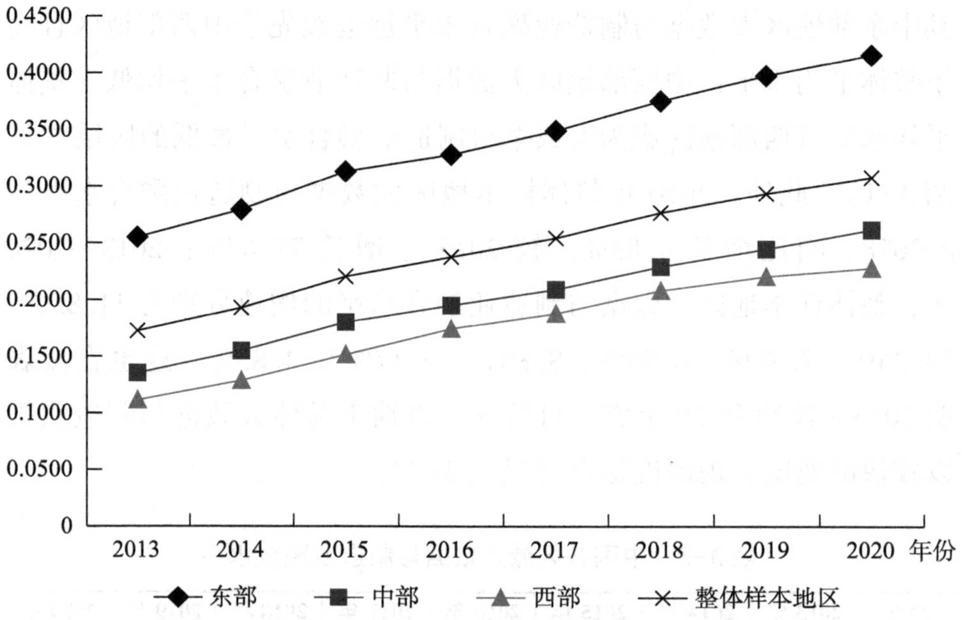

图 3-1　中国各区域大数据与制造业融合水平变化情况

数据来源：中经统计数据库，全国及各省、自治区、直辖市 2014—2021 年《统计年鉴》，以及历年《中国工业统计年鉴》《中国科技统计年鉴》《中国第三产业统计年鉴》《中国人口与就业统计年鉴》。经过作者整理、计算所得。

（二）2013—2020 年各地区大数据与制造业融合水平分析

从总体上来看，2013—2020 年选取的我国 29 个省、自治区、直辖市的大数据与制造业融合水平均呈现出持续增长的态势且融合水平的增速较为平均。这表明各省、自治区、直辖市的大数据与制造业融合水平均在不断提高（见图 3-2）。从 2013—2020 年选取的我国 29 个省、自治区、直辖市大数据与制造业融合水平评价值及排名（见表 3-4）来看，各地区的大数据与制造业融合水平在时间与空间上呈现出发展不平衡不充分的典型特征，各地区之间大数据与制造业融合水平表现出明显的差距。具体来看：

（1）2013—2020 年，北京、广东、江苏、上海和浙江的大数据与制造业融合水平始终稳居前五，处于绝对的领先水平。其中，2020 年北京、广东、江苏、上海、浙江的大数据与制造业融合水平评价值分别为 0.6248、0.5954、0.5435、0.4912、0.4636，分别同比增加 5.70%、4.40%、6.36%、5.31%、3.32%，预计未来将以更快的速度保持增长。依托先决的经济基础与资源禀赋优势，北上广江浙地区在建设数字化基础设施、政策出台、数字技术与人才创新突破等方面具备明显的发展优势。例如，北京依托中关村科技园雄厚的科研实力，在大数据、人工智能等数字化技术研发与智能化产业培育方面形成核心优势；上海、江苏、浙江依托长三角经济圈制造业集群，大力发展工业互联网、大数据、云计算、机器人等智能制造技术，并且拥有阿里巴巴这样能够引领一个地区数字化转型发展的龙头企业，快速推动大数据等在多领域多场景下的深度应用；广东同样拥有像华为、腾讯等数字化水平较高的龙头企业，在珠三角经济圈和粤港湾大湾区的发展机遇下，大力推动企业“上云上平台”，深化“5G+AI+制造业”，促进制造业快速实现数字化、智能化转型发展。

（2）山东、天津、四川、福建、陕西、河北、湖北、安徽、河南、重庆等 10 个地区的大数据与制造业融合水平紧随北上广江浙地区之后，处于全国相对较好的发展水平。其中，较为亮眼的是陕西、四川和重庆，也是西部地区大数据与制造业融合发展的顶尖力量，尤其是近年来四川和重庆两地紧抓建设成渝地区双城经济圈的重大机遇，努力打造互相融合、互相促进、共同发展的川渝现代制造体系，主攻构建先进制造业集群，从政策和产业层面着手，快速推动制造业智能化转型。

（3）广西、山西、贵州、黑龙江、云南、内蒙古、甘肃、青海、新疆等 9 个地区的大数据与制造业融合水平较为落后，尤其是内蒙古、甘肃、青海和新疆地区在 2013—2020 年几乎始终处于全国最后四名。贵州作为全国首个国家级大数据综合试验区，依托自身在大数据应用和数字技术研发方面的优势，持续加速推动大数据与制造业的融合发展，在2013—2020年不断提升在全国的排名。但对于内蒙古、甘肃、青海、新疆等经济发展落后的地区，既缺乏大数据与制造业融合过程中基础设施建设的资金支持，又难以聚集与新型数字化转型相关的技术与人才，还没有数字化程度较高的龙头企业引领发展，进而导致大数据与制造业融合发展速度较慢。

表3-4　2013—2020年我国部分地区大数据与制造业融合水平评价值及排名

地区	2013年		2014年		2015年		2016年		2017年		2018年		2019年		2020年	
	评价值	排名	评价值	排名	评价值	排名	评价值	排名	评价值	排名	评价值	排名	评价值	排名	评价值	排名
北京	0.4249	1	0.4576	1	0.4823	1	0.4879	1	0.5180	1	0.5540	1	0.5911	1	0.6248	1
天津	0.2296	6	0.2465	6	0.2740	6	0.2783	8	0.2895	8	0.3047	8	0.3356	7	0.3627	7
河北	0.1589	13	0.1760	13	0.2006	16	0.2297	13	0.2553	10	0.2697	10	0.2940	10	0.3091	9
上海	0.3077	4	0.3620	3	0.3810	4	0.4016	4	0.4166	4	0.4419	4	0.4664	4	0.4912	4
江苏	0.3336	3	0.3567	4	0.4021	3	0.4089	3	0.4582	3	0.4972	3	0.5110	3	0.5435	3
浙江	0.2751	5	0.2920	5	0.3465	5	0.3638	5	0.3910	5	0.4218	5	0.4487	5	0.4636	5
福建	0.1955	8	0.2068	9	0.2387	9	0.2520	9	0.2645	9	0.2901	9	0.3000	9	0.3054	10
山东	0.2155	7	0.2381	7	0.2732	7	0.3042	6	0.3236	6	0.3500	6	0.3615	6	0.3923	6
广东	0.3565	2	0.3823	2	0.4274	2	0.4496	2	0.4810	2	0.5320	2	0.5703	2	0.5954	2
海南	0.1357	18	0.1607	17	0.2016	14	0.2218	16	0.2287	17	0.2332	18	0.2476	19	0.2421	20
辽宁	0.1791	10	0.1956	10	0.2307	10	0.2246	15	0.2335	15	0.2445	17	0.2585	17	0.2723	18
山西	0.1213	20	0.1406	20	0.1600	20	0.1701	20	0.1721	23	0.1896	22	0.2020	21	0.2174	22
安徽	0.1554	14	0.1750	14	0.2195	11	0.2330	11	0.2458	12	0.2652	13	0.2798	14	0.3029	11
江西	0.1104	22	0.1275	22	0.1684	19	0.1752	19	0.2002	19	0.2271	19	0.2511	18	0.2743	17
河南	0.1475	15	0.1714	15	0.2010	15	0.2269	14	0.2396	13	0.2672	11	0.2851	12	0.3019	12
湖北	0.1686	12	0.1868	12	0.2105	12	0.2307	12	0.2381	14	0.2617	15	0.2852	11	0.3009	13
湖南	0.1388	17	0.1560	18	0.1789	18	0.1970	18	0.2201	18	0.2481	16	0.2688	16	0.2900	15
吉林	0.1238	19	0.1441	19	0.1594	21	0.1682	21	0.1912	20	0.1925	21	0.2005	22	0.2404	21

续表

地区	2013 年		2014 年		2015 年		2016 年		2017 年		2018 年		2019 年		2020 年	
	评价值	排名	评价值	排名	评价值	排名	评价值	排名	评价值	排名	评价值	排名	评价值	排名	评价值	排名
黑龙江	0.1181	21	0.1401	21	0.1473	22	0.1652	23	0.1739	22	0.1847	25	0.1923	26	0.2137	23
内蒙古	0.1054	24	0.1207	24	0.1239	27	0.1405	28	0.1548	27	0.1620	28	0.1673	28	0.1750	27
广西	0.1087	23	0.1251	23	0.1338	23	0.1554	24	0.1878	21	0.2141	20	0.2360	20	0.2544	19
重庆	0.1408	16	0.1613	16	0.1891	17	0.2127	17	0.2324	16	0.2628	14	0.2744	15	0.2866	16
四川	0.1869	9	0.2073	8	0.2511	8	0.2863	7	0.3089	7	0.3303	7	0.3289	8	0.3428	8
贵州	0.0815	28	0.0995	27	0.1221	28	0.1482	25	0.1628	25	0.1876	23	0.2001	23	0.2061	24
云南	0.0966	25	0.1137	25	0.1322	24	0.1655	22	0.1696	24	0.1855	24	0.2000	24	0.2051	25
陕西	0.1693	11	0.1923	11	0.2104	13	0.2413	10	0.2484	11	0.2659	12	0.2814	13	0.2969	14
甘肃	0.0823	27	0.0989	28	0.1254	26	0.1453	26	0.1583	26	0.1814	26	0.1952	25	0.1992	26
青海	0.0492	29	0.0645	29	0.1273	25	0.1424	27	0.1461	28	0.1635	27	0.1728	27	0.1520	29
新疆	0.0888	26	0.1009	26	0.1185	29	0.1244	29	0.1306	29	0.1493	29	0.1641	29	0.1637	28

数据来源：中经统计数据库，全国及各省、自治区、直辖市 2014—2021 年《统计年鉴》，以及历年《中国工业统计年鉴》《中国科技统计年鉴》《中国第三产业统计年鉴》《中国人口与就业统计年鉴》。经过作者整理、计算所得。

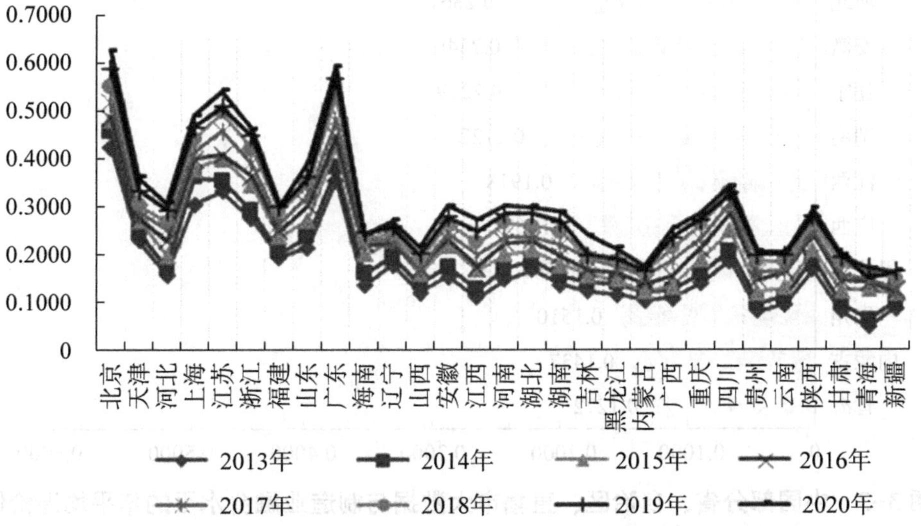

图 3-2　中国部分地区大数据与制造业融合水平变化情况

数据来源：中经统计数据库，全国及各省、自治区、直辖市 2014—2021 年《统计年鉴》，以及历年《中国工业统计年鉴》《中国科技统计年鉴》《中国第三产业统计年鉴》《中国人口与就业统计年鉴》。经过作者整理、计算所得。

为了更加直观地反映我国各省、自治区、直辖市之间大数据与制造业融合水平的差距，本部分根据 2013—2020 年选取的我国 29 个省、自治区、直辖市大数据与制造业融合水平，绘制了东部、中部和西部具有代表性的 15 个省、自治区、直辖市的年平均评价值（如图 3-3 所示）。从整体上看，东部地区大数据与制造业融合水平遥遥领先。其中，北京、广东、江苏、上海和浙江的大数据与制造业融合水平远远领先于其他地区，其大数据与制造业融合水平年平均评价值均达到 0. 37 以上；中部地区大数据与制造业融合发展较为均衡，其中湖北、安徽、河南与湖南的大数据与制造业融合水平较

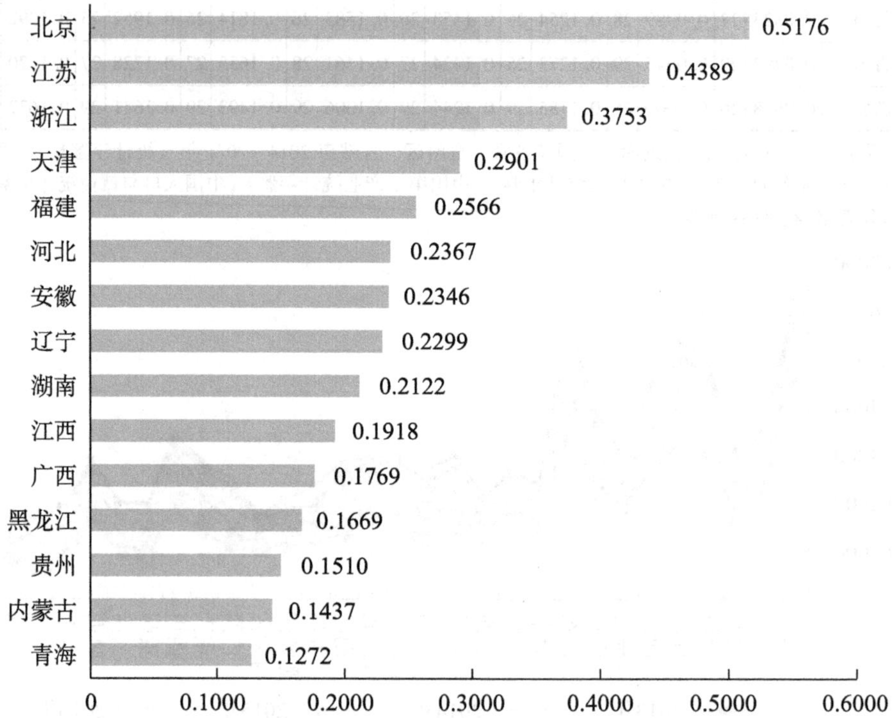

图 3-3　中国部分省、自治区、直辖市大数据与制造业融合水平的年平均评价值

数据来源：中经统计数据库，全国及各省、自治区、直辖市 2014—2021 年《统计年鉴》，以及历年《中国工业统计年鉴》《中国科技统计年鉴》《中国第三产业统计年鉴》《中国人口与就业统计年鉴》。经过作者整理、计算所得。

为接近，并引领中部地区的发展；而西部地区的大数据与制造业融合水平呈现出两极分化的态势，四川成为西部地区大数据与制造业融合发展的重要增长极，陕西和重庆依托自身的发展优势也引领了西部地区的大数据与制造业融合发展，但甘肃、青海、新疆等地区由于缺乏相关的政策、资金、技术与人才的支持，其大数据与制造业融合水平相对落后。此外，从单个省份的大数据与制造业融合水平来看，排名第一的北京（0.5176），其大数据与制造业融合水平的年平均评价值是排名最后的青海（0.1272）的4倍以上，这也表明目前我国各地区间大数据与制造业融合水平的差距呈现出两极分化的态势。

为了更好地区分被选取的我国29个省、自治区、直辖市大数据与制造业融合水平，本节借鉴刘军等（2020）的划分标准，将这29个省、自治区、直辖市的大数据与制造业融合水平划分为四个等级，其中大数据与制造业融合水平在整体年平均水平1.5倍以上的为高度融合地区；在整体年平均水平之上但低于平均水平1.5倍的为中度融合地区；在整体年平均水平0.75倍以上但低于整体年平均水平的为低度融合地区；其余在整体年平均水平0.75倍以下的为欠融合地区。其结果见表3-5。

表3-5　中国部分地区四个梯队大数据与制造业融合水平的区域分布

类型	东部地区	中部地区	西部地区
高度融合地区	北京（0.5176） 广东（0.4743） 江苏（0.4389） 上海（0.4086） 浙江（0.3753）		

续表

类型	东部地区	中部地区	西部地区
中度融合地区	山东（0.3073） 天津（0.2901） 福建（0.2566）		四川（0.2803）
低度融合地区	河北（0.2367） 辽宁（0.2299） 海南（0.2089）	湖北（0.2353） 安徽（0.2346） 河南（0.2301） 湖南（0.2122） 江西（0.1918）	陕西（0.2383） 重庆（0.2200）
欠融合地区		吉林（0.1775） 山西（0.1716） 黑龙江（0.1669）	广西（0.1769） 云南（0.1585） 贵州（0.1510） 甘肃（0.1483） 内蒙古（0.1437） 新疆（0.1300） 青海（0.1272）

注：括号内数值为2013—2020年该地区大数据与制造业融合水平年平均评价值；整体年平均评价值为0.2443。

数据来源：中经统计数据库，全国及各省、自治区、直辖市2014—2021年《统计年鉴》，以及历年《中国工业统计年鉴》《中国科技统计年鉴》《中国第三产业统计年鉴》《中国人口与就业统计年鉴》。经过作者整理、计算所得。

具体来说，位于高度融合地区的主要有北京、广东、江苏、上海和浙江5个省（市），其大数据与制造业融合水平的得分高于0.3665，并且这5个省（市）全部位于东部地区，其大数据与制造业融合水平遥遥领先；中度融合地区大数据与制造业融合水平的得分介于0.2443~0.3665之间，包括山东、天津、四川和福建4个省（市），除四川位于西部地区外，其余省市地区均位于东部地区；位于低度融合地区的主要有陕西、河北、湖北、安徽、河南、辽宁、重庆、湖南、海南和江西10个省，其大数据与制造业融合水平的得分介于0.1832~0.2443之间；此外，欠融合地区大数据与制造业融合水平的得分低于0.1832，包括吉林、广西、山西、黑龙江、云南、贵州、甘肃、内蒙古、新疆和青海10个省（自治区），除吉林、山西和黑龙江位于中部地区外，其余均位于西部地区，这10个地区的大数据与制造业融合水平相对落后，仍具有较大的发展空间。从整体分布上看，高度融合地区东部省（市自治区）占100%；中度融合地区东部省（市自治区）占75%，西部省（市自治区）占25%；低度融合地区东部省（市自治区）占30%，中部省（市自治区）占50%，西部省（市自治区）占20%；欠融合地区中部省（市自治区）占30%，西部省（市自治区）占70%。这更进一步表明我国大数据与制造业融合水平在空间上呈现出“东—中—西”及“沿海—内陆”依次递减的态势，这也与我国不同区域经济发展水平存在差异的现状相符。由于各区域大数据、云计算、人工智能等信息技术的差异和信息资源分配的不均衡，使相对落后的地区还无法真正享受到新一轮数字革命释放的“数据红利”，抑制了大数据与制造业的融合发展，使大数据与制造业融合发展不平衡的问题依然比较显著。

三、大数据与制造业融合水平的影响因素分析

作者在第二章中系统分析了大数据与制造业产品、企业和产业的内在融合机制。第三章从不同维度构建大数据与制造业融合水平评价指标体系，并对我国不同区域和不同省市的大数据与制造业融合水平进行了测度与分析。在此基础上，本章还将从实证分析的角度检验不同因素对大数据与制造业融合水平的影响效果，为促进大数据与制造业深度融合提出更具针对性的对策建议。

（一）模型构建

此外以2013—2020年我国29个省、自治区、直辖市（未选取

我国港澳台地区、西藏自治区和宁夏回族自治区）的面板数据为研究样本，在Stata软件中进行模型选择与实证分析。首先，利用F检验判断是选择个体效应还是混合效应，得出F检验值为44.45（对应P值为0.0000），说明相比混合效应，个体效应更优；其次，利用Hausman检验来判断是选择固定效应模型还是随机效应模型，得出Hausman检验值为156.62（对应P值为0.0000），说明固定效应模型是优于随机效应模型的。因此，本章采用固定效应模型进行静态面板估计，设定回归模型，如公式（9）：

$$integration_{it} = \beta_1 pgdp_{it} + \beta_2 innov_{it} + \beta_3 edu_{it} + \beta_4 gov_{it} + \beta_5 open_{it} + u_i + \varepsilon_{it} \tag{9}$$

其中，β 为各自变量的待估系数，$integration$ 为被解释变量大数据与制造业融合水平，$pgdp$、$innov$、edu、gov、$open$ 是各个解释变量，分别为经济发展水平、科技创新水平、人力资本水平、政府参与程度、对外开放水平，u_i 表示个体效应，ε_{it} 表示随机误差项，下标 i 和 t 分别代表地区和年份。

（二）变量说明与描述性统计

1. 被解释变量

大数据与制造业融合水平（$integration$）：从融合基础、融合应用、融合动力、融合效益这4个维度衡量大数据与制造业的融合水平，并将其作为模型的被解释变量。

2. 解释变量

经济发展水平（$pgdp$）：各地区经济发展水平构成大数据与制造业融合发展的社会基础，经济发展水平较高的地区往往数据、技术、资本等要素较为丰富，更有利于大数据与制造业的融合发展，本章以人均GDP衡量地区经济发展水平。

科技创新水平（*innov*）：技术创新是推动大数据与制造业深度融合的核心动力，地区大数据、人工智能等数字技术水平的提升，有助于推动制造企业降低生产成本，优化产品服务，走向智能制造，更利于提高大数据与制造业融合的广度和深度，本章以每万人专利授权数来衡量地区科技创新水平。

人力资本水平（*edu*）：掌握高端数字技术、综合运用信息资源的复合型人才是推动大数据与制造业融合发展的软实力。一个地区的人力资本水平越高，制造企业的智能化转型速度越快，大数据与制造业的融合发展程度也就越深，本章以地区就业人员中大学专科以上学历人员占比来衡量地区人力资本水平。

政府参与程度（*gov*）：政府参与程度可能对大数据与制造业的融合发展带来不同的影响效果。一方面，地方政府通过实施财政补贴与合理的产业政策，能够完善相关的信息化基础设施，引导、帮扶部分制造企业实现智能化转型，提高地区大数据与制造业的融合发展程度；另一方面，政府参与可能会使资源要素在产业之间发生倾斜，不利于制造业的发展（胡俊，2019）。对于大数据与制造业融合发展较好的地区而言，政府过度参与可能会延长先进制造企业的技术研发周期，限制其智能化发展速度，反而不利于大数据与制造业的融合发展。本章以地方一般公共预算支出占 GDP 之比来衡量政府参与程度。

对外开放水平（*open*）：在对外开放过程中，企业一方面能够积极追踪国际上先进的数字技术、产品设计、管理理念等，另一方面能够在国内和国际两个市场中集聚和利用各种生产要素，提升要素资源配置效率，进而促进大数据与制造业融合发展。本章采用各地区进出口总额与 GDP 之比来衡量对外开放水平。

鉴于指标数据大小问题，本部分对 *innov* 自变量取对数处理，相关变量的描述性统计结果见表 3-6。

表 3-6　变量描述性统计

变量	样本数	均值	标准差	最大值	最小值
integration	232	0.2461	0.1137	0.6248	0.0492
pgdp	232	6.0366	2.8261	16.4889	2.3151
innov	232	2.0818	0.9742	4.3092	-0.1288
edu	232	0.2067	0.1041	0.6428	0.0833
gov	232	0.2504	0.1023	0.6430	0.1188
open	232	0.2589	0.2711	1.3418	0.0076

数据来源：中经统计数据库，全国及各省、自治区、直辖市 2014—2021 年《统计年鉴》，以及历年《中国工业统计年鉴》《中国科技统计年鉴》《中国第三产业统计年鉴》《中国人口与就业统计年鉴》。经过作者整理、计算所得。

（三）实证结果与分析

1. 基本回归结果分析

表 3-7 展示了模型基本回归结果，可以看出，整体上经济发展水平、科技创新水平、人力资本水平和政府参与程度的系数均显著为正，且都在 1%的显著性水平下通过了检验。这表明四者均能有效提升大数据与制造业的融合水平，但对外开放水平对大数据与制造业融合水平的影响系数虽为正，但并不显著。

具体而言，经济发展水平对大数据与制造业融合水平的影响系数显著为正，系数为 0.0209 且通过了 1%的显著性检验。这表明经济发展水平较高的地区能为大数据与制造业融合发展提供丰富的要素资源和良好的市场经营环境，进而有效提升大数据与制造业融合水平。科技创新水平与人力资本水平对大数据与制造业融合水平的影响系数在 1%的显著性水平下均为正，这说明加大技术创新、积极培育高端人才均能有效促进大数据与制造业的融合发展。技术与人才作为产业发展的硬实力与软实力，大数据与制造业的融合发展离不开高端数字技术与数字人才的支持，加快地区大数据、人工智能等数字技术的研发、利用和数字化人才的培育，能够积极带动企业的数字化和智能化转型，进而促进地区大数据与制造业更深层次的融合。此外，大数据与制造业融合水平的影响系数也显著为正，系数为 0.256，且通过了 1%的显著性检验，这说明加大政府的参与力度能够有效促进大数据与制造业的融合发展，这是因为地方政府通过给予一定的财政支持，能够完善相关的信息化基础设施，引导、帮扶部分制造企业实现智能化转型，从而提高地区大数据与制造业融合发展程度。

表 3-7　模型基本回归估计结果

变量	FE
pgdp	0.0209*** (8.84)
innov	0.0409*** (7.80)
edu	0.284*** (4.17)
gov	0.256*** (3.58)
open	0.0163 (0.61)
_cons	-0.0924*** (-3.90)
N	232

注：括号中为 t 值，*、**、*** 分别表示在 10%、5%、1%的置信水平上显著。

数据来源：中经统计数据库，全国及各省、自治区、直辖市 2014—2021 年《统计年鉴》，以及历年《中国工业统计年鉴》《中国科技统计年鉴》《中国第三产业统计年鉴》《中国人口与就业统计年鉴》。经过作者整理、计算所得。

2. 区域异质性分析

前文相关分析表明中国不同地区间大数据与制造业的融合水平存在较大的差异，因此，本文将总样本分为东部、中部和西部地区，采用固定效应模型进行分区域回归，其结果见表3-8。其中，模型（1）为对东部地区11个省份进行固定效应的回归结果，模型（2）为对中部地区8个省份进行固定效应的回归结果，模型（3）为对西部地区10个省份进行固定效应的回归结果。

表3-8　分区域回归结果

变量	模型（1） 东部	模型（2） 中部	模型（3） 西部
pgdp	0.0166*** (5.03)	0.0313*** (11.73)	0.0505*** (9.59)
innov	0.0293*** (2.62)	0.0333*** (3.92)	0.0299*** (4.22)
edu	0.520*** (4.46)	0.078 (0.72)	-0.290** (-2.71)
gov	0.516** (3.12)	0.348*** (3.30)	0.460*** (4.45)
open	-0.0041 (-0.11)	0.0048 (0.05)	0.0045 (0.07)
_ *cons*	-0.118*** (-2.53)	-0.0976** (-3.46)	-0.201*** (-4.90)
N	88	64	80
R - squared	0.8827	0.9396	0.8998

注：括号中为 t 值，*、**、*** 分别表示在10%、5%、1%的置信水平上显著。

数据来源：中经统计数据库，全国及各省、自治区、直辖市2014—2021年《统计年鉴》，以及历年《中国工业统计年鉴》《中国科技统计年鉴》《中国第三产业统计年鉴》《中国人口与就业统计年鉴》。经过作者整理、计算所得。

从表 3-8 的估计结果可以看出，总的来说，经济发展水平、科技创新水平、政府参与程度对东中西部地区的大数据与制造业融合水平的影响系数均显著为正，说明提升地区经济发展实力，加大技术创新与应用水平以及政府支持力度均能显著促进地区大数据与制造业的融合水平。人力资本水平对东中西部地区大数据与制造业融合水平的影响效果差异较大，而对外开放水平对东中西部地区大数据与制造业融合水平的影响系数均不显著。

具体来看，经济发展水平对东中西部地区大数据与制造业融合水平的影响系数均显著为正，并且对西部地区大数据与制造业融合水平提升的促进作用最大，对东部地区大数据与制造业融合水平提升的促进作用最小。这可能是由于西部地区虽然相比于东部和中部地区的经济发展实力较弱，但其经济发展水平的空间与潜力相对较大，所以对提升大数据与制造业融合水平的边际影响更大。科技创新水平对东中西部地区大数据与制造业融合水平的影响系数均显著为正，并且都通过了 1%水平下的显著性检验，同时，对东中西部地区大数据与制造业融合水平提升的促进作用相对比较均衡。这说明作为产业转型升级的核心动力，加大技术创新与应用能够有效促进东中西部地区大数据与制造业的融合发展。政府参与程度对东中西部地区大数据与制造业融合水平的影响系数均显著为正，并且对东部地区大数据与制造业融合水平提升的促进作用最大，这说明政府参与对三个地区的大数据与制造业融合发展均有着正向的促进作用。此外，在大数据与制造业的融合发展过程中，政府更多的是对新型基础设施与数字化转型龙头企业给予一定的政策与资金支持。对于发展基础较好的东部地区而言，其数字化基础设施相对中西部地区较为先进，并且数字化转型龙头企业居多，加大政府参与能够率先在完善基础设施与企业转型方面释放正效应，对大数据与制造业融合水平提升的促进作用更为明显。人力资本水平对东中西部地区大数据与制造业的融合水平有着不同的影响效果。其中，东部地区的影响系数显著为正，并且通过了1%水平下的显著性检验，中部地区的影响效果并不显著，而西部地区的影响系数为负，并且通过了5%水平下的显著性检验。这是由于大数据与制造业融合是数字经济时代促进产业发展的新型方式，是长期动态的发展过程，并且在大数据与制造业的融合发展过程中需要大量高端复合型的数字化转型人才。东部地区依托自身丰富的资源与良好的发展环境，对高技术人才的吸引力较强，形成人才汇集效应，带动相关技术的创新与产业的发展，进而在大数据与制造业的融合发展过程中发挥显著的正效应。相反西部地区在产业发展方面相比于东部地区本身就处于相对弱势的地位，对新型数字技术人才的吸引力不强，短期内人力资本水平并没有对大数据与制造业的融合发展产生促进作用。

四、主要结论与政策建议

本章在国内外相关研究的基础上，基于大数据、大数据与制造业融合内涵、技术创新、产业结构、产业融合相关理论，从产品、企业、产业3个层次系统分析大数据与制造业融合的内在机制，同时，从融合基础、融合应用、融合动力、融合效益4个维度构建大数据与制造业融合水平评价指标体系，以2013—2020年我国29个省（市自治区）为研究样本，分别测度与分析了不同区域及不同省（市自治区）的大数据与制造业融合水平。在此基础上，构建面板数据回归模型，对大数据与制造业融合水平的影响因素进行了实证分析。本章的主要结论与相关政策建议如下。

（一）主要结论

（1）大数据与制造业融合能够促进制造业智能化、数字化、绿色化发展。在产品融合层面，大数据可以驱动产品制造以消费者体验为中心，产品供给随需而变，并促进产品形态与功能动态调整，基于消费大数据的分析，企业可以实现动态产品定价。在企业融合层面，应用大数据可以提升企业研发效率，降低仓储与物流成本，变革企业生产模式、制造系统与经营管理方式，打造独特的企业品牌，从而实现智能制造。在产业融合层面，大数据不仅能够实现对传统制造技术的渗透与替代，还能在制造业技术边界处实现新的技术创新。此外，大数据与制造业产业融合能够拓展传统产业的关联关系，促进产业融合发展。

（2）从融合基础、融合应用、融合动力、融合效益四个维度构建大数据与制造业融合水平评价指标体系，并对我国不同区域及不同省（市自治区）的大数据与制造业融合水平进行测度、比较与分析。从总体上看，大数据与制造业的融合程度在不断加深。主要体现在我国的29个省市自治区的大数据与制造业融合水平均在逐年增加，且各省市自治区大数据与制造业融合水平的增速均保持递增的趋势。分区域之间来看，我国大数据与制造业融合水平在空间上呈现出“东—中—西”及“沿海—内陆”依次递减的态势。其中位于高度融合地区的5个省市均处于东部地区，而位于欠融合地区的10个省（市自治区）处于中部地区的占30%，处于西部地区的占70%，东部地区大数据与制造业融合水平明显高于中西部地区。从单个省（市自治区）来看，北京、广东、江苏、上海和浙江的大数据与制造业融合水平遥遥领先，而云南、贵州、甘肃、青海和新疆的大数据与制造业融合水平相对较为落后，且各省（市自治区）之间大数据与制造业融合水平的差距呈现出两极分化的态势。

（3）大数据与制造业融合水平的影响因素实证分析表明，从总体上看，经济发展水平、科技创新水平、人力资本水平和政府参与程度均能明显促进我国大数据与制造业的融合发展。分区域来看，提升经济实力、促进科技创新、加大政府参与均能有效促进东中西三个地区的大数据与制造业融合发展，而提升人力资本水平对东部地区大数据与制造业融合水平的促进作用更显著。

（二）政策建议

本章的研究表明大数据能够与制造业产品、企业、产业实现不同层次的融合，进而促进制造业智能化、数字化转型，并且大数据与制造业的融合水平呈现出区域差异与省份差异。在当前数字技术快速创新发展的背景下，大数据与制造业融合是未来制造业实现高质量发展的必然趋势。但如何充分发挥大数据的技术、要素、产业等特性，促进大数据与制造业深度融合，是数字经济时代我国制造业转型升级面临的重要挑战。因此，对于未来如何推动我国大数据与制造业的深度融合提出以下政策建议。

（1）加强制造业数字化基础设施建设，为大数据与制造业融合发展构建良好的基础环境。数字经济时代，完善高效的数字化基础设施对制造企业进行大数据分析、实现智能化转型有着基础性的支撑作用。为此，①加强对5G网络、物联网、人工智能、数据中心等为代表的新型基础设施建设的投资力度，加快对传统基础设施的数字化改造与升级，积极构建大数据网络中心、智能计算中心和工业互联网平台，提升实体经济各行业实时数据采集、存储、处理和分析的能力。②国家和地方政府要积极出台有助于新基建的各种政策与制度，合理规划区域数字基础设施建设，提升数字基建的普惠性。③要加强工业机器人、智能芯片、智能传感设备等智能系统的建设，积极构建数字资源共享平台。加快推进云平台与云计算的创新应用，为实体经济各领域数据存储和算法提供空间支撑。

（2）鼓励和推动大数据等数字技术研发创新，提升大数据与制造环节融合的广度和深度。要加快大数据与制造业深度融合，在未来产业发展与国际竞争中占据优势，科技水平的提升是重中之重。为此，①鼓励政府、企业加大对数字领域的基础技术、共性技术以及智能关键系统与软件的研发投入，大力给予互联网龙头企业致力于研发大数据、人工智能、量子通信等前沿技术的资金支持和政策支持，吸引更多的企业自主增加对大数据、人工智能、云计算等技术的投入，鼓励以先进制造企业为主的经济主体积极开发利用数据资源和数字技术，并带动其他中小制造企业实现技术变革和企业转型。②集中行业领军企业与著名科研院所的力量，持续深入探究物联网、人工智能、云计算、大数据等数字技术在实体经济各领域场景应用的底层逻辑，加快实现计算机仿真技术、芯片、人工智能基本算法等底层技术以及传感器、基础软件、核心元器件等领域的自主可控，并与政府部门共同推进研发成果的转化与应用，摆脱技术层面受制于人的局面。③继续加快构建国家、区域、产业以及企业不同级别的工业互联网平台，促进更多的企业上云上平台，加强云端数据采集、网络传输、分析预测等功能的应用与推广，推进企业数字化转型的进程。④企业要提高对数字化装备的投资并加强对核心技术的突破，积极构建覆盖全生产流程的数据链，深入探索大数据在制造业领域多功能多场景的应用模式，不断深化数字技术在传统产业研发创新、生产加工、仓储物流、营销服务等环节的渗透和应用，促进大数据、“互联网+”、人工智能等数字技术对制造业进行全方位、全链条的改造升级。

(3) 加快跨界融合高端数字化人才队伍建设。目前，掌握先进的科学知识、技术开发、智能计算等能力的综合型数字化人才是积极推进大数据与制造业融合发展的重要要素基础。特别是随着数字经济与实体经济融合应用的深入，对于新业态、新模式等领域的研究型人才将面临很大缺口。为此，①应当建立大数据与制造业融合研究中心及数字技术培训基地，鼓励政府、企业、科研机构与高校深度合作，加强数字技术高端人才的培育。②企业应制定相应的数字人才培养计划及薪资福利政策，积极引进和大数据与制造业融合发展相适应的高层次领军人才及相关研究人员，以此促进创新要素资源的集聚和利用。③应加快改革高校人才培养机制，积极开设与大数据应用相关的学科，建设复合型人才培养的综合实验室，尤其针对具备计算机技术和素养的人员，使其积极融入制造业数字化、智能化转型的实际操作中，从而逐步建立促进大数据与制造业融合发展的先进化、专业化和国际化人才队伍。

(4) 不同区域要依据当地的产业发展基础与环境实施差异化的发展措施，有效推进大数据与制造业的深度融合，实现全国各区域统一协调发展。为此，①各地区应根据自身经济发展条件、资源要素优势等，制定符合当地大数据与制造业融合发展的规划与战略措施。②针对产业发展环境与经济实力较强的东部地区而言，应重点加强大数据核心技术的研发与突破，以及数字化环境下复合型人才的培养与建设，积极发挥技术效应与人才效应，加快大数据与制造业的深度融合。③中西部地区应积极引进大数据等相关技术，加快数字技术的研发创新，积极引进高端数字化人才，为大数据与制造业融合发展提供软硬支撑。此外，中西部地区政府要积极为当地大数据与制造业融合企业提供资金与政策支持，鼓励数字化转型的龙头企业积极带动中小企业转型，全面实现制造业数字化转型升级。

参考文献

[1] 王新才，丁家友. 大数据知识图谱：概念、特征、应用与影响 [J]. 情报科学，2013，31 (9)：10-14+136.
[2] 李文莲，夏健明. 基于“大数据”的商业模式创新 [J]. 中国工业经济，2013 (5)：83-95.
[3] 王建冬，童楠楠. 数字经济背景下数据与其他生产要素的协同联动机制研究 [J]. 电子政务，2020 (3)：22-31.
[4] 谢康，夏正豪，肖静华. 大数据成为现实生产要素的企业实现机制：产品创新视角 [J]. 中国工业经济，2020 (5)：42-60.
[5] 陈以增，王斌达. 大数据驱动下顾客参与的产品开发方法研究 [J]. 科技进步与对策，2015，32 (10)：72-77.
[6] 李海刚. 网络环境下新产品开发知识管理理论与方法 [M]. 上海：上海交通大学出版社，2011.
[7] 肖静华，吴瑶，刘意，等. 消费者数据化参与的研发创新——企业与消费者协同演化视角的双案例研究 [J]. 管理世界，2018，34 (8)：154-173+192.
[8] 刘意，谢康，邓弘林. 数据驱动的产品研发转型：组织惯例适应性变革视角的案例研究 [J]. 管理世界，2020，36 (3)：164-183.
[9] 肖静华，谢康，吴瑶. 数据驱动的产品适应性创新——数字经济的创新逻辑（一）[J]. 北京交通大学学报（社会科学版），2020，19 (1)：7-18.
[10] 张亚斌，马莉莉. 大数据时代的异质性需求、网络化供给与新型工业化 [J]. 经济学家，2015 (8)：44-51.
[11] 陈剑，黄朔，刘运辉. 从赋能到使能——数字化环境下的企

业运营管理［J］. 管理世界，2020，36（2）：117-128+222.

［12］孙新波，钱雨，张明超，等. 大数据驱动企业供应链敏捷性的实现机理研究［J］. 管理世界，2019，35（9）：133-151+200.

［13］卞亚斌，房茂涛，杨鹤松. “互联网+”背景下中国制造业转型升级的微观路径——基于微笑曲线的分析［J］. 东岳论丛，2019，40（8）：62-73.

［14］李忠顺，周丽云，谢卫红，等. 大数据对企业管理决策影响研究［J］. 科技管理研究，2015，35（14）：160-166.

［15］易加斌，徐迪. 大数据对商业模式创新的影响机理——一个分析框架［J］. 科技进步与对策，2018，35（3）：15-21.

［16］张伯旭，李辉. 推动互联网与制造业深度融合——基于“互联网+”创新的机制和路径［J］. 经济与管理研究，2017，38（2）：87-96.

［17］徐颖，李莉. 制造业大数据的发展与展望［J］. 信息与控制，2018，47（4）：421-427.

［18］霍媛媛. 以大数据技术驱动制造业转型升级［J］. 人民论坛，2019（25）：54-55.

［19］房建奇，沈颂东，亢秀秋. 大数据背景下制造业转型升级的思路与对策研究［J］. 福建师范大学学报（哲学社会科学版），2019（1）：21-27+168.

［20］张洁，汪俊亮，吕佑龙，等. 大数据驱动的智能制造［J］. 中国机械工程，2019，30（2）：127-133+158.

［21］焦勇. 数字经济赋能制造业转型：从价值重塑到价值创造［J］. 经济学家，2020（6）：87-94.

［22］吕明元，苗效东. 大数据能促进中国制造业结构优化吗？［J］.

云南财经大学学报，2020，36（3）：31-42.
[23] 李成刚．大数据发展助推实体经济提升实证研究——基于2013—2018年省级面板数据［J］．贵州社会科学，2020（1）：132-141.
[24] 王婷，廖斌，杨承诚．大数据驱动的绿色智能制造模式及实现技术［J］．重庆大学学报，2020，43（1）：64-73.
[25] 汪涛武，王燕．基于大数据的制造业与零售业融合发展：机理与路径［J］．中国流通经济，2018，32（1）：20-26.
[26] 代立武．基于大数据的我国零售业与制造业互动关系实证研究［J］．商业经济研究，2020（3）：157-160.
[27] 张季平，陶君成，尤美虹．大数据驱动制造企业与物流企业协同发展的实证研究［J］．中国流通经济，2020，34（2）：3-14.
[28] 支燕，白雪洁，王蕾蕾．我国"两化融合"的产业差异及动态演进特征——基于2000—2007年投入产出表的实证［J］．科研管理，2012，33（1）：90-95+119.
[29] 张辽，王俊杰．中国制造业两化融合水平测度及其收敛趋向分析——基于工业信息化与信息工业化视角［J］．中国科技论坛，2018（5）：32-40+70.
[30] 柴雯，马冬妍．我国制造业与互联网融合量化评价与政策研究［J］．制造业自动化，2018，40（9）：157-161.
[31] 李晓磊．共享经济背景下"互联网+小微企业"融合测度及竞争力提升研究［J］．山东社会科学，2019（1）：165-170.
[32] 牛竹梅，张咪．"互联网+"装备制造业融合的绩效评估——以山东省装备制造业系统发展为例［J/OL］．系统科学学报，2021（1）：107-112.

［33］张旺．制造业“四化”融合与区域产业融合提升路径——基于湖北省数据实证测度［J］．经济论坛，2019（12）：20-28.
［34］高晓雨，马冬妍，王涛．中国制造信息化指数构建与评估研究［J］．制造业自动化，2017，39（3）：52-55.
［35］吴敏洁，徐常萍，唐磊．中国区域智能制造发展水平评价研究［J］．经济体制改革，2020（2）：60-65.
［36］万晓榆，赵寒，张炎．我国智能化发展评价指标体系构建与测度［J］．重庆社会科学，2020（5）：84-97+2.
［37］陈畴镛，许敬涵．制造企业数字化转型能力评价体系及应用［J］．科技管理研究，2020，40（11）：46-51.
［38］马眸眸．区域信息化与工业化融合的影响因素实证研究［J］．工业技术经济，2018，37（1）：145-152.
［39］马书琴，李卓异．我国信息化与工业化深度融合的影响因素及变化机制分析［J］．情报科学，2020，38（6）：38-43.
［40］焦勇，王韧，李成友．基础设施如何影响中国信息化与工业化融合［J］．宏观经济研究，2019（10）：130-143.
［41］左鹏飞，于长钺，陈静．信息基础设施建设对两化深度融合影响的动态模型分析［J］．情报科学，2021，39（5）：85-90.
［42］刘飞．中国省域信息化与工业化融合的影响因素研究［J］．西安财经大学学报，2020，33（1）：45-50.
［43］熊彼特．经济发展理论［M］．北京：商务印书馆，1990.
［44］苏东水．产业经济学（第四版）［M］．北京：高等教育出版社，2010.
［45］吕明元，麻林宵．“十四五”时期我国数字经济与实体经济融合的发展趋势、问题与对策建议［J］．决策与信息，2022（2）：66-71.

[46] 肖静华，胡杨颂，吴瑶. 成长品：数据驱动的企业与用户互动创新案例研究 [J]. 管理世界，2020，36 (3)：183-205.

[47] 许宪春，任雪，常子豪. 大数据与绿色发展 [J]. 中国工业经济，2019 (4)：5-22.

[48] 张三峰，魏下海. 信息与通信技术是否降低了企业能源消耗——来自中国制造业企业调查数据的证据 [J]. 中国工业经济，2019 (2)：155-173.

[49] 吴义爽，盛亚，蔡宁. 基于“互联网+”的大规模智能定制研究——青岛红领服饰与佛山维尚家具案例 [J]. 中国工业经济，2016 (4)：127-143.

[50] 孙承志. 新时代信息化与新型工业化深度融合发展与对策研究 [J]. 情报科学，2020，38 (2)：129-134+162.

[51] 吕明元，麻林宵. 中国省域大数据与制造业融合测度分析——基于2013—2018年中国省级面板数据 [J]. 技术经济，2022，41 (1)：88-100.

[52] 刘军，杨渊鋆，张三峰. 中国数字经济测度与驱动因素研究 [J]. 上海经济研究，2020 (6)：81-96.

[53] 徐星星. 我国互联网经济发展评价指标体系构建与实证 [J]. 统计与决策，2020，36 (11)：54-57.

[54] 程广斌，杨春. 区域产业融合水平评价及其影响因素研究——以长江经济带为例 [J]. 华东经济管理，2020，34 (4)：100-107.

[55] 胡俊. 地区互联网发展水平对制造业升级的影响研究 [J]. 软科学，2019，33 (5)：6-10+40.

[56] Manyika J, Chui M, Brown B, et al. Big data: the next frontier for innovation, competition, and productivity [R]. New York:

Mckinsey Global Institute, 2011.

[57] Sagiroglu S, Sinanc D. Big data: a review [C]. International Conference on Collaboration Technologies and System, 2013: 42-47.

[58] Laney D. 3D data management: controlling data volume, velocity and variety [J]. META Group Note, 2001, 6 (70): 1.

[59] Dijcks J P. Oracle: big data for the enterprise [J]. Oracle White Paper, 2012 (6): 16.

[60] Bello-Orgaz G, Jason J J, Camacho D. Social big data: recent achievements and new challenges [J]. Information Fusion, 2016, 28: 45-59.

[61] Belhadi A, Zkik K, Cherrafi A, et al. Understanding big data analytics for manufacturing processes: insights from literature review and multiple case studies [J]. Computers & Industrial Engineering, 2019: 137.

[62] Villars R L, Olofson C W, Eastwood M. Big data: what it is and why you should care [R]. White Paper, 2011: 14.

[63] Thomas C. Early warning signals for war in the news [J]. Journal of Peace Research, 2014, 51 (1): 5-18.

[64] Zheng P, Wang H H, Sang Z Q, et al. Smart manufacturing systems for Industry 4.0: conceptual framework, scenarios, and future perspectives [J]. Frontiers of Mechanical Engineering, 2018, 13 (2): 137-150.

[65] Cui Y S, Kara S, Chan K C. Manufacturing big data ecosystem: a systematic literature review [J]. Robotics and Computer-Integrated Manufacturing, 2020, 62: 101861.

[66] Brodie R J, Ilic A, Juric B, et al. Consumer engagement in a virtual brand community: an exploratory analysis [J]. Journal of Business Research, 2013, 66 (1): 105-114.

[67] McGuire T, Manyika J, Chui M, et al. Why big data is the new competitive advantage [J]. Ivey Business Journal, 2012, 76 (4): 1-4.

[68] Yu C G, Zhu L S. Product design pattern based on big data-driven scenario [J]. Advances in Mechanical Engineering, 2016, 8 (7): 131-135.

[69] Kusiak A. Break through with big data [J]. ISE: Industrial & Systems Engineering at Work, 2015, 47 (3): 38-42.

[70] Wen X, Zhou X. Servitization of manufacturing industries based on cloud-based business model and the down-to-earth implementary path [J]. The International Journal of Advanced Manufacturing Technology, 2016, 87 (5-8): 1491-1508.

[71] Ittmann H W. The impact of big data and business analytics on supply chain management [J]. Journal of Transport and Supply Chain Management, 2015, 9 (1): 1-9.

[72] Ray Y Z, Xu C, Chen C, et al. Big data analytics for physical internet-based intelligent manufacturing shop floors [J]. International Journal of Production Research, 2015, 55 (9): 2610-2621.

[73] Pietro D, Riccardo P, Paolo M. A glimpse on big data analytics in the framework of marketing strategies [J]. Soft Computing, 2018, 22 (1): 325-342.

[74] Bogdan N. About big data and its challenges and benefits in manu-

facturing [J]. Data base Systems Journal, 2013, 4 (3): 10-19.

[75] Syafrudin M, Norma L F, Li D, et al. An open source-based real-time data processing architecture framework for manufacturing sustainability [J]. Sustainability, 2017, 9 (11): 2139.

[76] Majeed A, Lv J X, Peng T. A framework for big data driven process analysis and optimization for additive manufacturing [J]. Rapid Prototyping Journal, 2019, 25 (2): 308-321.

[77] Sim H S. Big data analysis methodology for smart manufacturing systems [J]. International Journal of Precision Engineering and Manufacturing, 2019, 20 (6): 973-982.

[78] Lamba K, Prakash Singh S P. Big data in operations and supply chain management: current trends and future perspectives [J]. Production Planning & Control, 2017, 28 (11-12): 877-890.

[79] Steiner R, Gregor L, Christian S, et al. Refractories 4.0 [J]. BHM Berg - und Hüttenmännische Monatshefte, 2017, 162 (11): 514-520.

[80] Rossit D A, Fernando T, Mariano F. A data-driven scheduling approach to smart manufacturing [J]. Journal of Industrial Information Integration, 2019, 15: 69-79.

[81] Zhang Y F, Ren S, Liu Y, et al. A big data analytics architecture for cleaner manufacturing and maintenance processes of complex products [J]. Journal of Cleaner Production, 2016, 142 (2): 626-641.

[82] Zhang Y F, Ma S Y, Yang H D, et al. A big data driven analytical framework for energy-intensive manufacturing industries [J]. Journal of Cleaner Production, 2018, 197: 57-72.

[83] Ray Y Z, George Q H, Lan S L, et al. A big data approach for logistics trajectory discovery from RFID-enabled production data [J]. International Journal of Production Economics, 2015, 165: 260-272.

第四章　工业大数据对我国制造业绿色发展影响的实证分析

《纲要》提出，“绿色制造、智能制造是工业转型升级的必由之路，也是强化国家战略科技力量的重要体现”。数字化和绿色化成为全球产业变革的两大趋势，也是中国建设制造强国、质量强国，提升产业链现代化水平的重要发力点（杨丹辉等，2021）。制造业是我国经济发展中能耗最大的产业，2019 年制造业能源消耗量占整个工业能源消耗量的 83%，占全国能源消耗总量的 55%①。制造业的绿色发展将成为中国全面实现绿色发展和经济转型的重要内容。新一轮的产业和科技变革中，数据成为关键生产要素，以大数据技术为代表的新一代 ICT 将为中国制造业绿色发展提供重要途径和解决方案。工业既是数据产生量最多的领域，也是新一代 ICT 与实体经济融合的重要主体。那么工业大数据是否能成为我国制造业绿色发展的新动能？工业大数据和制造业绿色发展的演进中是否存在空间溢出效应？工业大数据对制造业绿色发展的影响是否存在区域差异？其中的传导机制又是什么？以上问题是大数据迅速发展背景下，中国制造业绿色发展和智能化转型需重点关注的问题，本章将

① 数据来源：《中国统计年鉴（2021）》。

围绕这些问题展开理论分析和实证研究。

一、工业大数据与制造业绿色发展的研究回顾

工业大数据是指在工业领域中，围绕典型智能制造模式，从客户需求到销售、订单、计划、研发、设计、工艺、制造、采购、供应、库存、发货和交付、售后服务、运维、报废或者回收再制造等整个产品生命周期各个环节所产生的各类数据及相关技术和应用的总称①。工业大数据伴随工业 4.0 和工业互联网等概念而生。其以产品数据为核心，是制造业智能化转型、推动制造模式变革、提升制造业生产力和竞争力的关键。以工业大数据全生命周期为主线形成的大数据采集、存储、分析、可视化等 ICT 是工业大数据的核心技术支撑。企业信息化管理系统在生产制造环节的应用是目前大数据与工业融合的主要方面。利用核心技术使工业生产、运维和服务等过程中的数据价值变现是工业大数据的价值所在。

绿色发展是适应人民对美好生活向往的需要和中国发展的必然选择。改革开放以来，中国在世界上创造了经济增长的奇迹。但过去以经济增长为核心的传统经济发展模式，以及支撑这种经济增长模式的产业结构及其演进方式，具有明显的生态缺陷性（鲁雁，2011）。世界银行和国务院发展研究中心联合课题组（2012）认为，绿色发展是指经济增长摆脱对资源使用、碳排放和环境破坏的过度依赖。绿色发展以合理消费、低消耗、低排放为主要特征（胡鞍钢等，2014）。绿色发展作为可持续发展的一种模式，旨在让经济社会与资源节约、污染物排放减少和环境改善之间形成相互促进关系

① 定义源于“中国电子技术标准化研究院”发布的《工业大数据白皮书》(2019 年版)。

（许宪春等，2019）。能源转型和低碳工业化是中国工业绿色发展的两大核心问题（史丹，2018）。制造业绿色发展以提高能耗效率，减少环境污染为主要内容，但其根本目标在于形成资源节约型和环境保护型的产业结构和制造体系。

大数据的迅速发展为中国工业的绿色发展提供了重要推动力。①从企业层面来看，大数据是绿色创新、企业绩效和竞争优势的驱动力之一，大数据有利于企业推进绿色战略，将环境整合到其组织业务活动的绿色化中（Abdul-Nasser 等，2019）。从组织层面来看，Etzion 和 Aragon-Correa（2016）指出了通过使用大数据进行管理和可持续发展而产生的若干业务和研究机会。Calza 和 Parmentola（2020）认为大数据在可持续性方面的作用和战略意义是要将其用于功能区域，如智能供应链和智能设备。②大数据不仅成为新型的生产要素，而且创新了要素利用方式。基于实时多源的生命周期数据的收集，有利于实现对产品相关数据和知识的可用性和可访问性，从而整合了大数据分析和服务驱动模式。大数据助力实现生产流程变革，利用神经网络算法和统计分析工具来监测、分析和优化加工过程的生命周期，实现“数据驱动的过程质量控制新模式”，基于全产业的数字化互联与资产的实时监控，以实现节能制造和供应链智能管理（Wang 等，2018）。大数据与生产设备的结合能将以前所谓的预防性维修、生产转化为预判性维修、生产，这些不仅能提升工作效率，还能帮助实现零排放，助力绿色产业发展（张礼立，2015）。③大数据在资源整合、环境监管方面具有重要作用，是传统产业转型升级、经济提质增效和绿色生产的重要手段和保障（许宪春等，2019）。综合来看，大数据通过要素利用方式、生产流程变革以及能源监测与管理等改进生产、满足实时预测和分析需求、增强商业运营和用户体验，最终实现经济的提质增效和绿色生产。

从目前学术界的研究来看，大数据赋能经济创新与发展，推动制造业转型升级已得到广泛认同。但聚焦于工业大数据的量化研究还比较少见，把大数据与工业绿色发展相结合的交叉研究极为少见。与大数据相关研究较多的成果为理论分析，主要集中在案例研究、场景化解决方案和企业决策效率（许宪春等，2019；Calza 等，2020）。学术界现有的定量分析大多从技术专利角度，量化分析我国大数据技术研发的特点、国际研发地位等（Wang 等，2018）；另一个角度的定量分析——大数据指数研究，也以研究机构测算为主，如中国电子信息产业发展研究院的《中国大数据发展指数报告》和大数据战略重点实验室的《大数据蓝皮书：中国大数据发展报告》，等等。

本章的贡献在于：①从基础环境、技术支撑和工业应用三个方面建立对工业大数据的综合评价指标体系，并利用省级面板数据对我国工业大数据发展趋势和地区差异进行量化分析；②将区域经济互动带来的空间溢出效应纳入实证分析模型，利用空间计量模型分析工业大数据对制造业绿色发展的影响及其区域差异，增强实证结果的现实解释力；③增加工业大数据推动制造业绿色发展的机制分析，从能耗污染的源头即产业结构的角度来分析工业大数据驱动制造业绿色发展的机制，为进一步推进制造业绿色发展、缩小区域发展差距、共享“数据红利”提供决策参考。

二、理论分析与研究假设

物联网既是工业大数据的重要来源，也是工业大数据重要的应用场景。在物联网背景下，能源数据成为确定企业生产决策和提高效率的重要生产要素。大数据技术通过综合利用数据与预见分析，作用于产品全生命周期，从而加速制造业的转型升级和模式创新。首先是生产过程智能化。数据技术的嵌入和增强促进了物理空间和信息空间的融合同步，可以变革企业管理决策路径，帮助企业实现以数据驱动的产品研发与组织变革（刘意等，2020）。企业基于物联网获取生产相关数据，利用智能算法综合考虑产能、物料和人员配备等要素，制订科学合理的生产计划和分阶段预测，实现对制造资源的供需匹配和合理调度，确定生产资源的最优配置，有利于对能源供应的动态调整和实时优化，提高能源利用效率，实现节能减排。同时，基于能源数据建立能源管理系统和能耗分析模型对现存制造设备和工艺进行数字化改造，优化工艺参数和设备升级，提升能源利用效率。如阿里巴巴基于燃烧机理与锅炉运行数据，深度分析识别锅炉燃烧过程中的关键因子，优化锅炉操作参数，将燃煤效率提高4.1%，大大降低了能源消耗。其次是网络协同化制造。生产主体借助数字化网链，建立云生产线，生产制造由过去的信息孤岛转化为信息化协同管理，由以企业为中心的组织生产转向以产品为中心的生产，产业组织从垂直架构向网络协同架构转变，形成新型竞争协同关系。通过对全产业链大数据的整合，借助协同研发与制造、供应链管理体系和制造能力资源等可以提高生产效率、释放产能、提高资源利用率。最后是产品的定制化。互联网深度扩张带来“脱媒”效应，企业创新以满足用户需求和提升用户体验为目标。近年来，公众的环保意识逐渐增强，个体消费者更加偏好环境友好型产品（Zhang 等，2018）。大数据技术有助于企业及时洞察消费者真实产品诉求，定位市场需求，并以更多的环境关注点来实现更高的用户粘性、盈利能力和可持续性，从而倒逼企业形成绿色转型的动力（吕明元和苗效东，2020）。基于上述分析，本文提出如下假设：

假设 1：工业大数据有利于推动制造业绿色发展。

数据是数字经济的重要“原料”供给，是“国家基础性战略资源”①。从本体论而言，数据作为新型生产要素，存在于互联网空间，具有虚拟性、非竞争性、规模报酬递增和正外部性的特点（徐翔等，2021）。数据的非竞争性和强外部性决定了数据的开放性和共享性，这在数字经济的背景下，进一步强化了信息和知识的流动性与普惠性，产生了空间溢出效应。从方法论视角看，数据成为其他生产要素的数字空间“孪生”，并对其他生产要素赋值和赋能（梅宏，2022）。数据要素和其他传统要素相结合，将打破有限资源的约束，提高要素组合效率，对经济社会发挥放大、叠加和倍增效应。从组织结构来看，数字经济时代，基于大数据建立的“时空关”（时间—空间—关联）分析规则正逐步替代以往的时间或者空间分析规则，形成网格制的组织结构，虚拟组织、网络组织、平台组织等是其表现形式，它们为企业间的协同创新提供了组织基础（谢康等，2020）。企业间的新型竞争协同关系有助于进一步发挥大数据的强渗透性和辐射性，弱化基于地理距离的空间溢出效应递减规律，强化竞争、示范和模仿机制。同时，在技术合作、人才流动和经济互动中产生外溢效应，提升大数据对制造业绿色发展的影响。基于以上分析，提出以下假设：

假设 2：工业大数据可以通过空间溢出效应对邻近区域的制造业发展产生影响。

从源头上看，以高消耗、高污染行业为主的产业结构是工业化进程中生态环境问题的主要原因之一（史丹，2018）。优化产业结构和促进产业转型升级是解决保增长、促减排这一“两难”格局的

① 源于《促进大数据发展行动纲要》。

关键路径（史丹，2018；原毅军和谢荣辉，2014）。随着工业大数据应用广度和深度的加强，其对制造业转型升级具有重要支撑引领作用。目前，部分文献研究了大数据对产业结构的影响，肯定了大数据对产业结构升级提供的技术支持和创新支持（吕明元和苗效东，2020）。具体而言，数据主要以要素驱动、融合激发、协同提升和反馈正配等机制促进结构优化和效率提升（王谦和付晓东，2021）。数据与传统产业的融合将“软化”生产部门的要素结构，推动传统制造业向技术密集型和知识密集型方向转型。同时，大数据改变了企业对内外部资源的利用方式，提高了各要素之间的协同性，对企业的生产经营和组织结构产生了重要影响，促进了传统部门信息化和自动化水平的提高。从技术角度来看，大数据不仅可以通过技术直接改造升级传统产业，也蕴含着相关新型产业的快速成长机制。前者是通过原有产业和大数据的结合，并通过产业关联等实现产出增长、效率提高和传统产业升级。后者则是基于大数据要素和技术服务等，围绕着数据全生命周期等形成大数据相关产业链。大数据也可以和物联网、云计算等其他技术形成技术互联，带动整个信息技术架构的革命性重构（涂永前等，2015）。基于上述分析，提出如下假设：

假设 3：工业大数据将通过优化产业结构促进制造业绿色发展。

三、变量与数据说明

（一）变量设定与说明

被解释变量：制造业绿色发展指数（*lngd*）。本章主要从能源消耗和环境污染两个方面对制造业绿色发展进行量化。具体指标包括制造业能耗强度、工业“三废”（废水、废气和固体废弃物）排放强度和制造业二氧化碳排放强度。其中制造业二氧化碳排放量计算公式和折算系数参考陈诗一（2009）。详细的指标说明和权重见表 4-1。

解释变量：工业大数据发展指数（*lnibd*）。数据价值发挥有赖于先进的信息基础设施和丰富的行业应用（田杰棠，2020）。数据、技术和应用是工业大数据的三个要素（朱扬勇和熊赟，2015）。人、机、物构成了数据的三大来源，互联网和物联网的深入发展构成数据之“大”；围绕数据全生命周期形成的数据采集、数据处理和数据分析等大数据技术和其他 ICT 为工业大数据提供重要技术支撑；工业大数据的应用是其价值发挥的重要载体和平台，从当前工业领域的实践来看，企业信息化管理系统在各生产制造环节的应用是大数据应用于工业的主要表现。基于此，本文根据现有研究成果和数据可得性，主要从基础环境、技术支撑和工业应用三个方面建立工业大数据的综合评价指标体系。首先，基础环境，主要包括网络基础设施、网络渗透率和企业对信息化建设的重视程度及服务体系建设等。其次，技术支撑，以大数据技术专利申请量衡量大数据技术发展水平，从 ICT 产业的人力投入、资本投入和产业收入等衡量其他 ICT 提供的技术支撑。最后，工业应用，当前工业大数据的应用主要集中在企业运营管理相关的业务、制造过程和企业销售方面。本章也将主要从此三方面建立指标体系。*lnibd*1、*lnibd*2 和 *lnibd*3 分别为基础环境指数、技术支撑指数和工业应用指数。详细的指标体系和权重见表 4-2。

中介变量。本章将主要借鉴童健等（2016）、原毅军和陈喆（2019）以清洁型行业与污染密集型行业产值之比（*strc*）衡量制造业产业结构转型升级。

控制变量。本章借鉴李晓阳等（2022）以工业污染治理完成投资额占 GDP 比重（*env*）衡量环境规制；以实际利用外商直接投资额占 GDP 比重（*fdi*）衡量外商直接投资；经济发展水平以人均 GDP 衡量，并取对数形式 *lnpgdp*（傅元海等，2014）。

空间权重矩阵（W）。空间权重矩阵是度量空间效应的关键。本章的空间权重矩阵包括地理距离空间权重矩阵（W_1）、经济地理空间权重矩阵（W_2）、邻接矩阵（W_3）。

地理距离空间权重矩阵的元素为两地质心距离平方的倒数。具体计算公式为：

$$W_1 = \begin{cases} 1/d_{ij}^2, & d_{ij} \geqslant d \\ 0, & d_{ij} < d \end{cases} \tag{1}$$

其中，d_{ij} 为两地质心距离。

经济事物不仅可以通过地理距离与周边地区发生空间联系，也可以通过经济活动产生互动。因而，本章参照袁华锡等（2019）构建非对称性经济地理空间权重矩阵，综合考虑地理距离和经济联系的综合作用，具体公式如下：

$$\begin{aligned} & W_2 = W_1 diag(\overline{Y_1}/\overline{Y}, \cdots, \overline{Y_n}/\overline{Y}) \\ & \overline{Y_i} = \sum\nolimits_{t_0}^{t_1} Y_{it}/(t_1 - t_0 + 1) \\ & \overline{Y} = \sum\nolimits_{i=1}^{n} \sum\nolimits_{t_0}^{t_1} Y_{it}/n(t_1 - t_0 + 1) \end{aligned} \tag{2}$$

其中，W_1 对应于上文的地理距离空间权重矩阵。对角元素中，$\overline{Y_i}$ 为时间段 t_0 到 t_1 内空间单元 i 地区内经济产值即 GDP 的均值，$\overline{Y}$ 是考察期内所有空间单元的经济产值均值。n 是空间单元个数。

邻接矩阵公式如下：

$$W_3 = \begin{cases} 1, & i \text{ 与 } j \text{ 空间上相邻} \\ 0, & i \text{ 与 } j \text{ 空间非相邻} \end{cases} \quad (i \neq j) \tag{3}$$

表 4-1　制造业绿色发展水平综合评价指标体系及其权重

一级指标	二级指标	指标说明和权重
能源消耗	制造业单位产值能耗（吨标准煤/万元）	衡量能源利用效率（0.2986）
环境排放	制造业二氧化碳排放强度（吨/万元）	衡量二氧化碳排放水平（0.3834）
	工业“三废”排放强度（吨/万元）	衡量工业“三废”排放水平（0.3810）

表 4-2　工业大数据发展水平综合评价指标体系及其权重

一级指标	二级指标	指标说明和权重
基础环境	城（省）域网出口带宽（Gbps）	反映当地网络基础设施建设水平（0.0546）
	固定宽带普及率（户/人）	反映当地宽带网络基础设施覆盖率（0.0455）
	固定宽带端口平均速率（Mbps）	反映当地居民宽带网络享有水平（0.3498）
	移动电话普及率（部/百人）	反映当地居民移动信息化应用水平（0.0211）
	互联网普及率（%）	反映互联网在当地居民工作生活中的渗透率（0.0267）
	中小企业信息化服务平台数（个）	反映当地面向中小企业信息化服务体系建设水平（0.0249）
	重点行业典型企业信息化专项规划（%）	反映当地企业对信息化建设的重视程度（0.0281）
技术支撑	ICT 产业就业占比（%）	反映 ICT 产业的人力资本投入（0.0260）
	ICT 产业投资占比（%）	反映 ICT 产业的资本投入（0.0240）
	ICT 产业收入占比（%）	反映 ICT 产业的服务水平（0.0225）
	每万人大数据技术专利申请量（项/万人）	反映大数据专利技术的产出水平（0.0517）

续表

一级指标	二级指标	指标说明和权重
工业应用	重点行业典型企业 ERP 普及率（%）	反映当地重点行业典型企业资源规划信息系统应用情况（0.0593）
	重点行业典型企业 MES 普及率（%）	反映当地重点行业典型企业制造执行管理系统应用情况（0.0454）
	重点行业典型企业 PLM 普及率（%）	反映当地重点行业典型企业产品生命周期管理应用情况（0.0371）
	重点行业典型企业 SCM 普及率（%）	反映当地重点行业典型企业供应链管理应用情况（0.0458）
	重点行业典型企业采购环节电子商务应用（%）	反映当地工业企业采购环节电子商务应用水平（0.0464）
	重点行业典型企业销售环节电子商务应用（%）	反映当地工业企业销售环节电子商务应用水平（0.0607）
	重点行业典型企业装备数控化率（%）	反映当地工业企业生产装备信息技术应用水平（0.0305）

（二）数据处理与指标赋权

1. 数据来源

本章的最终研究样本选取了 2011—2018 年我国 30 个省、自治区、直辖市的面板数据（未选取西藏自治区和我国港澳台地区）。制造业绿色发展的环境数据主要源于历年《中国环境统计年鉴》。工业大数据的基础环境和工业应用的数据源于中国电子信息产业发展研究院发布的历年《中国信息化与工业化融合发展水平评估》和工信部网站，其中工业应用部分是调查数据①。ICT 产业相关数据源于各省历年统计年鉴，大数据技术专利申请量源自国家知识产权

① 调查数据采用抽样调查的方式，调查行业为当地总产值排名前 5 位的重点工业行业。每个行业中的调查企业包括大型和中小型企业各 20 家。

总局，具体筛选方法参见吕明元和苗效东（2020）。涉及价格的数据，采用文献中较为常用的方法，均以2011年相关价格指数为基础进行平减。对于个别缺失数据，采用均值法进行补齐。

2. 数据标准化

由于各指标量纲、量级以及属性等存在差异，首先，对逆向属性指标取倒数，以实现所有指标作用方向的趋同化。其次，参考刘军等（2020）采用线性无量纲法中的阈值法对原始数据进行标准化处理。再次，为使不同年份的综合指数具有可比性，本章参照世界经济论坛构建网络就绪度指数（NBI）测算方法以及王小鲁等（2016）关于市场化指数构建方法设定基期年份，以实现指数跨年份可比。最后，本文以2011年为基期，得出具体计算公式如下：

$$V_{it} = \frac{X_{it} - X_{min0}}{X_{max0} - X_{min0}} \times 6 + 1 \tag{4}$$

其中 X_{max0} 和 X_{min0} 分别代表基期年份即2011年原始数据的最大值和最小值。数据标准化处理后，所有指标值在1~7之间，数值越大则相应的指标水平越高。指标可以实现跨年度对比，也能反映大数据和制造业绿色发展随时间变化的具体情况。

3. 指标赋权

主成分分析法是一种客观赋权法，一定程度上避免了主观赋权法在权重确定中的主观性和指标间的高度相关性。本章使用时序全局主成分分析法，基于协方差矩阵，利用成分载荷系数和特征值计算指标权重，并进行归一化处理。之后确定各指标权重，合成综合指数。

在进行主成分分析前，进行了KMO和Bartlett球形度检验，结果显示工业大数据发展指数的KMO=0.85，球形度检验的p值为0.000，提取出三个主成分，总方差贡献率为91.27；制造业绿色发展指数的KMO=0.70，球形度检验的p值为0.000，提取出两个主成分，总方差贡献率为 96.42。这些结果表明采用主成分分析法进行指标赋权具备合理性和有效性。各变量描述性统计见表 4-3。

表 4-3　变量描述性统计

变量	均值	标准差	最小值	最大值
lngd	1.1101	0.6483	0.0698	2.7722
lnibd	2.1648	0.6017	0.5912	2.9392
*lnibd*1	1.8671	0.7567	−0.1073	2.6508
*lnibd*2	−1.2302	0.5481	−2.0282	0.8907
*lnibd*3	0.4502	0.3748	−0.6132	1.0774
lnstrc	−0.5177	0.8256	−2.4246	1.3589
env	0.0012	0.0011	0.0001	0.0099
fdi	0.0203	0.0155	0.0004	0.0796
lnpgdp	10.7309	0.5214	8.7963	11.8509

数据来源：全国及各省、自治区、直辖市历年《统计年鉴》，历年《中国环境统计年鉴》《中国信息化与工业化融合发展水平评估》，以及作者调查数据。

（三）我国各省份工业大数据和制造业绿色发展水平演变趋势

图 4-1 表明，我国工业大数据发展具有明显的时间趋势和地区差异。整体来看，各省份工业大数据发展水平随时间推移呈增长态势，尤其是 2013 年之后，工业大数据发展水平得到明显提高。各省份工业大数据发展水平均值表明，上海、北京、江苏、浙江和广东等东部省市位于发展的第一梯队①，发展水平集中在［11.3326，

① 按国家统计局标准划分，对应本样本范围。东部地区包括：北京、天津、河北、辽宁、上海、江苏、浙江、福建、山东、广东、海南；中部地区包括：山西、安徽、江西、河南、湖北、湖南、黑龙江、吉林；西部地区包括：内蒙古、广西、重庆、四川、贵州、云南、陕西、甘肃、青海、宁夏、新疆。

12.7455]；山东、福建、安徽、黑龙江、湖南、河南等部分东部和大多数中部省份位于第二梯队，发展水平集中在 [10.0366，11.1832]；第三梯队以西部省份为主，发展水平集中在 [8.3216，9.7334]。从各省份增长率来看，贵州、青海、甘肃位列前三，年均增长率分别为 0.3128、0.2938 和 0.2853。东部地区年均增长率均值为 0.2154，中西部地区年均增长率均值为 0.2364。一定程度上表明，工业大数据虽存在地区差异，但整体上中西部地区在逐渐向东部发达地区靠拢，全国工业大数据整体处于蓬勃发展时期。

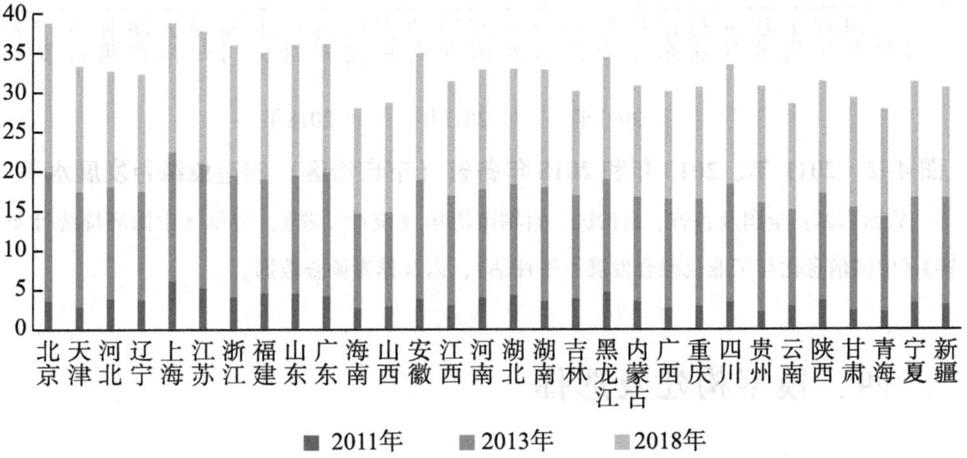

图 4-1　2011 年、2013 年和 2018 年各省（市自治区）工业大数据发展水平

数据来源：全国及各省、自治区、直辖市历年《统计年鉴》，历年《中国环境统计年鉴》《中国信息化与工业化融合发展水平评估》，以及作者调查数据。

图 4-2 表明，我国制造业绿色发展水平同样存在明显的时间趋势和地区差异。整体来看，大部分省（市自治区）制造业绿色发展水平随着时间的推移是不断提高的。个别省（市自治区）制造业绿色发展水平呈现倒 U 形变化趋势（如内蒙古、辽宁、山东和青海）。东部地区制造业绿色发展水平明显高于中西部地区。北京、天津、

福建年均增长率位列前三，分别为0.1372、0.0955、0.0893。东中西部地区的年均增长率均值分别为0.0529、0.0528、0.0275。

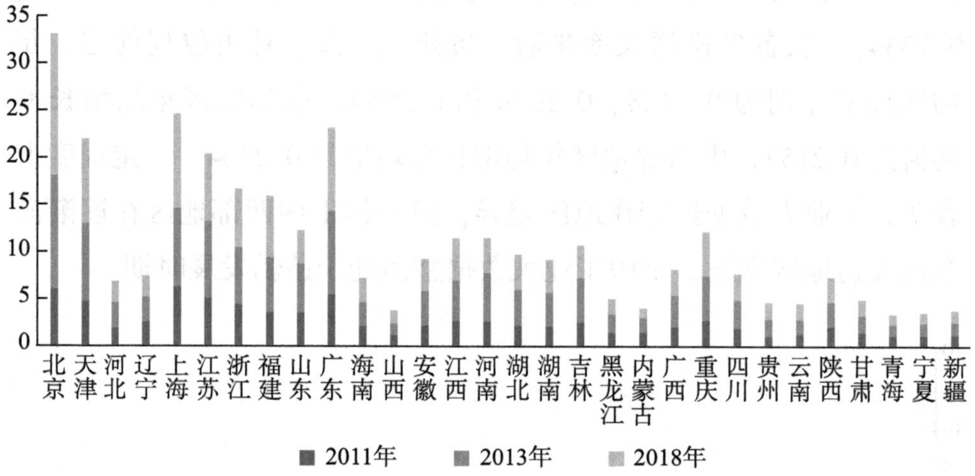

图4-2　2011年、2013年和2018年各省（市自治区）制造业绿色发展水平

数据来源：全国及各省、自治区、直辖市历年《统计年鉴》，历年《中国环境统计年鉴》《中国信息化与工业化融合发展水平评估》，以及作者调查数据。

四、模型构建及选择

（一）空间自相关性检验

空间自相关性主要描述各空间单元的空间依赖性，即一个空间单元的社会经济活动与其他空间单元的社会经济活动存在着相互作用。一般采用莫兰指数（Moran's I）来检验变量的空间相关性，它是观测值与其空间滞后之间的相关系数。计算公式如下：

$$I = \frac{n}{\sum_i \sum_j w_{ij}} \frac{\sum_i \sum_j w_{ij}(x_i - \bar{x})(x_j - \bar{x})}{\sum_i (x_i - \bar{x})^2} \quad (5)$$

其中，n 是样本数量，w_{ij} 是空间权重矩阵 W 的元素，x_i 和 x_j 分别

是空间单元 i 和 j 的观测值，$\bar{x}$ 为观测值的均值。莫兰指数的取值范围一般在［-1，1］，当 I 为正值的时候表示正相关，即各空间单元的经济活动存在正向的空间依赖性或者集聚性。当 I 为负值时，表明空间单元经济活动呈现离散分布。当 I 为 0 时，表示空间单元经济行为呈现随机分布。

表 4-4 列示了 2011—2018 年工业大数据和制造业绿色发展的莫兰指数及其显著性水平。当莫兰指数的统计量大于 1.96，P 值小于 0.05 时，可以通过莫兰指数及其显著性来分析各空间单元的空间依赖性。结果表明，工业大数据发展水平的莫兰指数波动范围集中在区间［0.217，0.370］，Z 值集中在［2.067，3.334］，即各地区空间相关指数均在 5% 的置信水平上显著，这在一定程度上表明 2011—2018 年间我国各地区工业大数据发展具有正向的空间溢出效应，地区之间表现出正向的空间依赖性和集聚性。制造业绿色发展水平的莫兰指数波动范围集中在区间［0.481，0.531］，整体呈上升态势。Z 值集中在［4.204，4.598］，在 1% 的置信水平上显著。这些结果表明我国各地区工业大数据和制造业绿色发展具有正向的空间依赖性和溢出效应。这也进一步揭示了采用空间计量方法的合理性。

表 4-4　2011—2018 年我国大数据和制造业绿色发展莫兰指数

年份	工业大数据			制造业绿色发展		
	Moran's I	Z 值	P 值	Moran's I	Z 值	P 值
2011	0.370	3.334	0.000	0.498	4.346	0.000
2012	0.258	2.467	0.007	0.531	4.598	0.000
2013	0.363	3.296	0.000	0.497	4.328	0.000
2014	0.237	2.153	0.000	0.498	4.336	0.000
2015	0.217	2.067	0.019	0.489	4.257	0.000

续表

年份	工业大数据			制造业绿色发展		
	Moran's I	Z 值	P 值	Moran's I	Z 值	P 值
2016	0. 289	2. 680	0. 004	0. 482	4. 207	0. 000
2017	0. 301	2. 774	0. 003	0. 481	4. 204	0. 000
2018	0. 309	2. 857	0. 002	0. 523	4. 564	0. 000

数据来源：全国及各省、自治区、直辖市历年《统计年鉴》，历年《中国环境统计年鉴》《中国信息化与工业化融合发展水平评估》，以及作者调查数据。

（二）模型选择

传统计量模型并未考虑到地理单元之间的经济互动和空间依赖关系，一定程度上会导致估计结果的无效和对现实解释力的不足。空间统计的莫兰指数检验结果表明，我国省级层面的工业大数据发展和制造业绿色发展存在空间依赖性，这使得模型不再满足传统计量模型的基本假设。而且基于 OLS 模型的 LM-spatial-err 和 LM-spatial-lag 的值分别为 201. 32、19. 98，均在 1%的水平上拒绝了不存在空间效应的原假设。进一步通过似然比检验、Wald 检验判断空间杜宾模型（SDM）是否可以退化为空间滞后模型（SAR）和空间误差模型（SEM）。结果显示，LR-spatial-lag 和 Wald-spatial-lag 的值分别为 23. 26、20. 65，LR-spatial-error 和 Wald-spatial-error 的值分别为 19. 81、18. 52，以上检验均在 1%的水平上拒绝了原假设，这表明空间杜宾模型（SDM）更为合适。从理论上看，空间杜宾模型（SDM）既包括被解释变量的滞后项，也包含解释变量的滞后项，可以同时反映被解释变量和解释变量的效应，更具一般性（埃尔霍斯特，2015）。同时，便于从总效应中分解出直接效应和间接效应，避免因变量内生性而导致的有偏、不一致估计结果（程开明和章雅婷，2018）。Hausman 检验统计量为 148. 24，在 1%的水平上显著，因而本文选择双固定空间杜宾模型。基本模型如下：

$$lngd_{it} = \rho Wlngd_{it} + \gamma lnibd_{it} + \lambda Wlnibd_{it} + \delta X_{it} + \theta WX_{it} + a_i + v_t + \varepsilon_{it} \tag{6}$$

其中，i 代表省份，t 为年份，W 为空间权重矩阵，$lngd$ 为被解释变量，$lnibd$ 为解释变量，X 为控制变量，具体包括环境规制（env）、外商直接投资（fdi）和经济发展水平（$lnpgdp$）。a_i 是个体效应，v_t 是时间效应，ε_{it} 为随机扰动项。

五、实证结果及分析

（一）基本回归结果

Anselin（1988）认为采用极大似然估计法（MLE）对空间面板模型进行估计更为有效，并且 MLE 可以有效避免变量内生性问题，也能反映空间单元之间各变量的空间溢出效应。因此，本文采用极大似然估计法对空间杜宾模型进行估计，同时构建非对称性经济地理空间权重矩阵。基本回归结果如表 4-5 模型 1 所示。

表 4-5　工业大数据对制造业绿色发展影响的实证结果

变量	模型 1（经济地理空间权重矩阵）	模型 2（邻接矩阵）	模型 3（地理距离空间权重矩阵）
lnibd	0.6400*** (0.1394)	0.6343*** (0.1249)	0.6060*** (0.1342)
env	0.1568*** (0.0262)	0.1427*** (0.0237)	0.1462*** (0.0250)
fdi	0.1491*** (0.0354)	0.1078*** (0.0284)	0.1319*** (0.0321)
lnpgdp	0.5283*** (0.0596)	0.3783*** (0.0579)	0.4684*** (0.0557)

续表

变量	模型1（经济地理空间权重矩阵）	模型2（邻接矩阵）	模型3（地理距离空间权重矩阵）
ρ	0.4687*** (0.1219)	0.1553** (0.0778)	0.0385** (0.0182)
sigma2_ e	0.1022*** (0.0094)	0.0844*** (0.0077)	0.0926*** (0.0085)
R - squared	0.6862	0.7793	0.7602

注：括号里面是标准误，*、** 和 *** 分别代表在10%、5%和1%的置信水平上显著。

数据来源：全国及各省、自治区、直辖市历年《统计年鉴》，历年《中国环境统计年鉴》《中国信息化与工业化融合发展水平评估》，以及作者调查数据。

表4-5模型1显示，ρ 的回归系数为0.4687，且通过1%的显著性水平检验，表明邻近省份制造业绿色发展存在着显著的正向溢出效应，即一个地区的制造业绿色发展也能有效带动周边省份制造业的绿色发展。工业大数据、环境规制、外商直接投资、经济发展水平的影响系数均显著为正。但是，这些系数并不能代表各变量对制造业绿色发展的边际影响，为此本章将通过偏微分的方法将解释变量对被解释变量的影响分为直接效应、间接效应和总效应（Lesage和Pace，2009）。其中，直接效应衡量了本地解释变量对本地被解释变量的影响，间接效应测算的是邻近区域的解释变量对本地被解释变量的影响，总效应衡量的是解释变量对全部地区的平均影响。表4-6给出了基于经济地理空间权重矩阵的工业大数据对制造业绿色发展影响的空间分解效应。

表4-6　工业大数据对制造业绿色发展影响的空间分解效应

变量	直接效应	间接效应	总效应
lnibd	0.6471*** (0.1473)	0.2100* (1.3140)	0.8571* (0.4633)

续表

变量	直接效应	间接效应	总效应
env	0.1580*** (0.0257)	0.3350 (0.2827)	0.4930* (0.2792)
fdi	0.1556*** (0.0368)	1.0979** (0.4379)	1.2534*** (0.4618)
lnpgdp	0.5208*** (0.0586)	-0.2473 (0.2317)	0.2735** (0.1090)
*lnibd*1	0.2558** (0.1283)	-0.1039 (0.1224)	0.1519** (0.0717)
*lnibd*2	0.7411*** (0.0535)	1.4545*** (0.5442)	2.1956*** (0.5686)
*lnibd*3	0.4535*** (0.0788)	1.9344*** (0.7000)	2.3880*** (0.7246)

注：括号里面是标准误，*、** 和 *** 分别代表在 10%、5%和 1%的置信水平上显著。

数据来源：全国及各省、自治区、直辖市历年《统计年鉴》，历年《中国环境统计年鉴》《中国信息化与工业化融合发展水平评估》，以及作者调查数据。

首先，工业大数据对制造业绿色发展影响的总效应为 0.8517，在 10%的水平上显著为正。这表明，工业大数据将通过生产过程智能化改造、网络协同化制造和产品定制等方式，实现制造业供应链优化、提高能耗效率、减少环境污染，从而推动制造业整体绿色发展，假设 1 得到验证。核心变量工业大数据的直接效应为 0.6471，在 1%的水平上显著为正；间接效应为 0.2100，在 10%的水平上显著为正。这表明，工业大数据不仅能促进本地制造业绿色发展，更可以通过相邻地区间的经济互动、网络型组织结构等方式对邻近地区的制造业绿色发展产生积极影响，故而假设 2 得证。

其次，控制变量中，环境规制的直接效应和总效应均显著为正，验证了“波特假说”，即环境规制能够激发企业进行绿色技术创新，从而推动制造业绿色发展。环境规制的间接效应为 0.3350，并未通过显著性检验。其可能的原因在于受环境规制的压力，发达地区存在向落后地区污染转移的倾向，这将影响整体的环境效率，从而弱化了环境规制对邻近地区制造业绿色发展的正向作用（陆铭和冯皓，2014）。外商直接投资的直接效应和总效应均在1%的水平上显著为正，表明外商直接投资的“污染光环”得到验证，即外资不仅带来丰裕的生产资金，同时也会带来先进的技术和管理经验，通过提升制造业生产效率和产业升级来推动制造业绿色发展。外商直接投资的间接效应显著为正，表明外商直接投资对邻近地区制造业的绿色发展具有正向溢出效应。经济发展水平的直接效应和总效应均显著为正，表明经济发展水平为制造业的创新和发展提供了整体良好环境，有利于推动制造业绿色发展。而经济发展水平的间接效应为-0.2473，并未通过显著性检验。其可能原因在于，经济发达地区一方面对邻近相对落后地区形成资源挤占，另一方面也会通过产业转移优化自身整体产业结构，从而对邻近地区的产业结构和制造业绿色发展带来负向的外溢效应。

最后，本部分还得出了工业大数据基础环境的直接效应和总效应均显著为正的结论。这表明网络基础设施和企业信息化服务平台建设等为制造业的智能化转型提供了重要的数据要素，有利于提升制造业资源配置效率和绿色发展水平。基础环境指数的间接效应为负，并未通过显著性检验。这可能的原因在于网络基础设施较为完善和发达的地区，其互联网发展水平整体更高，而当前数据标准、产权、数据交易等问题尚未解决，一定程度上将阻碍数据要素的自由流动和开放共享，从而表现出负的空间溢出效应。技术支撑和工业应用的直接效应、间接效应和总效应均显著为正。这表明，技术支撑和工业应用是工业大数据价值充分发挥的关键。网络型组织结构的创新也使得工业大数据对制造业绿色发展的影响具有正向溢出效应。同时，工业应用的总效应最大为2.3880。这表明，进一步深化工业大数据与制造业的融合将是制造业智能转型和高质量发展的关键。

（二）传导机制分析

本文根据前文的理论分析，进一步从产业结构分析工业大数据影响制造业绿色发展的传导机制。按照中介效应模型检验方法（孙文杰和严文沁，2021），构建递归模型如下：

$$lngd_{it} = \rho Wlngd_{it} + \gamma lnibd_{it} + \lambda Wlnibd_{it} + \delta X_{it} + \theta WX_{it} + a_i + v_t + \varepsilon_{it} \tag{7}$$

$$\begin{aligned} lnstrc_{it} = {} & \rho' Wlnstrc_{it} + \gamma' lnibd_{it} + \lambda' Wlnibd_{it} \\ & + \delta' X_{it} + \theta' WX_{it} + a'_i + v'_t + \varepsilon'_{it} \end{aligned} \tag{8}$$

$$\begin{aligned} lngd_{it} = {} & \eta lnstrc_{it} + \eta'' Wlnstrc_{it} + \rho'' Wlngd_{it} + \gamma'' lnibd_{it} \\ & + \lambda'' Wlnibd_{it} + \delta'' X_{it} + \theta'' WX_{it} + a''_i + v''_t + \varepsilon''_{it} \end{aligned} \tag{9}$$

与前文变量一致，ρ 是空间自回归系数，W 为空间权重矩阵，$lngd$ 为被解释变量，$lnibd$ 为解释变量，$lnstrc$ 为中介变量，X 为控制变量，具体包括环境规制（env）、外商直接投资（fdi）和经济发展水平（$lnpgdp$）。a_i 是个体效应，v_t 是时间效应，ε_{it} 为随机扰动项。

表4-7第2列，工业大数据的回归系数为0.6400，在1%的水平上显著，表明工业大数据对制造业绿色发展具有显著正向影响。第3列以机制变量即产业结构为因变量，工业大数据的回归系数为0.8300，在1%的水平上显著为正。这表明工业大数据有利于推进产业结构优化。第4列是将机制变量和工业大数据同时加入方程后的结果，工业大数据的回归系数为0.4066，在1%的水平上显著为正，数值相较于前面两列明显缩小。这验证了产业结构对制造业绿色发展的传导机制，即工业大数据可以通过优化产业结构

来改善能源消费，减少环境污染，进而推动制造业绿色发展。假设3得证。

表 4-7　工业大数据对制造业绿色发展的机制检验

变量	*lngd*	*lnstrc*	*lngd*
lnibd	0.6400*** (0.1394)	0.8300*** (0.2088)	0.4066*** (0.0325)
lnstrc			0.3210*** (0.1084)
env	0.1568*** (0.0262)	0.2755*** (0.0392)	0.0424* (0.0217)
fdi	0.1491*** (0.0354)	0.1931*** (0.0529)	0.0657** (0.0275)
lnpgdp	0.5283*** (0.0596)	0.5945*** (0.0892)	0.2911*** (0.0488)
ρ	0.4687*** (0.1219)	0.2250*** (0.0765)	0.0209*** (0.0069)
sigma2_ e	0.1022*** (0.0094)	0.2289*** (0.0202)	0.0580*** (0.0048)
R - squared	0.6862	0.6004	0.8407

注：括号里面是标准误，*、** 和 *** 分别代表在10%、5%和1%的置信水平上显著。

数据来源：全国及各省、自治区、直辖市历年《统计年鉴》，历年《中国环境统计年鉴》《中国信息化与工业化融合发展水平评估》，以及作者调查数据。

（三）不同空间权重矩阵的稳健性检验

不同的空间权重矩阵会对模型的估计结果产生重要影响。本部分参照袁华锡等（2019）利用邻接矩阵和地理距离空间权重矩阵对表4-5模型1的估计结果进行稳健性检验。表4-5的模型2和模型3分别对应邻接矩阵和地理距离空间权重矩阵。两个模型的结果表明，工业大数据、环境规制、外商直接投资和经济发展水平的估计结果与模型1的相关结果基本一致。这在一定程度上证明了模型1相关结果的稳健性。

（四）区域异质性分析

空间异质性被认为是地理学第二定律。从经济发展现实来看，各地区在经济发展水平、工业大数据基础设施及应用情况、制造业发展等方面存在差异，这些都有可能导致工业大数据对制造业绿色发展影响存在区域差异。过往学者在解决区域影响差异的时候常以东部、中部、西部为单元，得出的实则是某一经济单元内各省份影响系数的平均值。地理加权回归（GWR）模型是空间变异系数模型，即将地理空间位置加入回归模型，而特定区位的回归系数是利用邻近观测值的子样本数据信息进行局部回归估计得到、并随着空间上局部地理位置变化而变化的参数，这在一定程度上能比较好地反映出样本数据的空间差异（邱立新和徐海涛，2018）。考虑到GWR模型只能处理横截面数据，同时也为了反映较长时期工业大数据与制造业绿色发展的变化情况，排除可能的短期影响，此处参照李婉红（2015）对每个变量采用2011—2018年数据平均值进行分析。利用的软件为GWR4，并采用了较为常用的二次核函数空间权重矩阵。地理加权回归模型如下：

$$y_i = \beta_0(u_i, v_i) + \sum_j \beta_j(u_i, v_i)x_{ij} + \varepsilon_i \quad (10)$$

其中，(u_i, v_i)是地区i的地理坐标（经纬度），$\beta_j(u_i, v_i)$是第i个地区的第j个参数。x_{ij}是解释变量，具体包括工业大数据（*lnibd*）、环境规制（*env*）、外商直接投资（*fdi*）和经济发展水平（*lnpgdp*）。y_i是被解释变量，即制造业绿色发展（*lngd*）。表4-8是各地区GWR回归结果。

表 4-8 各地区 GWR 回归结果

地区		*lnibd*	*env*	*fdi*	*lnpgdp*
东部	北京	1.5722*** (0.5068)	0.3038*** (0.0744)	0.0319** (0.0160)	0.6097*** (0.1860)
	天津	1.5439*** (0.5040)	0.3071*** (0.0743)	0.0287** (0.0146)	0.6200*** (0.1858)
	河北	1.6388*** (0.5003)	0.2998*** (0.0740)	0.0407** (0.0207)	0.5729*** (0.1856)
	辽宁	1.4021*** (0.5208)	0.3164*** (0.0761)	0.0118** (0.0060)	0.6921*** (0.1891)
	上海	1.4574*** (0.4888)	0.3224*** (0.0740)	0.0196* (0.0112)	0.6383*** (0.1858)
	江苏	1.5075*** (0.4869)	0.3178*** (0.0738)	0.0255* (0.0144)	0.6160*** (0.1854)
	浙江	1.4774*** (0.4872)	0.3217*** (0.0740)	0.0220* (0.0128)	0.6270*** (0.1858)
	福建	1.4918*** (0.4886)	0.3234*** (0.0744)	0.0240* (0.0138)	0.6145*** (0.1870)
	山东	1.5451*** (0.4935)	0.3103*** (0.0738)	0.0295* (0.0156)	0.6097*** (0.1852)
	广东	1.5790*** (0.5053)	0.3168*** (0.0760)	0.0366** (0.0145)	0.5703*** (0.1922)
	海南	1.5852*** (0.5319)	0.3148*** (0.0780)	0.0410 (0.0293)	0.5664*** (0.1991)
中部	山西	1.7214*** (0.5031)	0.2924*** (0.0744)	0.0520** (0.0265)	0.5328*** (0.1867)
	吉林	1.3647** (0.5328)	0.3173*** (0.0773)	0.0070** (0.0035)	0.7162*** (0.1912)
	黑龙江	1.3405** (0.5440)	0.3171*** (0.0785)	0.0038** (0.0019)	0.7343*** (0.1932)
	安徽	1.5340*** (0.4858)	0.3160*** (0.0738)	0.0288* (0.0164)	0.6024*** (0.1856)
	江西	1.5607*** (0.4876)	0.3161*** (0.0743)	0.0327* (0.0196)	0.5845*** (0.1871)

续表

地区		lnibd	env	fdi	lnpgdp
中部	河南	1.6496*** (0.4895)	0.3028*** (0.0739)	0.0433* (0.0235)	0.5550*** (0.1860)
	湖北	1.6006*** (0.4869)	0.3110*** (0.0741)	0.0377* (0.0220)	0.5686*** (0.1869)
	湖南	1.6230*** (0.4933)	0.3100*** (0.0749)	0.0417** (0.0158)	0.5544*** (0.1893)
西部	内蒙古	1.8114*** (0.5314)	0.2793*** (0.0760)	0.0632** (0.0305)	0.5069*** (0.1899)
	广西	1.6079*** (0.5362)	0.3077*** (0.0782)	0.0480 (0.0342)	0.5566*** (0.2007)
	重庆	1.7386*** (0.5115)	0.2882*** (0.0769)	0.0656 (0.0413)	0.4973*** (0.1916)
	四川	1.8161*** (0.4854)	0.2794*** (0.0765)	0.0711 (0.0473)	0.4576*** (0.1636)
	贵州	1.6872*** (0.5166)	0.2957*** (0.0772)	0.0576 (0.0389)	0.5211*** (0.1919)
	云南	1.7769*** (0.4828)	0.2873*** (0.0765)	0.0610 (0.0466)	0.4760*** (0.1563)
	陕西	1.8213*** (0.5137)	0.2809*** (0.0765)	0.0737* (0.0404)	0.4676** (0.1934)
	甘肃	1.9343*** (0.5019)	0.2602*** (0.0779)	0.0929* (0.0557)	0.3943** (0.1533)
	青海	1.9542*** (0.4940)	0.2574*** (0.0778)	0.0940 (0.0591)	0.3784*** (0.1424)
	宁夏	1.9804*** (0.5763)	0.2513*** (0.0809)	0.1093* (0.0575)	0.3794* (0.1946)
	新疆	1.9809*** (0.5449)	0.2413*** (0.0805)	0.1069 (0.0692)	0.3296** (0.1587)

注：括号里面是标准误，*、** 和 *** 分别代表在 10%、5%和 1%的置信水平上显著。

数据来源：全国及各省、自治区、直辖市历年《统计年鉴》，历年《中国环境统计年鉴》《中国信息化与工业化融合发展水平评估》，以及作者调查数据。

表 4-8 回归结果表明，工业大数据对各个省（市自治区）制造

业绿色发展的影响系数存在明显差别。新疆、宁夏、青海、甘肃等西部省（市自治区）影响系数最高，黑龙江、吉林和辽宁等省（市自治区）影响系数相对较低。总体来看，工业大数据的影响系数呈现从西北向东南递减趋势。东中西部地区影响系数的均值分别为1.5273、1.5493、1.8281，表现为“西部>中部>东部”的基本格局，这与邱子迅和周亚虹（2021）的结论类似，即大数据的发展对欠发达地区和创新不足地区的促进作用更为显著。其可能的原因在于，中西部地区经济水平和制造业发展等虽弱于东部地区，但是，近年来随着区域协调发展战略的确立，以及国家支持中西部发展的一揽子政策有序落地，中西部地区获得了更好的发展机遇，以大数据为代表的数字经济的发展对制造业整体绿色转型和高质量发展的边际贡献更为明显。东部地区基于相对成熟和完善的产业体系和科技创新能力，大数据对制造业绿色发展的促进作用则相对稳定。

控制变量中，环境规制和经济发展水平的系数在所有省（市自治区）均显著为正。东中西部地区的环境规制影响系数平均值分别是0.3140、0.3103、0.2753；东中西部地区的经济发展水平影响系数平均值分别是0.6124、0.6060、0.4514，两者对制造业绿色发展的影响力具有“东部>中部>西部”的特点。外商直接投资的影响系数全部为正，进一步验证了“污染光环”的存在。其中，东中部地区大多省（市自治区）的影响系数显著为正，西部地区平均影响系数最大为0.0767，西部部分省（市自治区）的影响系数虽为正，但并未通过显著性检验。其可能的原因在于，西部地区虽有资源优势，但在生产技术和产业结构等方面相对东部和中部地区较弱，承接的产业多具有劳动密集型和能源密集型特点，即使外商直接投资具有正向的技术溢出效应，但其总体效果将被弱化。

六、结论与建议

（一）主要结论

第一，本章从基础环境、技术支撑和工业应用三个维度建立工业大数据的综合评价指标体系，从能源和环境两个方面对制造业绿色发展水平进行评价。结果表明，2011—2018 年我国工业大数据和制造业绿色发展具有明显的时间趋势和地区差异。两者均随着时间推移呈增长态势，东部地区成为增长的重要引擎，中西部地区逐渐向东部靠拢。空间相关性检验表明，工业大数据和制造业的绿色发展均具有正向空间溢出效应，地区间具有空间依赖性和集聚性。

第二，基于双固定空间杜宾模型的实证结果显示，工业大数据对制造业绿色发展的直接效应和间接效应均显著为正，表明工业大数据不仅能促进本地区制造业绿色发展，对邻近地区的制造业发展也具有正向溢出效应。在工业大数据构成的不同维度中，工业应用对制造业绿色发展影响的总效应最大，技术支撑次之，基础环境最小。机制性检验进一步表明，产业结构是推动制造业绿色发展的传导机制，即工业大数据可以通过优化产业结构，从生产源头上改善能源消费，减少环境污染，推动制造业绿色发展。

第三，空间异质性结果表明，工业大数据对制造业绿色发展的影响具有明显的区域差异。总体来看，工业大数据的影响系数呈现从西北向东南递减趋势，表现为“西部>中部>东部”的影响格局，即工业大数据对欠发达地区和创新不足地区的促进作用更为显著。这在一定程度上表明，相对落后地区可以通过落实国家大数据发展战略，共享“数据红利”以实现跨越式发展。

第四，环境规制和外商直接投资的结果分别验证了“波特假说”和“污染光环”，即环境规制和外商直接投资有利于制造业绿色发展，空间异质性结果进一步细化了两者影响力的区域差异。经济发展水平的直接效应和总效应均显著为正；间接效应为负，但并不显著。同时，结合空间异质性结果，总体表明经济发展水平为制造业的创新和发展提供了整体良好环境，有利于推动制造业绿色发展。

（二）对策建议

第一，要在国家发展战略的顶层设计下，进一步推进大数据与工业的融合。①要强化工业大数据基础能力，围绕工业物联网继续加强网络基础设施建设，尤其是加大对中小企业信息化服务平台和服务体系的建设。构建工业云和大数据等智能服务平台，完善工业物联网系统。②以工业大数据全生命周期为主线，强化大数据采集、存储管理、智能分析等关键技术发展，建设和完善工业大数据技术支撑体系。同时，也要进一步推动 ICT 的应用以及相关产业的创新发展，进而为工业大数据等相关技术的创新和应用奠定坚实基础。③围绕工业大数据典型应用场景，搭建相关场景应用平台，提升生产设备数控化率和工业软件应用水平，以“一硬”“一软”相结合的方式推进工业大数据与生产、制造等环节的深度融合。充分发挥数据的“金矿”作用，赋能制造业智能化、绿色化转型和发展。

第二，以产业数字化和数字产业化为主线，优化制造业产业结构和生产体系，从源头上控制生态环境恶化趋势。①要尽快完善数据要素的产权、定价和交易机制，推进数据要素的产业化和市场化，创新生产模式和打造制造业新业态。②积极推进工业大数据与制造业的深度融合及应用。通过提供工业大数据相关技术、数据产品和服务，帮助传统制造业进行全产业链、全方位的智能化改造与转型，赋能传统制造业效率提升和绿色转型。

第三，各地区要因地制宜选择适合自身的工业大数据发展道路，同时，地区之间也要加强经济互动，探索稳定、有效的合作机制。尤其是中西部地区要积极改进自身招商环境，完善人才引进政策和其他配套措施，通过区域间经济合作、示范、模仿、竞争等机制获得东部地区工业大数据发展的正向溢出效应，共享“数据红利”，以实现跨越式发展。各地区也要进一步贯彻落实环境规制政策，积极引进外资，提高经济发展水平，制定合理、科学、可持续的地区经济发展规划和制造业高质量发展战略。

参考文献

[1] 常理. 坚定不移建设制造强国 [N]. 经济日报，2021-04-19（001）.

[2] 杨丹辉，戴魁早，赵西三，余典范，黄寰. 推动中国全产业链优化升级 [J]. 区域经济评论，2021（2）：5-16.

[3] 鲁雁. 基于生态理论的产业集群演化及其生态特征 [J]. 求索，2011（2）：21-23.

[4] 世界银行和国务院发展研究中心联合课题组 . 2030 年的中国：建设现代、和谐、有创造力的社会 [R]. 北京：中国财政经济出版社，2012.

[5] 胡鞍钢，周绍杰. 绿色发展：功能界定、机制分析与发展战略 [J]. 中国人口·资源与环境，2014（1）：14-20.

[6] 许宪春，任雪，常子豪. 大数据与绿色发展 [J]. 中国工业经济，2019（4）：5-22.

[7] 史丹. 中国工业绿色发展的理论与实践——兼论十九大深化绿

色发展的政策选择［J］. 当代财经，2018（1）：3-11.
［8］张礼立. 工业大数据如何驱动制造业转型和智能［EB/OL］. 中国大数据产业观察数据观，［2015-11-23］. http://www.cbdio.com/ BigData/2015-11/23/content_ 4195739.htm.
［9］孙文杰，严文沁. 我国通信基础设施对城乡收入差距的影响研究——基于空间溢出的视角［J］. 中国经济问题，2021（6）：33-46.
［10］邱子迅，周亚虹. 数字经济发展与地区全要素生产率——基于国家级大数据综合试验区的分析［J］. 财经研究，2021，47（7）：4-17.
［11］刘意，谢康，邓弘林. 数据驱动的产品研发转型：组织惯例适应性变革视角的案例研究［J］. 管理世界，2020，36（3）：164-183.
［12］吕明元，苗效东. 大数据能促进中国制造业结构优化吗?［J］. 云南财经大学学报，2020，36（3）：31-42.
［13］徐翔，厉克奥博，田晓轩. 数据生产要素研究进展［J］. 经济学动态，2021（4）：142-158.
［14］梅宏. 大数据与数字经济［EB/OL］. http://www.qstheory.cn/dukan/qs/2022-01/16/c_ 1128261786.htm.
［15］谢康，吴瑶，肖静华. 数据驱动的组织结构适应性创新——数字经济的创新逻辑（三）［J］. 北京交通大学学报（社会科学版），2020，19（3）：6-17.
［16］史丹. 绿色发展与全球工业化的新阶段：中国的进展与比较［J］. 中国工业经济，2018（10）：5-18.
［17］原毅军，谢荣辉. 环境规制的产业结构调整效应研究——基于中国省际面板数据的实证检验［J］. 中国工业经济，2014

(8): 57-69.
[18] 任保平，豆渊博."十四五"时期新经济推进我国产业结构升级的路径与政策［J］. 经济与管理评论，2021，37（1）：10-22.
[19] 王谦，付晓东. 数据要素赋能经济增长机制探究［J］. 上海经济研究，2021（4）：55-66.
[20] 涂永前，徐晋，郭岚. 大数据经济、数据成本与企业边界［J］. 中国社会科学院研究生院学报，2015（5）：40-46.
[21] 陈诗一. 能源消耗、二氧化碳排放与中国工业的可持续发展［J］. 经济研究，2009，44（4）：41-55.
[22] 田杰棠. 数据要素的独特特征与市场培育［EB/OL］. 腾讯研究院.［2020-12-10］. https://www.sohu.com/ a/437266194_ 455313.
[23] 朱扬勇，熊赟. 大数据是数据、技术，还是应用［J］. 大数据，2015，1（1）：78-88.
[24] 郭美晨，杜传忠. ICT 提升中国经济增长质量的机理与效应分析［J］. 统计研究，2019，36（3）：3-16.
[25] 童健，刘伟，薛景. 环境规制、要素投入结构与工业行业转型升级［J］. 经济研究，2016，51（7）：43-57.
[26] 原毅军，陈喆. 环境规制、绿色技术创新与中国制造业转型升级［J］. 科学学研究，2019，37（10）：1902-1911.
[27] 李晓阳，代柳阳，牟士群，鄢晓凤. 生产性服务业集聚与制造业绿色转型升级——信息通信技术的调节作用［J］. 西南大学学报（社会科学版），2022，48（1）：83-96.
[28] 傅元海，叶祥松，王展祥. 制造业结构优化的技术进步路径选择——基于动态面板的经验分析［J］. 中国工业经济，2014（9）：78-90.

[29] 袁华锡，刘耀彬，胡森林，封亦代. 产业集聚加剧了环境污染吗？——基于外商直接投资视角 [J]. 长江流域资源与环境，2019，28 (4)：794-804.

[30] 刘军，杨渊鋆，张三峰. 中国数字经济测度与驱动因素研究 [J]. 上海经济研究，2020 (6)：81-96.

[31] 王小鲁，樊纲，余静文. 中国分省份市场化指数报告 (2016) [M]. 北京：社会科学文献出版社，2016.

[32] J. 保罗·埃尔霍斯特. 空间计量经济学：从横截面数据到空间面板 [M]. 北京：中国人民大学出版社，2015.

[33] 程开明，章雅婷. 中国城市创新空间溢出效应测度及分解 [J]. 科研管理，2018，39 (12)：86-94.

[34] 陆铭，冯皓. 集聚与减排：城市规模差距影响工业污染强度的经验研究 [J]. 世界经济，2014，37 (7)：86-114.

[35] Abdul-Nasser, El-Kassar, Sanjay, et al. Green innovation and organizational performance: the influence of big data and the moderating role of management commitment and HR practices-science direct [J]. Technological Forecasting and Social Change, 2019, 144: 483-498.

[36] Etzion D, Aragon-Correa J A. Big data, management, and sustainability: strategic opportunities ahead [J]. Organization & Environment, 2016, 29 (2): 3-10.

[37] Calza F, Parmentola A, Tutore I. Big data and natural environment. How does different data support different green strategies? [J]. Sustainable Futures, 2020: 100029.

[38] Wang S, Liang Y C, Li W D, et al. Big data enabled intelligent immune system for energy efficient manufacturing management

[J]. Journal of Cleaner Production, 2018, 195 (9): 507-520.

[39] Zhang Y, Wang J, Xue Y, et al. Impact of environmental regulations on green technological innovative behavior: an empirical study in China [J]. Journal of Cleaner Production, 2018, 188 (1): 763-773.

[40] Anselin L. Spatial econometrics: methods and models [M]. Berlin: Springer Netherlands, 1988.

[41] Lesage J, Pace R. Introduction to spatial economics [M]. New York: CRC Press, 2009.

第五章　我国制造业绿色转型研究
——基于绿色全要素生产率

改革开放以来，中国制造业取得了快速发展。2010 年，我国制造业总产值在世界制造业总产值的占比就达到了 19.8%，超过美国的 19.4%成为世界第一制造业大国，我国的经济水平也在工业的快速发展下得以提高。伴随着经济的增长，由此带来的资源环境问题逐渐凸显。从国家统计局发布的数据中可以看出，我国 GDP 在能源的过度消耗之中走向减速增长。我国经济快速发展的背后是依托一段时期内高污染、高投入、高能耗、低效率的发展模式而达成的。目前，在我国经济和资源环境的约束下，传统的发展方式难以适应如今的经济发展态势，对工业绿色转型的研究逐渐展开，但单独就制造业这一类行业的研究相对较少。基于制造业在我国经济中的重要地位，我国制造业绿色转型程度如何，我国制造业绿色转型的影响因素有哪些成为本章的出发点。

一、我国制造业绿色转型的绿色全要素生产率研究回顾

在如今资源和环境的双重制约下，中国制造业迫切需要转型，陈诗一（2010）指出转型的关键点在于提高制造业的绿色全要素生

产率。但绿色全要素生产率不能通过直接观察得到，需要以精确的数据搜集为基础，选用科学的度量指标和计算模型进行准确的测算。通过上述测算结果对制造业的发展态势进行客观有力的评价，从而采取有效的政策手段促进制造业的绿色转型，因此制造业绿色全要素生产率的测算成为本章研究的重点。

（一）全要素生产率的相关研究

绿色全要素生产率的发展首先从生产率开始，生产率通常表示劳动生产率。其本质是单要素生产率或局部生产率，即用产出量与单一生产要素的投入量的比值来表示，但这一数值并不能对生产效率进行全面反映。丁伯根首次提出全要素生产率，计算时投入指标只包含劳动与资本这种有形投入，而没有涉及研究和发展，以及教育和培训这种无形投入。传统的全要素生产率主要借助柯布-道格拉斯生产函数，把资本和劳动作为投入指标、工业增加值或主营业务收入作为产出指标对我国的工业经济发展进行研究。在《劳动率核算》一书中对全要素生产率的概念给出了权威解释，表示全要素生产率为多种生产资料每单位投入时总产出的生产率。但是，经济的增长并非只源于投入要素的种类和数量，技术进步的增长也会带来一定的影响。新古典经济索罗学派对全要素生产率的界定成为我们目前衡量经济运行效率的一个重要指标参考，其认为效率是在劳动和资本等生产要素投入增加之外的技术进步率。涂正革和肖耿（2005）运用中国大中型工业企业 1995—2002 年数据，基于随机前沿生产函数模型，系统地研究了 37 个两位数工业行业的技术效率与全要素生产率的变化特征。楚尔鸣和马永军（2014）采用随机前沿分析模型，搜集 2000—2011 年的省级面板数据，从全要素生产率增长率的角度对我国地区的经济增长质量的动态变化及收敛性进行了实证分析。

（二）绿色全要素生产率研究回顾

根据我国经济发展的特点，学者意识到资源和环境对经济带来了影响。但实际上，对绿色全要素生产率的测算却忽略了资源和环境因素，所以需要重新考虑生产模型。最初，对绿色全要素生产率的计算都是以柯布-道格拉斯生产函数为模型进行测算，把能源消耗和污染排放如同劳动和资本指标一样作为投入指标。但这种做法与我们的经济事实相违背，因为污染物的排放是在我们的生产过程中产生的，它们具有产出的性质，将其作为投入指标是不合理的。学术界经过不断创新和改进绿色全要素生产率的函数技术模型，最终，确立了基于方向性距离函数的环境规制行为分析。该模型的主要特点就是把污染排放作为一种产出，并将其产出定义为一种非期望产出。后续关于绿色全要素生产率的计算都是在该模型的基础之上进行，这也是首次真实地计算出绿色全要素生产率值。

目前，学者对于绿色全要素生产率的测算，多数是将能源作为投入，环境作为非期望产出来进行测算，减少了以往测算全要素生产率的误差。从现有的文献中可知多数测算以工业行业为研究的重点。丁春杰（2019）对我国 27 个制造业行业 2002—2016 年的各项指标进行研究，将二氧化碳排放量和环境污染综合指数作为非期望产出，采用全域 SBM-GML 指数模型进行实证分析，得出技术进步的促进作用大于技术效率的抑制作用是制造业绿色全要素生产率增长的原因。黄庆华等（2018）将化学需氧量（COD）、氨氮、二氧化硫（SO_2）和烟（粉）尘排放量作为非期望产出，对 36 个工业行业进行分析，得出该期间中国工业绿色全要素生产率处于波动状态，总体上没有表现出上升或者下降的趋势，但在 2008 年其波动幅度有明显的阶段性特征。本章是基于制造业在工业行业及国家经济中的地位，对我国制造业行业的绿色全要素生产率进行研究分析。在投入指标的选取过程中，考虑到资源的影响，除资本和劳动投入以外，还把各行业的能源消耗量作为投入指标，把二氧化碳排放量和工业“三废”作为非期望产出。

（三）绿色全要素生产率的影响因素

在完成绿色全要素生产率测算后，有必要对影响因素进行研究，并对我国制造业的绿色转型提出合理的政策建议。范洪敏（2018）对268个地级城市的制造业进行研究，得出环境规制在促进绿色全要素生产率提升的同时会有一定的滞后性和时效性，目前采用的市场激励性环境规制对于绿色全要素生产率的促进作用并不显著。周五七和武戈（2014）选用1998—2010年30个省份的工业数据，认为经济发展水平促进绿色全要素生产率增长。地方分权和国有企业对于技术进步和绿色全要素生产率表现显著的抑制作用，外商投资对于工业绿色全要素生产率的促进作用不显著。陈黎明等（2020）认为资本深化对技术进步促进作用显著，能源消费结构对技术进步和技术效率显著为负。环境规制、研发投入和外商投资都表现为对技术和效率的促进作用，研发投入对技术进步和效率的促进作用不显著。万伦来和朱琴（2013）提出自主研发促进企业技术效率进而推动绿色全要素生产率增长，却对技术进步呈现一定的抑制作用，国外技术的引进对于技术进步有促进作用，对于技术效率有抑制作用。环境治理强度和资本密集度对于工业绿色全要素生产率增加有促进作用。张峰和宋晓娜（2019）认为环境规制能够引发技术创新、产业集聚和外商投资对高端制造业绿色全要素生产率的促进作用。刘淑茹，贾箫扬和党继强（2020）指出企业规模扩大、资本深化和技术进步促进绿色全要素生产率的增长，环境规制政策阻碍绿色全要素生产率的增长。在进行上述的分析后，本章从创新因素、对外开放、自身禀赋、污染排放强度、环境规制和行业规模这6个方面探究它们对制造业绿色全要素生产率的影响。

二、制造业绿色全要素生产率的测算

（一）数据来源和指标选取

杨汝岱（2015）指出工业全要素生产率的提高是我国经济得以增长的首要因素，在考虑环境因素的情况下，制造业的绿色转型就是在环境污染最小化的前提下，实现制造业全要素生产率的提高。因此，借鉴Fukuyama和Weber（2009）采用规模报酬可变的，非径向、非角度的，考虑松弛变量的SBM函数和GML指数，进行制造业绿色全要素生产率的测算。具体指标的选择如下。

1. 资本存量①

资本存量不是一个确切给定的数字，统计年鉴中没有这一经济指标，因此需要进行估算。部分学者采用本年固定资产净值与上一年固定资本净值进行平均或者直接以固定资产原值和净值作为本年的资本存量，这会忽略价格指数所带来的影响，从而带来一定的误差。本章借鉴陈诗一（2009）的资本存量的估算方法即永续盘存法，并将其中的指标作为本章资本投入要素的指标。

2. 劳动

对劳动这一投入指标，我们按照多数研究者的做法，用制造业行业年末平均职工人数来表示。但在数据搜集时，2012年的制造业行业的年末平均职工人数是缺失的，本章采用2011年和2013年的年末平均职工人数的平均值来进行缺失值的处理。

① 资本存量的具体数值见附表5-1。

3. 能源

对于能源投入本章以制造业行业能源消耗总量表示，数据可以从国家统计年鉴获取，由于2020年能源消费总量没有准确数值，对于该年数值的缺失，本章采用相邻两年能源消耗量的均值表示。

4. 主营业务收入

现有研究对于期望产出大多以工业总产值和主营业务收入来表示。在数据搜集时工业总产值的数据不完整，为减少误差，本章采用制造业行业的主营业务收入作为期望产出。由于价格因素的存在，本章以2005年的价格指数作为基期，将得到消除通货膨胀因素影响的主营业务收入作为最终数据。

5. 非期望产出

非期望产出是生产过程中对环境的影响，本章以二氧化碳排放量①和工业“三废”的排放量作为指标。对于二氧化碳的排放量，我们难以直接获取，因此，本章使用多数学者的测算方法即IPCC法②，得到制造业各行业二氧化碳排放量数据。制造业各行业“三废”的数据可以从中国环境保护与经济社会发展统计数据库中直接获取。

在完成指标选取后，数据的真实性和可靠性对最终的结果有决定性作用。本章选取的时间跨度为2005—2020年，考虑数据的完整性，最终以主营业务收入作为本章的经济增长指标。在该时间段内，我国制造业规模以上的口径发生调整。2005—2007年规模以上工业指全部国有企业和年主营业务收入500万元及以上的非国有企业；2007—2010年调整为主营业务收入在500万元以上的工业企业；2011年至今该范围调整为主营业务收入在2000万元以上的工

① 二氧化碳排放量的具体数值见附表5-2。

② IPCC法，由联合国机构政府间气候变化专门委员会（IPCC）提供的一种碳排放计算方法。

业企业。由于统计口径的变化，本章借鉴陈诗一（2011）数据处理的方法，通过调整比例得到整个制造业数据。考虑通货膨胀的存在，本章以2005年为基期对主营业务收入平减得到真实数据。

制造业行业的选择与梳理。2011年之前橡胶行业和塑料行业作为不同的行业进行数据统计，2012年以后橡胶行业和塑料行业合为一个整体，本章把2011年之前的橡胶行业和塑料行业的数据进行加总合为一个整体，从而与2012年后的行业保持一致；2005—2011年内只有交通运输制造业，但从2012年开始有更为细致的划分，该制造业行业被划分为汽车制造业，以及铁路、船舶、航空航天和其他运输制造业两部分，本章对2012年后的两个行业的数据进行加总合为一个行业；2005—2011年期间工艺品和其他制造业属于一个行业，而在2012—2020年该行业中减少了工艺品，只有其他制造业这一项，为保证数据的真实性，本章在行业选取时删除其他制造业；2011年之前有废旧资源和废旧材料加工回收行业，2012年以后只有废旧资源综合利用业。为保证数据在该时间段的统一，最终删除该行业。在完成上述行业梳理后，对2005—2020年27个制造业行业进行绿色转型研究。数据全部源于2006—2021年《中国统计年鉴》《中国科技统计年鉴》《中国能源统计年鉴》，以及中国经济普查、中国环境保护与经济社会发展统计数据库、中国工业经济与经济社会发展统计数据库。

（二）绿色全要素生产率测算及分析

根据Färe等（2007）将第k个制造业看作一个决策单元，每一个时期都构成该时期的生产前沿。假设第k个制造业在t期有N种投入$x=(x_1, x_2, \cdots, x_N) \in R_N^+$，可以生成$M$种期望产出$y=(y_1, y_2, \cdots, y_M) \in R_M^+$和I种非期望产出$b=(b_1, b_2, \cdots, b_I) \in R_I^+$，

则其投入产出可以表示为（x_{kt}，y_{kt}，b_{kt}）。在副产品公理和产出的弱可处理公理的假设下，能源和环境约束下的生产可能集为：

$$\overline{S_{vt}}(x_{k't}, y_{k't}, b_{k't}; g_x, g_y, g_b) = \max_{S_x, S_y, S_b} \frac{\frac{1}{N}\sum_{n=1}^{N}\frac{S_{nx}}{g_{nx}} + \frac{1}{M+1}\left(\sum_{m=1}^{M}\frac{S_{my}}{g_{my}} + \sum_{i=1}^{I}\frac{S_{ib}}{g_{ib}}\right)}{2} \quad (1)$$

$$s.t.\begin{cases}\sum_{k=1}^{K} w_{kt}x_{knt} + S_{nx} = x_{k'nt},\ \forall n;\ \sum_{k=1}^{K} w_{kt}y_{kmt} - S_{my} = y_{k'mt},\ \forall m \\ \sum_{k=1}^{K} w_{kt}b_{kit} + S_{ib} = b_{k'it},\ \forall i;\ \sum_{k=1}^{K} w_{kt} = 1,\ w_{kt} \geqslant 0,\ \forall k \\ S_{nx} > 0,\ \forall n;\ S_{my} \geqslant 0,\ \forall m;\ S_{ib} \geqslant 0,\ \forall i\end{cases} \quad (2)$$

根据上述构造的方向性距离函数，同理可以构造全域的 SBM 方向性距离函数：

$$\overline{S_{vG}}(x_{k't}, y_{k't}, b_{k't}; g_x, g_y, g_b) = \max_{S_x, S_y, S_b} \frac{\frac{1}{N}\sum_{n=1}^{N}\frac{S_{nx}}{g_{nx}} + \frac{1}{M+1}\left(\sum_{m=1}^{M}\frac{S_{my}}{g_{my}} + \sum_{i=1}^{I}\frac{S_{ib}}{g_{ib}}\right)}{2} \quad (3)$$

$$s.t.\begin{cases}\sum_{t=1}^{T}\sum_{k=1}^{K} w_{kt}x_{knt} + S_{nx} = x_{k'nt}, \forall n; \sum_{t=1}^{T}\sum_{k=1}^{K} w_{kt}y_{kmt} - S_{my} = y_{k'mt}, \forall m \\ \sum_{t=1}^{T}\sum_{k=1}^{K} w_{kt}b_{kit} + S_{ib} = b_{k'it}, \forall i; \sum_{t=1}^{T}\sum_{k=1}^{K} w_{kt} = 1, w_{kt} \geqslant 0, \forall k \\ S_{nx} > 0,\ \forall n;\ S_{my} \geqslant 0,\ \forall m;\ S_{ib} \geqslant 0,\ \forall i\end{cases} \quad (4)$$

基于产出的角度，构造 t 期和 $t+1$ 期的 GML 指数：

$$GML_t^{t+1} = \frac{1 + \overline{S_{vG}}(x_t, y_t, b_t; g_x, g_y, g_b)}{1 + \overline{S_{vG}}(x_{t+1}, y_{t+1}, b_{t+1}; g_x, g_y, g_b)} \quad (5)$$

$$GML_t^{t+1} = \frac{1 + \overline{S_{vt}}(x_t, y_t, b_t; g_x, g_y, g_b)}{1 + \overline{S_{v,t+1}}(x_{t+1}, y_{t+1}, b_{t+1}; g_x, g_y, g_b)} \times \frac{1 + \overline{S_{vG}}(x_t, y_t, b_t; g_x, g_y, g_b)}{1 + \overline{S_{v,t}}(x_t, y_t, b_t; g_x, g_y, g_b)} \div \frac{1 + \overline{S_{vG}}(x_{t+1}, y_{t+1}, b_{t+1}; g_x, g_y, g_b)}{1 + \overline{S_{v,t+1}}(x_{t+1}, y_{t+1}, b_{t+1}; g_x, g_y, g_b)} = EC_t^{t+1} \times TC_t^{t+1} \tag{6}$$

根据上述数理模型，得出制造业行业的绿色全要素生产率变化率，当 $GML > 1$ 时表示制造业绿色全要素生产率表现为增长；同理当 $GML < 1$ 时，则说明制造业绿色全要素生产率表现为下降；当 $GML = 1$ 时，说明制造业绿色全要素生产率保持不变。技术效率指数（EC），当 $EC > 1$ 时表示制造业提升了技术效率并且促进制造业绿色全要素生产率，相反，当 $EC < 1$ 时说明技术效率下降并且阻碍制造业绿色全要素生产率。技术变化指数（TC），当 $TC > 1$ 时表示制造业技术进步且促进制造业绿色全要素生产率，反之则是退步且阻碍制造业绿色全要素生产率。

由于 GML 数值表示制造业绿色全要素生产率的增长率，为得到制造业绿色全要素生产率的具体数值，借鉴陈超凡（2016）的方法，以 2005 年为基期并假设其绿色全要素生产率为 1，2006 年绿色全要素生产率数值等于 2005 年绿色全要素生产率与 2006 年的 GML 数值的乘积，依次求得 2005—2020 年的制造业绿色全要素生产率的具体数值。

依据图 5-1 可知，多数制造业行业逐渐实现绿色转型，并且转型程度在逐渐加强，说明我国对环境的监管促进了制造业的绿色转型。2005—2006 年制造业绿色全要素生产率的提高源于技术进步和规模效率，其中技术进步是促进绿色转型的主要驱动力。2006—

2016年制造业绿色全要素生产率数值在1上下来回波动，该期间技术进步和规模效率呈现此起彼伏的变动趋势。2008年经济危机，我国经济受到重创，为恢复我国经济，制造业加大生产规模，从而在一定程度上加重了环境压力，促使2006—2009年我国制造业绿色全要素生产率逐渐降低。2010—2011年，制造业绿色全要素生产率持续上升，但制造业行业的技术进步和技术效率呈现出相反的状态，原因可以归为“十二五”提出加大环境管控的力度，制造业行业的生产成本增加，使制造业行业处于规模报酬递减状态，这在一定程度上也会刺激一些制造业行业通过改进自身的技术进而减少由于环境监管所带来的成本增加，这同样也是在此期间技术效率降低和技术进步增加的原因。但当规模报酬一直递减时，企业也会通过扩大规模、提高生产来抵消由于环境监管所带来的成本压力。此时，企业就会呈现技术效率增加、技术进步下降的状态。2012—2015年期间，制造业总体的绿色全要素生产率处于稳定状态，在此期间国家加大对制造业环境问题的监管，一些高污染的行业面临着被淘汰的局面，此时制造业会尽可能地从技术水平方面来提高自身的绿色全要素

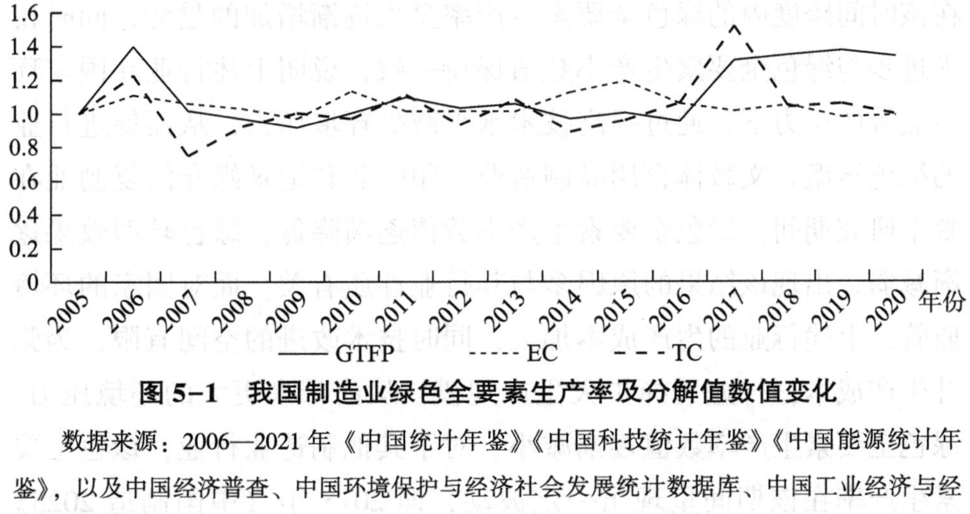

图 5-1　我国制造业绿色全要素生产率及分解值数值变化

数据来源：2006—2021年《中国统计年鉴》《中国科技统计年鉴》《中国能源统计年鉴》，以及中国经济普查、中国环境保护与经济社会发展统计数据库、中国工业经济与经济社会发展统计数据库。

生产率。2016—2020年制造业总体的绿色全要素生产率有上升趋势，原因源于2015年我国制定的《中国制造2025》行动纲领以创新作为制造业的核心，这在一定程度上引领了制造业行业的技术进步，从而带动绿色全要素生产率的增加。

从行业角度，依据表5-1数值对2005—2020年制造业细分行业的绿色全要素生产率求均值，得出除木材加工及木、竹、藤、棕、草制品业，家具制造业，印刷业和记录媒介的复制业，文教体育用品制造业，化学原料及化学制品业，医药制造业，化学纤维制造业，交通运输设备制造业，通信设备、计算机及其他电子设备制造业未实现绿色转型，其他细分行业均实现绿色转型，并且随着国家环境监管的加强，绿色转型强度也在不断加强。上述未实现绿色转型的行业分解值中技术进步大于规模效率，因此，今后为实现上述行业的绿色转型，应在促进技术进步的前提下相应地提高企业的规模效率。接着对行业在2005—2020年期间的绿色全要素生产率变动情况进行分析，皮革、毛皮、羽毛（绒）及其制品业，非金属矿物制品业，黑色金属冶炼及压延加工业，通用设备制造业，纺织业在该时间跨度内的绿色全要素生产率呈现逐渐增加的趋势，同时技术进步与绿色全要素生产率数值保持一致，说明上述行业在国家环境监管的压力下，通过提高技术水平减少环境压力，从而促进行业的绿色转型。文教体育用品制造业、印刷业和记录媒介的复制业在整个研究期间，绿色全要素生产率数值逐渐降低，绿色转型效果逐渐减弱，出现该结果的原因多与其行业性质有关。面对国家的环境监管，上述行业的生产成本加大，同时技术改进的空间有限，为弥补生产成本，行业选择扩大生产规模，从而带来更大的环境压力，绿色全要素生产率数值逐渐减小。对于其他制造业行业，绿色全要素生产率在该期间呈现出一定波动，即2015年《中国制造2025》行动纲领颁布，2016年便开始呈现增加趋势。

表 5-1　2005—2020 年我国制造业分行业绿色全要素生产率

行业	2005 年	2006 年	2007 年	2008 年	2009 年	2010 年	2011 年	2012 年	2013 年	2014 年	2015 年	2016 年	2017 年	2018 年	2019 年	2020 年
农副食品加工业	1.000	1.268	1.086	1.120	1.006	1.027	2.239	2.980	2.980	2.547	2.980	2.980	2.980	1.499	1.900	2.980
食品制造业	1.000	1.243	1.023	1.004	0.983	0.983	1.064	1.090	1.092	1.090	1.086	1.067	1.079	1.071	1.069	1.072
饮料制造业	1.000	1.324	1.046	1.003	0.923	0.971	1.036	1.050	1.027	1.020	1.021	1.017	1.042	1.032	1.061	1.066
烟草制品业	1.000	1.306	1.306	1.306	1.306	1.306	1.306	1.306	1.306	0.954	0.934	0.973	1.306	1.306	1.306	1.306
纺织业	1.000	1.177	1.000	0.962	0.959	1.009	1.205	1.216	1.238	1.245	1.433	1.271	1.366	1.459	1.428	1.480
纺织服装、鞋、帽	1.000	1.140	0.923	0.857	0.858	0.846	0.924	0.818	0.781	0.931	0.919	0.908	1.121	1.511	2.549	1.563
皮革、毛皮、羽毛（绒）及其制品业	1.000	2.127	1.115	0.982	0.870	0.883	1.134	1.051	1.134	1.241	1.321	1.370	2.127	2.127	2.127	2.127
木材加工及木、竹、藤、棕、草制品业	1.000	1.143	0.908	0.806	0.772	0.741	0.812	0.818	0.809	0.790	0.816	0.794	0.874	0.909	0.954	0.914
家具制造业	1.000	1.000	1.000	0.798	1.000	0.642	0.852	1.000	1.000	0.623	0.550	0.455	1.000	1.000	1.000	1.000
造纸及纸制品业	1.000	1.230	1.001	0.976	0.911	0.927	1.019	1.040	1.030	0.994	1.521	1.016	1.133	1.252	1.139	1.158
印刷业和记录媒介的复制业	1.000	1.000	0.771	0.572	0.515	0.492	0.578	0.465	0.454	0.415	0.325	0.324	0.436	0.463	0.440	0.422
文教体育用品制造业	1.000	1.153	1.153	1.153	1.153	0.910	0.891	0.643	0.611	0.567	0.504	0.426	0.555	0.544	0.546	0.552
石油加工、炼焦及核燃料加工业	1.000	2.050	1.261	1.516	1.263	1.547	2.050	2.050	2.050	1.626	2.050	1.290	2.050	2.050	2.050	1.433
化学原料及化学制品业	1.000	1.232	0.977	0.983	0.850	0.876	1.060	1.030	0.962	0.906	0.853	0.845	0.973	1.010	1.000	0.954
医药制造业	1.000	1.188	0.996	0.945	0.903	0.888	0.929	0.905	0.896	0.869	0.853	0.867	0.902	0.878	0.899	0.879
化学纤维制造业	1.000	1.042	1.008	0.999	0.982	0.968	0.985	0.933	0.914	0.900	0.884	0.872	0.881	0.959	0.934	0.912

续表

行业	2005 年	2006 年	2007 年	2008 年	2009 年	2010 年	2011 年	2012 年	2013 年	2014 年	2015 年	2016 年	2017 年	2018 年	2019 年	2020 年
橡胶制品业和塑料制品业	1.000	1.215	0.965	0.916	0.879	0.861	0.927	0.898	0.894	0.942	0.915	0.887	1.145	1.527	1.233	1.272
非金属矿物制品业	1.000	1.276	1.004	0.995	0.993	0.974	1.124	1.087	1.034	1.027	1.018	1.031	1.305	1.859	1.729	1.735
黑色金属冶炼及压延加工业	1.000	1.281	0.991	1.193	0.917	0.942	1.171	0.543	0.388	0.795	0.677	0.860	2.317	3.407	3.407	3.407
有色金属冶炼及压延加工业	1.000	3.885	1.294	1.104	0.932	1.049	1.266	1.193	1.070	1.000	0.929	0.934	1.060	1.120	1.112	1.133
金属制品业	1.000	1.158	0.884	0.845	0.817	3.210	0.882	0.836	0.794	0.764	0.746	0.754	0.801	0.853	0.840	0.833
通用设备制造业	1.000	1.363	1.009	0.928	0.882	0.835	0.955	1.007	0.978	1.022	1.018	1.202	2.485	2.485	2.485	2.485
专用设备制造业	1.000	1.253	0.975	0.897	0.867	0.826	0.944	0.938	0.945	0.851	0.921	0.978	2.512	1.672	1.559	1.579
交通运输设备制造业	1.000	1.223	0.897	0.795	0.768	0.696	0.726	0.729	0.712	0.734	0.679	0.672	0.722	0.664	0.693	0.659
电气机械及器材制造业	1.000	1.834	1.112	0.883	0.792	0.727	0.892	0.864	0.813	0.739	0.698	0.623	0.695	1.834	1.834	1.433
通信设备、计算机及其他电子设备制造业	1.000	1.145	0.693	0.716	0.750	1.145	1.145	0.451	1.145	0.482	0.409	0.387	1.145	0.370	0.305	0.305
仪器仪表及文化、办公用品行业	1.000	1.491	1.067	0.900	0.901	0.799	1.491	0.924	1.491	1.090	1.041	0.948	1.491	1.491	1.491	1.491

数据来源：2006—2021 年《中国统计年鉴》《中国科技统计年鉴》《中国能源统计年鉴》，以及中国经济普查、中国环境保护与经济社会发展统计数据库、中国工业经济与经济社会发展统计数据库。

三、制造业绿色全要素生产率影响因素分析

（一）影响因素的选取

在上述实证中得出制造业各行业的绿色全要素生产率数值，在此基础上通过建立计量模型进一步分析制造业绿色全要素生产率影响因素，为我国制造业的绿色转型提供更好的政策和建议。

1. 资源禀赋（ZS）

在制造业绿色全要素生产率的生产函数的构造过程中，将资本和劳动作为制造业行业的投入指标。因此，资本与劳动的比值直接决定企业的资本深化程度。资本与劳动的比值越大，说明该行业自身拥有的资本越多，更有能力去改进技术水平或者引进新的技术设备，从而在一定程度上提高制造业的绿色全要素生产率，在此用资本存量与行业年末平均人数的比值表示该指标。

2. 污染排放强度（PEE）

在我国经济发展初期，制造业作为工业的核心对我国的经济增长有很大的促进作用，但随着经济的发展，由此带来的环境问题也越发严重。制造业行业如果污染问题严重，说明该行业的资源利用率低且在生产过程中产生过多的污染物，从而对制造业行业的绿色全要素生产率产生相应的影响。因此，本文通过工业“三废”的排放量数值，根据熵权法对该指标进行计算。

$$PEE = \frac{1}{3}\left[\frac{W - MIN\ (W)}{MAX(W) - MIN\ (W)} + \frac{A - MIN(A)}{MAN(A) - MIN(A)} + \frac{S - MIN(S)}{MAX(S) - MIN(S)}\right] \tag{7}$$

其中，W、A、S 分别表示制造业行业废水、废气和固体废弃物排放量。进行标准化处理以后计算的结果值，数值越大，说明污染

排放的强度越高。

3. **环境规制**（GZ）

政府通过制定环境政策对我国制造业进行环境监管，现有针对环境规制如何影响制造业的绿色全要素生产率的研究结论并非完全相同。一种情况，环境规制会提高制造业行业的生产成本，在其他外界条件保持不变的情况下，企业会因为成本提高而使利润减少，由此企业将采取减少生产的措施，最终却抑制了其生产率的提高。另一种情况，环境规制会在一定程度上刺激企业进行技术的改进，通过技术创新减少非期望产出的产生和提高资源的利用效率来弥补由于环境规制所带来的损失，这在一定程度上会促进制造业绿色全要素生产率的增加。因此，本章选用废水排放的治理设施运行费用与废水排放量的比值作为环境规制的指标选择。

4. **行业规模**（GM）

依据熊彼特的理论，规模不同的行业具有不同的资源优势，因此，行业规模对于企业的经济发展有直接作用。从竞争理论来看，制造业行业的市场规模越大，越接近于垄断，企业会凭借自己的垄断地位获得高额利润，从而给企业带来更多的资本，企业会更大可能购买低能耗的设备或者进行技术创新，进而减少非期望产出的产生来提高环境治理能力。本章用制造业行业的主营业务收入在同行业内总收入的占比来衡量企业规模。

5. **能源消耗**（NY）

面对我国煤炭资源丰富且价格相对较低的特点，我国能源消耗总量中原煤消耗量占比就超过 1/3，并且原煤的能源转化率相对较低，从而形成我国制造业高能耗高污染的发展模式。面对如今资源环境的压力，我们一方面需要通过调整能源结构减少污染物的产生；另一方面需要提高能源利用效率，减少能源消耗，从而降低生产成本。本章将原煤消耗量在能源消耗总量中的占比作为指标。

（二）模型设定

根据制造业各行业绿色全要素生产率，将上述指标作为解释变量、制造业各行业绿色全要素生产率作为被解释变量，构造如下计量模型：

$$lnGTFP_{it} = \alpha_0 + \beta_1 ln\ ZS_{it} + \beta_2 ln\ GZ_{it} + \beta_3\ lnGM_{it} + \beta_4\ PEE_{it} + \beta_5\ NY_{it} + \varepsilon_{it} \quad (8)$$

其中，$i=1, 2, 3, \cdots, 27$ 表示 27 个制造业行业，ε_{it} 是随机误差项，t 表示年份。考虑到各变量之间的共线性和异方差问题，本章对不存在比例关系的变量进行对数处理。各变量的描述性统计见表 5-2。

表 5-2　变量的描述性统计

变量	N	最小值	最大值	平均数	标准偏差
GTFP	432	0. 305006	3. 885033	1. 11185371	0. 509856998
lnZS	432	−0. 241758	4. 853130	2. 61531977	0. 823536084
lnGZ	432	−0. 580276	5. 101870	1. 25678392	0. 936045735
lnGM	432	−1. 677840	3. 392613	−0. 16928174	1. 033851008
PEE	432	0. 000000	0. 909098	0. 11738120	0. 171081318
NY	432	0. 001637	2. 474630	0. 45456223	0. 417784857
有效的 *N*	432				

数据来源：2006—2021 年《中国统计年鉴》《中国科技统计年鉴》《中国能源统计年鉴》，以及中国经济普查、中国环境保护与经济社会发展统计数据库、中国工业经济与经济社会发展统计数据库。

面板数据模型有混合效用模型、固定效用模型和随机效用模型。因此，在面板数据模型形式的选择上，我们经常采用 F 检验决定选用混合模型还是固定效用模型，然后用 Hausman 检验确定应该建立随机效应模型还是固定效用模型，见表 5-3。

第一步，进行 F 检验，原假设 H_0 = 混合效用模型；备择假设 H_1 = 固定效用模型。

对模型进行 F 检验，从表可知 $P<0.5$，即在 5%的显著性水平下拒绝原假设，因此选择固定效用模型。

第二步，进行 Hausman 检验，原假设 H_0 = 随机效用模型；备择假设 H_1 = 固定效用模型。

从结果可知 P 值同样小于 5%，即在 5%的显著性水平下拒绝原假设，因此选择固定效用模型。

在完成上述的分析以后最终确定用固定效用模型进行计量分析。

表 5-3　面板数据模型的判断

假设	H_0 = 混合效用	H_0 = 随机效用
	H_1 = 固定效用	H_1 = 固定效用
检验	F 检验	Hausman 检验
P 值	0.0000	0.0000

（三）回归结果分析

在完成上述数据和模型的处理后，对模型进行回归分析，回归结果见表 5-4。

从表 5-4 可以看出，自身禀赋对制造业绿色全要素生产率具有促进作用，同时这种促进作用可以通过显著性检验。说明制造业行业自身的资本越多，越可以通过引进新的技术和设备提高技术水平，进而提高资源的利用率和减少非期望产出的产生，提高制造业行业的绿色全要素生产率。

污染排放强度对制造业绿色全要素生产率有抑制作用，说明我国制造业以环境污染为代价的发展经济的模式没有完全转变。污染强度越大，说明生产过程中资源利用效率越低，并将进一步产生更多的非期望产出，从而抑制制造业绿色全要素生产率的增长。但该抑制作用没有通过显著性检验，一种情况就是污染强度大的制造业，相应的利润水平是比较高的，会减缓由此带来的环境抑制作用。

环境规制强度对制造业绿色全要素生产率有显著的抑制作用。随着国家环境监管政策的逐渐完善和污染减排力度的加强，这在一定程度上会倒逼制造业行业进行技术创新或者相关绿色技术的引进。而一些劳动密集型行业由于自身行业性质，难以进行大的技术改进，需要购进一些相对环保的机器设备，此时，会增加该类行业的生产成本，从而对生产率的提高带来一定的抑制作用。

企业规模对制造业绿色全要素生产率有促进作用。企业规模越大，越会凭借优势地位获得更多的销售渠道，由此带来更多的利润。企业有更强的能力去抵御由于技术水平改进所带来的风险，同时也会有更多的资金去购买一些高新技术设备提高生产率水平。企业规模对绿色全要素生产率的促进作用在5%的水平上不显著，但是在10%的显著性水平下能通过检验，说明企业规模在一定程度上可以显著促进制造业绿色全要素生产率的提高。

能源消耗对制造业绿色全要素生产率具有抑制作用。制造业在生产过程中能源消耗量越多，就会产生更多的环境污染物。在我国环境监管的压力下，就需要企业投入技术或者设备来解决环境问题。这在一定程度上加大了企业的单位生产成本，从而抑制制造业绿色全要素生产率的提高。

表 5-4 制造业绿色全要素生产率影响因素

指标	*lnZS*	*lnGZ*	*lnGM*	*PEE*	*NY*	*C*
系数	0. 256**	−0. 112***	0. 443***	−0. 508	−0. 001	−0. 410
T 值	2. 23	−3. 12	6. 39	−1. 30	−0. 01	−1. 24
		R-squared = 0. 3234		*P* = 0. 000***		

注：*、**、*** 分别表示在 10%、5%和 1%的置信水平上显著。

数据来源：2006—2021 年《中国统计年鉴》《中国科技统计年鉴》《中国能源统计年鉴》，以及中国经济普查、中国环境保护与经济社会发展统计数据库、中国工业经济与经济社会发展统计数据库。

四、结论与建议

在如今资源环境压力下，我国制造业高污染、高能耗和低效率的发展模式难以适应当今社会经济发展的态势，制造业绿色转型迫在眉睫。首先，本章借助 SBM-GML 模型测算 2005—2020 年我国 27 个制造业行业的绿色全要素生产率，对目前我国制造业的绿色转型情况进行分析。其次，进一步实证分析制造业绿色全要素生产率的影响因素，对我国制造业绿色转型提出相应的政策建议。

（一）几点结论

第一，基于制造业绿色全要素生产率数值，从整体上看多数制造业行业逐渐实现绿色转型，并且转型程度在逐渐加强，说明我国对环境的监管促进了制造业的绿色转型。2005—2006 年制造业绿色全要素生产率的提高源于技术进步和规模效率，其中，技术进步是促进绿色转型的主要驱动力。2006—2016 年制造业绿色全要素生产率数值在 1 上下来回波动，该期间技术进步和规模效率呈现此起彼伏的变动趋势。2016—2020 年制造业总体的绿色全要素生产率呈现上升趋势，这源于 2015 年我国制定的《中国制造 2025》行动纲领以创新作为制造业的核心地位，这在一定程度上会增加制造业行业的技术进步，从而带动绿色全要素生产率的增加。

第二，从行业角度，得出除木材加工及木、竹、藤、棕、草制品业，家具制造业，印刷业和记录媒介的复制业，文教体育用品制造业，化学原料及化学制品业，医药制造业，化学纤维制造业，交通运输设备制造业，通信设备、计算机及其他电子设备制造业未实现绿色转型，其他细分行业均实现绿色转型，并且随着国家环境监管力度的加强，绿色转型强度也在不断加强。

第三，关于制造业绿色全要素生产率影响因素的分析表明，行业的自身禀赋和规模对制造业绿色全要素生产率有促进作用，并且能够通过显著性检验。污染排放强度、环境规制和能源消耗对制造业绿色全要素生产率有抑制作用，其中环境规制的抑制作用能够通过显著性检验。

（二）政策性建议

第一，鼓励制造业绿色转型，实现经济与环境的平衡发展。目前我国制造业行业绿色转型的趋势增强，国家对高污染行业应采取必要的措施，提高这类行业的绿色全要素生产率。

第二，降低能源消耗，推行使用更多清洁能源。如今我国仍然面临资源匮乏的严重局面，一些资源的开采已经出现红灯。面对这样严峻的现状，应加快研发和推行更多清洁能源和可再生能源。现有能源消耗数据表明，煤炭消耗在能源消耗总量中仍占有较大比重，还需要投入更多的人力和物力，研发更多的清洁能源，从源头上减少污染物质的产生，促进制造业的绿色转型，实现我国经济的可持续发展。

第三，制定合理的环境治理政策。国家在制定环境治理政策措施时，应该合理地考虑制造业行业的治理成本。对于那些获利能力弱的行业，为鼓励其在生产过程中加大环境治理的投入，国家可以给予相应的补贴，提高制造业行业在生产过程中减排的积极性。

第四，鼓励制造业行业技术创新。技术进步依然是促进制造业绿色转型的重要推动力，需要合理引导制造业行业的技术创新，鼓励制造业行业进行技术改进，对于那些污染严重的制造业行业制定补偿措施来抵消由于提高技术水平所带来的成本压力。

参考文献

[1] 陈诗一. 中国的绿色工业革命：基于环境全要素生产率视角的解释（1980—2008）[J]. 经济研究，2010，45（11）：21-34+58.

[2] 涂正革，肖耿. 转轨时期大中型工业企业全要素生产率增长的行业特征［J］. 统计与决策，2005（23）：64-65.

[3] 楚尔鸣，马永军. 区域经济增长质量的动态变化及收敛性检验——基于全要素生产率增长率的分析［J］. 湘潭大学学报(哲学社会科学版)，2014，38（1）：20-25.

[4] 丁春杰. 中国制造业绿色全要素生产率演变特征及提升模式研究［D］. 徐州：中国矿业大学，2019.

[5] 黄庆华，胡江峰，陈习定. 环境规制与绿色全要素生产率：两难还是双赢？[J]. 中国人口·资源与环境，2018，28（11）：140-149.

[6] 范洪敏. 环境规制对绿色全要素生产率影响研究［D］. 沈阳：辽宁大学，2018.

[7] 周五七，武戈. 低碳约束的工业绿色生产率增长及其影响因素实证分析［J］. 中国科技论坛，2014（8）：67-73.

[8] 陈黎明，王俊昊，赵婉茹，等. 中国区域绿色全要素生产率的影响因素及其空间特征［J］. 财经理论与实践，2020，41（4）：122-132.

[9] 万伦来，朱琴. R&D 投入对工业绿色全要素生产率增长的影响——来自中国工业 1999—2010 年的经验数据［J］. 经济学动态，2013（9）：20-26.

[10] 张峰，宋晓娜. 环境规制、资源禀赋与制造业绿色增长的脱钩状态及均衡关系［J］. 科学学与科学技术管理，2019，40（4）：32-47.

[11] 刘淑茹，贾箫扬，党继强. 中国工业绿色全要素生产率测度及影响因素研究［J］. 生态经济，2020，36（11）：46-53.

[12] 杨汝岱. 中国制造业企业全要素生产率研究［J］. 经济研究，2015，50（2）：61-74.

[13] 陈诗一. 能源消耗、二氧化碳排放与中国工业的可持续发展［J］. 经济研究，2009，44（4）：41-55.

[14] 陈诗一. 中国工业分行业统计数据估算：1980—2008［J］. 经济学（季刊），2011，10（3）：735-776.

[15] 陈超凡. 中国工业绿色全要素生产率及其影响因素——基于 ML 生产率指数及动态面板模型的实证研究［J］. 统计研究，2016，33（3）：53-62.

[16] Fukuyama H，Weber W L. A directional slacks-based measure of technical inefficiency［J］. Socio-Economic Planning Sciences，2009，43（4）：274-287.

[17] Färe R，Grosskopfs，Pasurka C A，Jr. Environmental production functions and environmental directional distance functions［J］. Energy，2007，32（7）：1055-1066.

附录 1 研究使用数据

附表 5-1 2005—2020 年中国制造业资本存量

单位：亿元

行业	2005 年	2006 年	2007 年	2008 年	2009 年	2010 年	2011 年	2012 年
农副食品加工业	3054. 130	3075. 840	3128. 482	3228. 427	3190. 305	3245. 723	3526. 473	3544. 520
食品制造业	1838. 748	1849. 306	1846. 341	1924. 178	1905. 192	1932. 673	2072. 768	2083. 900
饮料制造业	2177. 346	2187. 923	2179. 817	2263. 585	2244. 116	2272. 181	2416. 104	2428. 350
烟草制品业	1397. 948	1398. 568	1378. 678	1405. 769	1402. 741	1406. 637	1430. 116	1434. 940
纺织业	6192. 802	6228. 597	6219. 169	6482. 348	6418. 034	6511. 140	6985. 662	7021. 160
纺织服装、鞋、帽	1407. 593	1415. 655	1413. 337	1472. 834	1458. 331	1479. 322	1586. 335	1594. 070
皮革、毛皮、羽毛（绒）及其制品业	802. 177	807. 036	806. 346	841. 407	832. 728	845. 308	909. 324	913. 940
木材加工及木、竹、藤、棕、草制品业	807. 743	813. 511	814. 906	854. 046	843. 923	858. 640	933. 187	938. 120
家具制造业	471. 269	474. 652	475. 508	498. 421	492. 487	501. 114	544. 811	547. 740
造纸及纸制品业	3255. 440	3280. 624	3290. 887	3457. 167	3413. 283	3477. 166	3800. 138	3835. 680
印刷业和记录媒介的复制业	1251. 729	1256. 627	1249. 146	1292. 154	1282. 802	1296. 199	1365. 535	1377. 000
文教体育用品制造业	499. 849	502. 2791	500. 423	519. 662	515. 190	521. 637	554. 700	559. 500

续表

行业	2005 年	2006 年	2007 年	2008 年	2009 年	2010 年	2011 年	2012 年
石油加工、炼焦及核燃料加工业	5550. 681	5561. 499	5502. 380	5645. 908	5621. 200	5655. 622	5841. 070	5886. 890
化学原料及化学制品业	10314. 970	10362. 310	10317. 300	10702. 090	10614. 170	10740. 710	11391. 100	11488. 780
医药制造业	2704. 321	2722. 421	2724. 199	2849. 932	2817. 957	2864. 388	3099. 983	3128. 210
化学纤维制造业	1853. 737	1863. 427	1858. 163	1932. 471	1914. 825	1940. 311	2070. 654	2088. 750
橡胶制品业和塑料制品业	3641. 316	3662. 241	3656. 406	3810. 620	3772. 996	3827. 457	4105. 075	4141. 500
非金属矿物制品业	7070. 291	7113. 217	7107. 374	7416. 857	7340. 190	7451. 298	8016. 691	8088. 470
黑色金属冶炼及压延加工业	12878. 540	12931. 440	12860. 470	13313. 900	13213. 770	13357. 420	14099. 200	14218. 310
有色金属冶炼及压延加工业	3943. 845	3966. 786	3961. 129	4129. 369	4088. 183	4147. 816	4451. 678	4491. 250
金属制品业	2220. 333	2232. 754	2228. 391	2320. 950	2298. 538	2330. 959	2496. 377	2518. 430
通用设备制造业	4179. 771	4197. 791	4176. 784	4327. 645	4293. 828	4342. 415	4592. 783	4631. 830
专用设备制造业	2756. 630	2770. 270	2760. 603	2867. 744	2842. 706	2878. 817	3063. 867	3090. 430
交通运输设备制造业	7338. 339	7370. 495	7334. 848	7601. 965	7541. 788	7628. 289	8073. 723	8142. 520
电气机械及器材制造业	4113. 848	4133. 362	4116. 923	4273. 141	4237. 091	4289. 025	4555. 598	4594. 850
通信设备、计算机及其他电子设备制造业	7760. 630	7796. 174	7762. 143	8051. 324	7985. 292	8080. 329	8568. 827	8642. 290

续表

行业	2005 年	2006 年	2007 年	2008 年	2009 年	2010 年	2011 年	2012 年
仪器仪表及文化、办公用品行业	887. 503	891. 797	888. 452	922. 522	914. 613	926. 013	984. 481	992. 990

行业	2013 年	2014 年	2015 年	2016 年	2017 年	2018 年	2019 年	2020 年
农副食品加工业	3550. 515	3560. 545	3524. 219	3512. 374	3626. 033	3379. 662	3431. 007	3477. 434
食品制造业	2086. 966	2092. 097	2073. 504	2067. 455	2125. 461	2033. 899	2061. 266	2086. 074
饮料制造业	2431. 573	2436. 968	2417. 408	2411. 056	2471. 925	2274. 812	2302. 263	2327. 214
烟草制品业	1435. 766	1437. 149	1432. 093	1430. 499	1445. 621	1278. 367	1285. 149	1291. 544
纺织业	7031. 539	7048. 905	6985. 972	6965. 494	7161. 858	6958. 148	7052. 609	7138. 228
纺织服装、鞋、帽	1596. 410	1600. 331	1586. 120	1581. 496	1625. 833	1841. 076	1867. 032	1890. 546
皮革、毛皮、羽毛（绒）及其制品业	915. 336	917. 665	909. 225	906. 478	932. 828	994. 962	1009. 191	1022. 076
木材加工及木、竹、藤、棕、草制品业	939. 712	942. 373	932. 733	929. 590	959. 754	1134. 460	1152. 595	1168. 983
家具制造业	548. 677	550. 236	544. 589	542. 747	560. 419	652. 849	663. 287	672. 719
造纸及纸制品业	3842. 507	3853. 928	3812. 573	3799. 079	3928. 593	3986. 302	4050. 874	4109. 201
印刷业和记录媒介的复制业	1378. 600	1381. 280	1371. 554	1368. 404	1398. 555	1628. 918	1648. 169	1665. 690
文教体育用品制造业	560. 235	561. 470	556. 990	555. 535	569. 476	602. 951	610. 575	617. 497

续表

行业	2013 年	2014 年	2015 年	2016 年	2017 年	2018 年	2019 年	2020 年
石油加工、炼焦及核燃料加工业	5891.775	5899.961	5870.175	5860.627	5951.722	5318.774	5359.258	5396.662
化学原料及化学制品业	11503.420	11527.940	11439.030	11410.180	11686.560	10608.180	10730.650	10842.080
医药制造业	3133.263	3141.716	3111.094	3101.115	3196.850	2855.127	2896.173	2933.323
化学纤维制造业	2091.635	2096.457	2078.977	2073.296	2127.748	1973.288	1998.031	2020.497
橡胶制品业和塑料制品业	4147.558	4157.700	4120.943	4108.984	4223.654	4618.699	4682.994	4741.250
非金属矿物制品业	8100.728	8121.244	8046.905	8022.705	8254.801	8717.711	8841.567	8953.730
黑色金属冶炼及压延加工业	14235.300	14263.750	14160.530	14127.090	14447.320	12997.580	13138.140	13266.270
有色金属冶炼及压延加工业	4497.877	4508.962	4468.793	4455.722	4581.057	4267.757	4324.795	4376.504
金属制品业	2522.054	2528.118	2506.139	2498.991	2567.530	2851.157	2890.458	2926.077
通用设备制造业	4637.522	4647.050	4612.486	4601.280	4708.609	5148.554	5210.648	5267.113
专用设备制造业	3094.549	3101.448	3076.435	3068.312	3146.161	3371.523	3414.706	3453.908
交通运输设备制造业	8152.617	8169.526	8108.192	8088.302	8278.812	7823.678	7913.345	7994.962
电气机械及器材制造业	4600.821	4610.820	4574.561	4562.791	4675.565	4484.611	4538.577	4587.634
通信设备、计算机及其他电子设备制造业	8653.290	8671.709	8604.909	8583.235	8790.879	8142.847	8237.589	8323.782

续表

行业	2013 年	2014 年	2015 年	2016 年	2017 年	2018 年	2019 年	2020 年
仪器仪表及文化、办公用品行业	994. 294	996. 481	988. 552	985. 977	1010. 647	975. 737	987. 636	998. 449

数据来源：2006—2021 年《中国统计年鉴》《中国科技统计年鉴》《中国能源统计年鉴》，以及中国经济普查、中国环境保护与经济社会发展统计数据库、中国工业经济与经济社会发展统计数据库。

附表 5-2　2005—2020 年中国制造业二氧化碳排放量

单位：万吨

行业	2005 年	2006 年	2007 年	2008 年	2009 年	2010 年	2011 年	2012 年
农副食品加工业	6235. 097	3899. 705	4185. 056	4412. 338	8861. 239	9044. 352	9087. 799	8876. 118
食品制造业	3388. 185	2749. 716	2835. 210	2883. 861	4274. 125	4962. 366	4935. 458	5024. 380
饮料制造业	3656. 525	2314. 483	2323. 990	2304. 451	4304. 991	4268. 282	4309. 690	3979. 851
烟草制品业	384. 687	375. 443	333. 798	255. 721	229. 226	232. 069	310. 295	182. 745
纺织业	8820. 995	7515. 807	7692. 645	6799. 283	8814. 157	9972. 496	9330. 886	8207. 888
纺织服装、鞋、帽	788. 009	696. 298	715. 230	617. 255	968. 474	1005. 607	898. 389	933. 944
皮革、毛皮、羽毛（绒）及其制品业	400. 536	297. 236	288. 464	230. 228	591. 376	526. 875	475. 976	543. 303
木材加工及木、竹、藤、棕、草制品业	1526. 802	1234. 972	1224. 181	1183. 100	1887. 584	1879. 337	1863. 235	1779. 882

续表

行业	2005 年	2006 年	2007 年	2008 年	2009 年	2010 年	2011 年	2012 年
家具制造业	94. 179	91. 653	89. 357	90. 624	210. 345	223. 624	218. 577	205. 342
造纸及纸制品业	10286. 540	10276. 130	10265. 760	10370. 680	12971. 290	14089. 380	14735. 360	14171. 380
印刷业和记录媒介的复制业	150. 798	127. 788	124. 706	112. 304	205. 055	226. 947	170. 663	173. 526
文教体育用品制造业	87. 665	58. 612	57. 215	49. 434	121. 181	121. 717	99. 879	265. 933
石油加工、炼焦及核燃料加工业	107999. 800	120400. 900	129168. 600	134862. 600	156151. 200	173342. 200	186064. 500	199269. 000
化学原料及化学制品业	51941. 360	41345. 650	43179. 600	46493. 650	63071. 120	66695. 590	73810. 500	76130. 140
医药制造业	2635. 149	1965. 539	1888. 469	1931. 604	3193. 527	3428. 185	3652. 491	3700. 154
化学纤维制造业	3254. 977	2255. 570	2408. 467	2049. 824	2813. 012	2938. 500	3177. 772	3285. 201
橡胶制品业和塑料制品业	2472. 848	2020. 198	1999. 287	2075. 735	3290. 602	3589. 131	3329. 519	3082. 959
非金属矿物制品业	64114. 970	55716. 650	54940. 800	62043. 850	5698. 788	82962. 570	89778. 150	86666. 870
黑色金属冶炼及压延加工业	56005. 290	60620. 450	61416. 520	64861. 010	78183. 970	82665. 660	91106. 470	91699. 030
有色金属冶炼及压延加工业	7883. 106	7293. 347	7852. 293	8882. 023	11709. 490	18633. 100	19572. 980	19840. 870
金属制品业	1014. 304	916. 833	897. 406	923. 978	1587. 015	30. 655	1346. 108	1887. 098
通用设备制造业	1940. 655	1183. 485	1131. 043	1181. 650	2989. 729	2956. 553	2701. 714	1225. 971

续表

行业	2005年	2006年	2007年	2008年	2009年	2010年	2011年	2012年
专用设备制造业	1270.731	1565.369	1542.659	1480.866	1622.406	1776.448	1561.832	1246.389
交通运输设备制造业	2085.307	2405.515	2395.004	2263.719	2311.344	2525.008	2388.503	2430.195
电气机械及器材制造业	897.308	485.747	476.242	486.144	1663.004	1536.555	2112.752	1893.192
通信设备、计算机及其他电子设备制造业	419.366	421.357	413.512	508.148	524.034	526.229	461.486	680.350
仪器仪表及文化、办公用品行业	102.344	69.186	67.638	71.817	108.070	111.069	94.866	121.818
行业	2013年	2014年	2015年	2016年	2017年	2018年	2019年	2020年
农副食品加工业	8632.804	7472.681	6998.592	6921.726	6029.766	5061.113	4670.982	4280.851
食品制造业	5281.566	4888.143	4361.086	4534.299	4128.410	4381.630	4450.262	4518.894
饮料制造业	4272.233	3572.677	3194.946	2945.903	2586.806	1878.476	1689.238	1500.001
烟草制品业	169.340	142.544	118.250	76.840	60.763	41.983	20.733	31.358
纺织业	7786.889	6618.038	12718.140	11345.530	8937.273	2613.842	2192.588	1771.333
纺织服装、鞋、帽	848.772	800.989	693.693	580.804	391.317	162.896	137.725	112.555
皮革、毛皮、羽毛（绒）及其制品业	497.594	435.688	416.929	364.020	255.198	91.612	62.483	33.354
木材加工及木、竹、藤、棕、草制品业	1669.745	1398.845	1256.135	877.909	586.742	295.312	246.320	197.327
家具制造业	192.012	165.652	155.552	114.966	48.676	15.938	7.962	11.950

续表

行业	2013 年	2014 年	2015 年	2016 年	2017 年	2018 年	2019 年	2020 年
造纸及纸制品业	14259. 710	12986. 310	12561. 530	12386. 270	12354. 330	11520. 170	10628. 260	9736. 359
印刷业和记录媒介的复制业	187. 902	223. 674	221. 296	229. 777	128. 930	184. 287	174. 515	164. 743
文教体育用品制造业	299. 032	353. 894	337. 778	312. 912	212. 795	104. 902	59. 455	14. 009
石油加工、炼焦及核燃料加工业	218832. 200	224443. 600	231970. 400	232504. 400	235350. 000	252626. 200	279157. 000	305687. 800
化学原料及化学制品业	76160. 260	80664. 450	88516. 670	7312. 727	73046. 070	69136. 960	66967. 950	64798. 930
医药制造业	3723. 300	3751. 273	4071. 837	3847. 575	3196. 483	2471. 370	2135. 586	1799. 803
化学纤维制造业	3484. 712	3343. 028	3396. 729	4152. 177	4044. 959	4053. 874	3563. 756	3073. 639
橡胶制品业和塑料制品业	3079. 496	2769. 360	2640. 130	2346. 340	1819. 749	1373. 777	1105. 226	836. 674
非金属矿物制品业	85133. 990	88868. 190	85307. 290	82606. 650	72825. 920	65572. 060	61031. 270	56490. 470
黑色金属冶炼及压延加工业	92854. 390	95539. 250	91157. 020	83882. 130	81901. 530	78934. 500	75422. 820	71911. 140
有色金属冶炼及压延加工业	25255. 180	38892. 320	39754. 640	42138. 820	45121. 360	58906. 930	55889. 470	52872. 020
金属制品业	1754. 414	1422. 293	1261. 358	1110. 465	736. 904	1015. 675	992. 662	969. 649
通用设备制造业	1121. 597	949. 890	825. 875	677. 425	523. 675	290. 672	90. 120	190. 396
专用设备制造业	1061. 509	926. 978	783. 149	567. 585	396. 448	152. 437	118. 100	83. 763

续表

行业	2013 年	2014 年	2015 年	2016 年	2017 年	2018 年	2019 年	2020 年
交通运输设备制造业	2324. 790	1701. 037	1521. 977	1282. 599	1230. 739	862. 474	446. 368	30. 261
电气机械及器材制造业	1914. 466	1783. 400	1972. 423	1517. 853	295. 310	118. 696	82. 966	47. 236
通信设备、计算机及其他电子设备制造业	443. 992	410. 653	415. 326	370. 713	313. 620	567. 566	1157. 800	1748. 034
仪器仪表及文化、办公用品行业	111. 207	81. 693	54. 975	55. 208	36. 644	12. 274	7. 033	1. 791

数据来源：2006—2021 年《中国统计年鉴》《中国科技统计年鉴》《中国能源统计年鉴》，以及中国经济普查、中国环境保护与经济社会发展统计数据库、中国工业经济与经济社会发展统计数据库。

第六章 大数据融合下我国工业企业绿色转型的影响因素及实现路径——基于调查问卷的 Logit 模型分析

一、引言

全球气候变化深刻影响着人类的生存与发展。化石能源主导下的工业社会导致温室气体排放激增，全球气候条件恶化，尤其是温室效应，成为制约人类经济社会可持续发展的一大阻碍。而过去相当长一段时间内，我国工业总体处于产业链中低端，增长模式主要为传统的高投入、高消耗、高排放、低产出的粗放式增长，对环境造成巨大压力，工业绿色转型迫在眉睫。应对气候变化既是我国基本实现社会主义现代化的最大挑战，也是我国推进工业绿色转型的最大机遇。绿色转型应遵循“绿水青山就是金山银山”理念，在资源环境约束下形成资源节约和低碳发展的新型增长模式。工业绿色转型覆盖工业价值链各环节，主要指工业发展转向能源资源利用集约、污染排放减少、环境影响降低、劳动生产率提高、可持续发展能力增强的动态过程。卢强等（2013）认为工业绿色转型主要呈现科技含量高、经济效益好、资源消耗低、环境污染少、人力资源优势得到充分发挥五个特征。于连超等（2019）认为工业绿色转型是以绿色发展理念为指导，通过塑造企业绿色文化、制定绿色战略，以绿色创新为动力，实现工业生产全过程绿色化，实现工业排放最低化，获得经济增长与环境质量双赢。

此外，深度融合经济社会各领域，引领传统产业转型创新，不仅是数字经济发展的内在逻辑，亦为我国经济高质量发展的必然选择。《纲要》提出推动制造业优化升级，包括“深入实施智能制造和绿色制造工程，发展服务型制造新模式，推动制造业高端化智能化绿色化”，说明加快发展方式转变，贯彻“创新、协调、绿色、开放、共享”新发展理念，以及推进国内制造业绿色化、智能化的必要性及重要性。《纲要》还提出“促进数字技术与实体经济深度融合，赋能传统产业转型升级”，一方面加快推动数字产业化，表现为“培育壮大人工智能、大数据、区块链、云计算、网络安全等新兴数字产业”；另一方面推进产业数字化转型，表现为“实施‘上云用数赋智’行动，推动数据赋能全产业链协同转型”。在我国面临环境污染、生态破坏等影响可持续发展的一系列严峻挑战之下，如何在生产可能性边界拓宽的技术条件下实现经济活动的数字化、绿色化，促进工业的绿色转型升级，已成为当务之急。而作为先进生产力与新兴发展方向的典型代表，大数据等新型数字经济形态兼具技术属性与产业属性，既能为工业绿色转型、绿色制造、智能制造等发展模式提供技术条件，又能作为数字产业形态发展壮大，为工业绿色转型及经济发展方式转变提供潜在的提升渠道。

本章在梳理数字技术与传统产业转型升级、工业企业绿色转型内涵的基础上，通过2021年对江苏、天津等8个省市的212家工业企业的问卷调查研究，描述我国工业企业绿色转型现状，利用Logit及Ordered Logit模型实证分析工业企业绿色转型、工业企业绿色转型程度、大数据与工业企业融合发展的影响因素，并揭示绿色转型存在的难点以及被调查企业的政策期待，据此提出工业企业绿色转型的创新实现路径。研究结果将对各地区以数字化培育新动能，以新动能推进工业企业绿色转型，推动区域经济高质量和可持续发展具有重要意义。同时，将为各地区传统产业转型升级提供经验借鉴，有助于企业更好了解自身绿色转型程度及存在的问题，有助于政府有关部门调整和优化现有产业政策内容。

二、数据说明、变量解释和模型设定

（一）样本数据说明及变量解释

本章中调查研究样本涉及东部、中部、西部和东北部四大区域，数据源于东部（江苏、天津）、中部（河南、湖南、山西）、西部（贵州、四川）和东北部（吉林）8个省市212家工业企业关于大数据融合机制背景下企业绿色转型的问卷调查，调查问卷发放和收回的时间跨度为2021年5月至10月。被调查企业涵盖33个工业行业，其中，其他制造业企业最多，占样本总量的比重达10.671%。其他占比较大的行业主要为化学原料和化学制品制造业，医药制造业，通信设备、计算机及其他电子制品业，通用设备制造业，分别占样本总量的10.595%、7.241%、6.479%和5.640%。

本次调查研究采用两次抽样法，即第一次采用随机抽样法选择调查的工业企业，在此基础上第二次采用分层抽样法在选好的企业中依据人员职位分层抽样的方式确定调查对象。本次问卷的收发方式主要采取纸质问卷形式，辅以邮件和“问卷星”链接向被调查企业有关管理人员发放并收回问卷。此次调查研究共发放问卷2120份，收回问卷1526份，排除作答不规范和作答不完整的问卷后，最终得到有效问卷 1312 份。问卷的回复率为 71.981%，有效率达 85.976%，表明效果很好。①

考虑到问卷调查的合理性、可回答性以及数据可得性等原则，本章分别以企业是否开始绿色转型，企业发展对当地生态环境的影响程度，企业是否愿意加大投入、积极推进大数据与企业深度融合为被解释变量；以企业文化、被调查对象的主观认知、研发创新投入产出、生产制造环节大数据应用水平等反映企业基本发展情况的指标作为解释变量，据此研究大数据与企业融合机制背景下企业绿色转型的影响因素。表 6-1 列出了本章研究对象的变量及说明。

表 6-1　变量及说明

	变量	变量名	变量说明
被解释变量	企业是否开始绿色转型	GreEco	是 = 1；否 = 0
	企业发展对当地生态环境的影响程度	EndaDe	无影响 = 1；影响较小 = 2；破坏 = 3；严重破坏 = 4
	是否愿意加大投入、积极推进大数据与企业深度融合	FudeDe	是 = 1；否 = 0
解释变量	X_1 结合大数据等数字技术进行绿色转型的必要性认知	BdTraNe	完全没有必要 = 1；不太必要 = 2；有必要 = 3；非常有必要 = 4
	X_2 企业进行绿色制造、节能环保方面宣传培训的频繁程度	ProFre	从不进行 = 1；偶尔进行 = 2；经常进行 = 3
	X_3 企业文化有无绿色生产、节能减排的内容	GreCul	有 = 1；没有 = 0
	X_4 是否获得 ISO 14001 认证	EnvCer	是 = 1；否 = 0
	X_5 有无统一的数据管理中心	DatCen	有 = 1；没有 = 0

① 贝利在《现代社会研究方法》一书中指出，调查问卷回复率至少为 50%对分析和研究才是合理的，才能以调查样本的结论推及总体；回复率在 60%以上才是比较好的；回复率在 70%以上是很好的。

续表

	变量	变量名	变量说明
解释变量	X_6 研发经费总额	R&DFun	100 万元以下 = 1；100 万～500 万元 = 2；500 万～1000 万元 = 3；1000 万元以上 = 4
	X_7 数字化生产设备占设备总量的比例	DigPro	25%以下 = 1；25%～50% = 2；50%～75% = 3；75%以上 = 4
	X_8 大数据等数字技术对企业业务的覆盖水平	BdCov	初级水平 = 1；中级水平 = 2；中高级水平 = 3；高级水平 = 4
	X_9 企业各环节已实现数据共享业务的共享程度	DatSha	初级水平 = 1；中级水平 = 2；中高级水平 = 3；高级水平 = 4
	X_{10} 万元产值综合能耗相比同行业水平	EneCon	初级水平 = 1；国内平均水平 = 2；国内先进水平 = 3；国际先进水平 = 4
	X_{11} 是否采用节能节水、绿色制造进行生产	EnvTec	是 = 1；否 = 0
	X_{12} 能源消费类型	EnerTy	煤炭 = 1；石油 = 2；天然气 = 3；电力 = 4；太阳能、风能、地热等清洁能源 = 5
	X_{13} 节能减排、诊断、监察及污染处理过程是否运用大数据等数字技术	DiDigTec	是 = 1；否 = 0
	X_{14} 有无进行绿色治理方面的投资	GreInv	有 = 1；没有 = 0
控制变量	X_{15} 员工总数	EmNum	100 人以下 = 1；100～200 人 = 2；200～500 人 = 3；500 人以上 = 4
	X_{16} 企业营业收入	Rev	1000 万元以下 = 1；1000 万～5000 万元 = 2；5000 万～1 亿元 = 3；1 亿元以上 = 4

注：本表由调查问卷整理而得。

数据来源：对江苏等 8 个省市 212 家工业企业关于企业绿色转型的问卷调查。

（二）计量模型设定

1. Logit 模型

调查问卷获取的数据属于离散数据类型且问卷中企业是否开始绿色转型和是否愿意推进大数据与企业深度融合两个被解释变量数据类型为是、否两个选择，取值 0 或 1 两个值，并且考虑到离散被解释变量的特点不适宜用传统的 OLS 回归，因此采用二值选择模型。Probit 模型和 Logit 模型均为常见的二值选择模型，并且两者的估计结果往往相接近，现实应用中，当被解释变量为名义变量时，两个模型不存在本质区别，通常可以相互替换使用。由于 Logit 模型逻辑分布的累积分布函数有解析表达式，故本章采用的是更为常见的 Logit 模型，Logit 模型的具体数学表达式为：

$$GreEco_i^* = \alpha + \beta_j X_{ji} + \varepsilon_i (j = 1, 2, \cdots, 16) \tag{1}$$

$$FudeDe_i^* = \alpha + \beta_j X_{ji} + \varepsilon_i (j = 1, 2, \cdots, 16) \tag{2}$$

其中，$i=1, 2, \cdots, N$，代表第 i 家企业；α表示截距项；β_j是第 j 个变量对应的回归系数；X_{ji}表示第 i 家企业的第 j 个变量值；$\varepsilon_i \sim N(0, \pi^2/3)$，服从逻辑分布；$GreEco_i^*$ 与 $FudeDe_i^*$ 分别是两个不可观测的潜变量，$GreEco_i$ 与 $GreEco_i^*$ 之间、$FudeDe_i$ 与 $FudeDe_i^*$ 之间存在如下的选择规则：

$$GreEco_i(FudeDe_i) = \begin{cases} 1，若 GreEco_i^*(FudeDe_i^*) > 0 \\ 0，若 GreEco_i^*(FudeDe_i^*) \leqslant 0 \end{cases} \tag{3}$$

2. Ordered Logit 模型

调查问卷中的变量数据是以分类数据为主的离散数据，被解释变量企业发展对当地生态环境的影响程度的离散数值也大于两类，并且存在着一定的评价排序，而多值 Logit 模型忽视数据内在的排序，传统的 OLS 又把排序当作基数处理，因此本章采用 Ordered Logit 模型进行多值离散数据的计量模型构建。Ordered Logit 模型的具体数学表达式为：

$$EndaDe_i^{*} = \beta_j X_{ji} + \varepsilon_i (j = 1, 2, \cdots, 16) \tag{4}$$

其中，$i=1, 2, \cdots, N$，代表第 i 家企业；β_j 是第 j 个解释变量对应的回归系数；$\varepsilon_i \sim N(0, \pi^2/3)$，服从逻辑分布；$EndaDe_i^{*}$ 是不可观测的潜变量，$EndaDe_i$ 与 $EndaDe_i^{*}$ 之间存在如下的选择规则：

$$EndaDe_i = \begin{cases} 1, & 若 EndaDe_i^{*} \leqslant r_0 \\ 2, & 若 r_0 < EndaDe_i^{*} \leqslant r_1 \\ 3, & 若 r_1 < EndaDe_i^{*} \leqslant r_2 \\ 4, & 若 r_2 < EndaDe_i^{*} \end{cases} \tag{5}$$

其中，$EndaDe_i$ 是取值范围为｛1，2，3，4｝的离散变量，表示第 i 家企业的绿色转型程度，$r_0 < r_1 < r_2$ 为一组待估参数，称为切点。

三、调研样本的基本情况分析

（一）被调查企业所属经济类型

被调查企业包含 6 种经济类型，分别为国有企业、集体企业、民营企业、外资企业、混合所有制企业和中外合资企业。其中，民营企业、国有企业和外资企业占比较大，分别占样本总量的 65.320%、18.826%和 10.747%；混合所有制企业、集体企业和中外合资企业占比较小，分别占样本总量的 2.820%、1.601%和 0.686%。

（二）被调查人员职位与认知情况

被调查者中，高层管理人员有 184 人，占样本总量的 14.024%；

中层经理有 285 人，占样本总量的 21.723%；基层经理有 244 人，占样本总量的 18.598%；普通员工有 599 人，占样本总量的 45.655%。

图 6-1 反映了不同职位的被调查者对大数据与企业融合发展的必要性认识。可以看出，被调查者对大数据与企业融合发展的必要性认知程度与其职位呈现较为明显的相关关系，即被调查者的职位越高，对大数据与企业融合发展的必要性认知程度越高，在图中表现为对融合发展必要性认知程度越高，被调查者的职位所处高级别的百分比越高。具体而言，高层管理人员中认为推进大数据与企业深度融合非常有必要的占比 61.413%，认为有必要的占比 34.239%，认为不太必要的占样本总量的 4.348%；中层经理中认为融合非常有必要的占比 61.754%，认为有必要的占比 32.632%，认为不太必要的占比 5.614%；基层经理和普通员工中认为融合发展非常有必要的占比明显下降，分别占样本总量的比例为 49.180% 和 44.240%，而认为不太必要的占比增加，普通员工中认为融合发展不太必要的占比最多，达 7.346%；在 4 种被调查者中，仅有普通员工中存在认为融合发展完全没有必要的人。

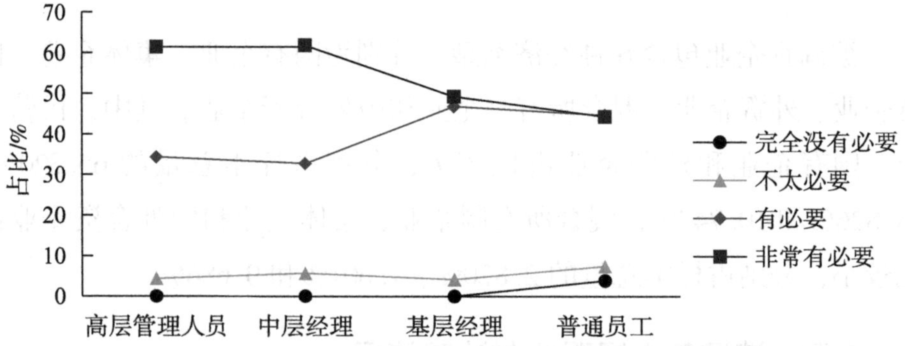

图 6-1　不同职位被调查者对大数据与企业融合发展的必要性认识

数据来源：对江苏等 8 个省市 212 家工业企业关于企业绿色转型的问卷调查。

图 6-2 反映了不同职位的被调查者对企业绿色转型的必要性认识。由此图可知，被调查者中认为企业绿色转型非常有必要的与被调查者的职位存在较为明显的相关性，即被调查者的职位越高，认为绿色转型非常有必要的占比越高。随着被调查者职位的提高，认为绿色转型非常有必要的占比逐渐上升，普通员工、基层经理、中层经理和高层管理人员所占样本量的百分比依次递增，分别为 40.735%、50.410%、58.947%和 59.783%。

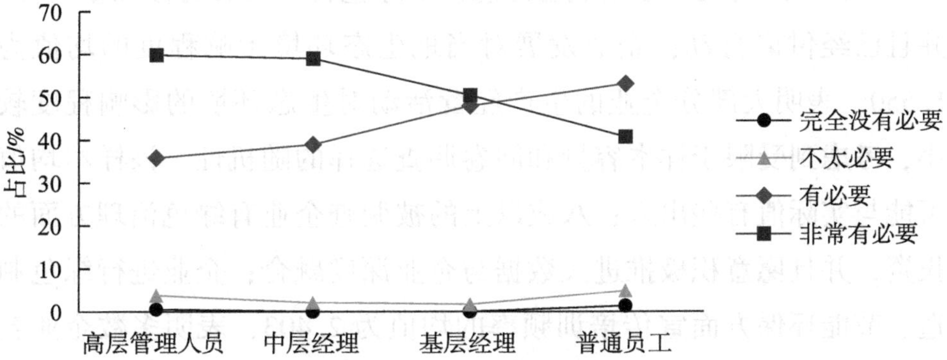

图 6-2　不同职位的被调查者对企业绿色转型的必要性认识

由图 6-1、图 6-2 的统计结果可知，不同职位的被调查者对大数据与企业融合发展以及企业绿色转型的认知程度存在差异，可能是源于不同职位的被调查者的文化程度、对国家相关政策方针的关注度以及在企业生产经营决策中所扮演的角色不同。一般来说，高层管理人员负责公司目标和发展战略等方针内容的制定，其一般具有较高的文化程度，需要关注国家政策方针的调整，并据此对企业发展做出宏观判断，拟定发展方向。中层经理和基层经理主要负责执行上层管理人员的决策，监督、协调相关工作，对其文化程度、政策关注度及宏观经济形势判断力等方面的要求相对较低。普通员工一般按照上层领导的分配完成工作任务，几乎不涉及企业发展战略调整等内容，所以对其文化程度、政策关注度和宏观经济判断力等方面的要求往往最低。

（三）样本基本变量的描述性统计

表 6-2 列示了本章所有相关变量指标的描述性统计结果。其中，92.921%的被调查者认为结合大数据进行绿色转型是有必要或者非常有必要的；已经开始绿色转型的企业占全体样本量的 75.305%，说明大多数企业已经意识到绿色转型的必要性和重要性，并且已经付诸行动；企业发展对当地生态环境影响程度的均值为 1.550，表明大部分企业的生产经营活动对生态环境的影响程度较小，考虑到受限于样本容量和问卷调查选择的随机性，该样本均值可能与实际值有些出入；八成以上的被调查企业有绿色治理方面的投资，并且愿意积极推进大数据与企业深度融合；企业进行绿色制造、节能环保方面宣传培训频率的均值为 2.403，表明多数企业会偶尔进行绿色生产方面的宣传培训；半数以上的被调查企业获得 ISO 14001 认证；企业有无统一的数据管理中心的均值为 0.399，表明大多数企业还不存在统一的数据管理中心；大数据等数字技术对企业业务覆盖水平的均值较低，为 1.893，表明大多数企业业务数字技术的覆盖范围不够广，介于初级水平和中级水平之间，即大数据对企业业务覆盖面介于 30%～50%，并且基本实现生产环节自动化管控覆盖；84.909%的被调查企业已采用节能节水、绿色制造进行生产；企业能源消费类型趋于绿色，使用煤炭和石油的企业仅占比 5.030%；55.716%的企业在节能减排、诊断、监察及污染处理过程中运用了大数据等数字技术。

表 6-2　样本基本变量的描述性统计

变量	均值	标准差	分组	占被调查者的比例/%
企业是否开始绿色转型（GreEco）	0.753	0.431	是=1 否=0	75.305 24.695
企业发展对当地生态环境的影响程度（EndaDe）	1.550	0.614	无影响=1 影响较小=2 破坏=3 严重破坏=4	50.534 44.817 3.735 0.915
是否愿意加大投入、积极推进大数据与企业深度融合（FudeDe）	0.861	0.346	是=1 否=0	86.128 13.872
X_1 结合大数据等数字技术进行绿色转型的必要性认知（BdTraNe）	3.351	0.631	完全没有必要=1 不太必要=2 有必要=3 非常有必要=4	0.229 7.851 48.552 43.369
X_2 企业进行绿色制造、节能环保方面宣传培训的频繁程度（ProFre）	2.403	0.592	从不进行=1 偶尔进行=2 经常进行=3	5.488 48.704 45.808
X_3 企业文化有无绿色生产、节能减排的内容（GreCul）	0.891	0.312	有=1 没有=0	89.101 10.899
X_4 是否获得 ISO 14001 认证（EnvCer）	0.513	0.500	是=1 否=0	51.296 48.704
X_5 有无统一的数据管理中心（DatCen）	0.399	0.490	有=1 没有=0	39.939 60.061
X_6 研发经费总额（R&DFun）	2.175	1.194	100 万元以下=1 100 万~500 万元=2 500 万~1000 万元=3 1000 万元以上=4	42.073 20.198 15.854 21.875
X_7 数字化生产设备占设备总量的比例（DigPro）	2.582	1.047	25%以下=1 25%~50%=2 50%~75%=3 75%以上=4	18.674 28.430 28.963 23.933
X_8 大数据等数字技术对企业业务覆盖水平（BdCov）	1.893	0.911	初级水平=1 中级水平=2 中高级水平=3 高级水平=4	44.131 25.686 26.905 3.277

续表

变量	均值	标准差	分组	占被调查者的比例/%
X_9 企业各环节已实现数据共享业务的共享程度（DatSha）	2.389	0.931	初级水平=1 中级水平=2 中高级水平=3 高级水平=4	21.799 27.134 41.463 9.604
X_{10}万元产值综合能耗相比同行业水平（EneCon）	2.281	0.828	初级水平=1 国内平均水平=2 国内先进水平=3 国际先进水平=4	19.284 38.186 37.652 4.878
X_{11}是否采用节能节水、绿色制造进行生产（EnvTec）	0.849	0.358	是=1 否=0	84.909 15.091
X_{12}能源消费类型（EnerTy）	3.725	0.702	煤炭=1 石油=2 天然气=3 电力=4 太阳能、风能、地热等清洁能源=5	2.820 2.210 18.598 72.409 3.963
X_{13}节能减排、诊断、监察及污染处理过程是否运用大数据等数字技术（DiDigTec）	0.557	0.497	是=1 否=0	55.716 44.284
X_{14}有无进行绿色治理方面的投资（GreInv）	0.816	0.388	有=1 没有=0	81.555 18.445
X_{15}员工总数（EmNum）	2.556	1.180	100人以下=1 100~200人=2 200~500人=3 500人以上=4	27.439 19.360 23.399 29.802
X_{16}企业营业收入（Rev）	3.205	1.092	1000万元以下=1 1000万~5000万元=2 5000万~1亿元=3 1亿元以上=4	12.195 14.863 13.186 59.756

注：本表由Stata15.0分析而得。

数据来源：对江苏等8个省市212家工业企业关于企业绿色转型的问卷调查。

四、工业企业绿色转型影响因素的实证分析

（一）工业企业绿色转型影响因素的 Logit 模型回归分析

以企业是否开始绿色转型（GreEco）为被解释变量，利用 Stata15.0 对式（1）进行 Logit 模型回归分析，其模型回归的估计结果见表 6-3。

表 6-3　工业企业绿色转型影响因素的 Logit 模型回归结果

变量	系数	标准误	t 值	P 值
BdTraNe	0.8697***	0.1777	4.89	0.000
ProFre	0.1315	0.2160	0.61	0.543
GreCul	0.8042**	0.3169	2.54	0.011
EnvCer	0.9890***	0.2482	3.98	0.000
R&DFun	0.6266***	0.1554	4.03	0.000
BdCov	0.4284***	0.1608	2.66	0.008
EneCon	1.0415***	0.1607	6.48	0.000
EnvTec	0.8586***	0.2796	3.07	0.002
EnerTy	0.2279*	0.1246	1.83	0.067
DiDigTec	-0.1876	0.2286	-0.82	0.412
GreInv	1.8980***	0.2984	6.36	0.000
EmNum	-0.4209***	0.1416	-2.97	0.003
Rev	0.1414	0.1386	1.02	0.308
Constant	-9.2973***	0.9021	-10.31	0.000
Log-L	-366.0192			
Mean dependent var	0.753	*SD dependent var*		0.431
R-squared	0.5009	*N*		1312
Chi-squared	387.006	*Prob > chi2*		0.0000

续表

变量	系数	标准误	t 值	P 值
Akaike crit. (*AIC*)	760.038	*Bayesian crit.* (*BIC*)		835.549

注：*、**、*** 分别表示在 10%、5%和 1%的置信水平上显著。

数据来源：对江苏等 8 个省市 212 家工业企业关于企业绿色转型的问卷调查。

由表 6-3 中的 Logit 模型估计结果可知，除了企业进行绿色制造、节能环保方面宣传培训的频繁程度（ProFre），节能减排、诊断、监察及污染处理过程是否运用大数据等数字技术（DiDigTec），企业营业收入（Rev）以外，其余变量均对企业是否进行绿色转型产生了显著影响。

具体来说，结合大数据等数字技术对企业进行绿色转型的必要性认知（BdTraNe）的回归系数在 1%的水平上显著为正，表明被调查者对企业结合大数据进行绿色转型的必要性认知与企业是否开始绿色转型显著正相关，即被调查者对企业结合大数据进行绿色转型的必要性认知程度越高，企业已经开始绿色转型的概率越大。可能是源于被调查对象存在一定比例的管理者，对企业结合大数据进行绿色转型的必要性认知程度越高，越有可能制定相关绿色转型战略举措，对企业发展方向具有一定的决策影响力，企业的绿色转型契合可持续发展和“双碳”理念。

从绿色减排相关角度看，企业文化有无绿色生产、节能减排的内容（GreCul），是否采用节能节水、绿色制造进行生产（EnvTec）和有无进行绿色治理方面的投资（GreInv）的 Logit 回归系数分别在 5%、1%、1%的显著性水平表现为正，表明企业文化中有无绿色生产、节能减排的内容，生产过程是否采用节能节水、绿色制造以及有无进行绿色治理方面的投资均与企业是否进行绿色转型显著正相关，即企业文化中出现绿色、节能的内容，企业存在绿色治理方面的投资，该企业已经开始绿色转型的概率较大。企业文化向员工传递价值观念，若其中包含绿色环保生产内容，管理层及员工会形成价值观念的统一，形成向绿色观念转变的良好精神氛围，促使企业进行绿色转型。同样，企业采用节能节水、绿色制造进行生产，对环境带来较小污染影响，给外界提供正外部性，并在此过程中获得经济效益和社会效益的正向反馈，此类企业推进实施绿色转型的概率较大。另外，企业进行绿色治理投资，属于积极主动向绿色制造转变，有利于推进绿色转型进程。

从环保认证来看，是否获得 ISO 14001 认证（EnvCer）的估计系数为 0.9890，通过 1%的显著性水平检验，表明获得 ISO 14001 认证的企业其绿色转型的概率更高。获得 ISO 14001 认证的企业一般是负有社会责任感的大公司，在其生产经营中保持较严格的生产和排放标准，通过履行社会责任树立自身良好社会形象，因此其进行绿色转型的概率更高。

从技术角度看，研发经费总额（R&DFun）的估计系数为 0.6266，在 1%的水平上显著，表明研发经费总额的投入与企业是否开始绿色转型显著正相关，即研发经费投入越多，表明企业注重自主研发，企业绿色转型的概率越大。

从大数据对企业业务覆盖情况（BdCov）的回归系数（0.4284）来看，其通过了 1%的显著性水平检验，即大数据对企业覆盖水平越高，企业各环节已实现的数字化水平越高，表明企业已经意识到利用大数据等数字技术进行企业绿色转型的重要性和必要性，企业已经开始绿色转型的概率越大。

从能源角度看，万元产值综合能耗相比同行业水平（EneCon）较领先，即能耗值低的企业，其开始绿色转型的概率更大，能源消费类型（EnerTy）偏向于清洁、可持续能源的企业开始绿色转型的概率也更大，二者表现为回归系数分别在1%和10%的水平上显著为正。万元产值综合能耗相比同行业其他企业越低说明其效率越高，较少依靠传统粗放型增长方式，已经开始绿色转型的概率越大。使用的能源类型越偏向于清洁能源的企业自身面临的环境污染较少，更容易绿色转型成功，促使其进行绿色转型的概率越高。

从企业规模看，企业员工总数（EmNum）对是否开始绿色转型具有显著负向影响，并通过了1%的显著性水平检验，表明企业员工总数越少，即企业规模越小，其进行绿色转型的成本越低，企业业务转型期越短，管理者越有可能进行绿色转型。

（二）工业企业绿色转型程度影响因素的 Ordered Logit 模型回归分析

以企业对当地生态环境的影响程度为被解释变量，利用 Stata 15.0 对式（4）进行 Ordered Logit 模型回归分析，模型回归的估计结果见表 6-4。

表 6-4 工业企业绿色转型程度影响因素的 Ordered Logit 模型回归结果

变量	系数	标准误	t 值	P 值
BdTraNe	0.5286***	0.1058	4.99	0.000
ProFre	-0.0800	0.1146	-0.70	0.485
GreCul	-0.3611*	0.2055	-1.76	0.079
EnvCer	-0.7561***	0.1524	-4.96	0.000
R&DFun	0.0799	0.0686	1.16	0.244
BdCov	-0.2888***	0.0880	-3.28	0.001
EneCon	0.0573	0.0908	0.63	0.528
EnvTec	-0.6745***	0.2004	-3.37	0.001

续表

变量	系数	标准误	t 值	P 值
EnerTy	−0.3354***	0.0860	−3.90	0.000
DiDigTec	−0.3312**	0.1310	−2.53	0.011
GreInv	0.0463	0.2123	0.22	0.827
EmNum	0.7811***	0.0897	8.71	0.000
Rev	−0.8048***	0.0860	−9.35	0.000
*cut*1	−1.9261	0.4856		
*cut*2	1.4976	0.4894		
*cut*3	3.2190	0.5287		
Log-L	−1015.2584			
Mean dependent var	1.550	*SD dependent var*		0.614
R-squared	0.1109	*N*		1312
Chi-squared	182.176	*Prob > chi2*		0.0000
Akaike crit. (*AIC*)	2062.517	*Bayesian crit.* (*BIC*)		2145.386

注：*、**、*** 分别表示在 10%、5%和 1%的置信水平上显著。
数据来源：对江苏等 8 个省市 212 家工业企业关于企业绿色转型的问卷调查。

由表 6-4 中的 Ordered Logit 模型回归估计结果可知，除了企业进行绿色制造、节能环保方面宣传培训的频繁程度（ProFre），研发经费总额（R&DFun），万元产值综合能耗相比同行业水平（EneCon）和有无进行绿色治理方面的投资（GreInv）以外，其余变量均对企业绿色转型程度产生了显著影响。

具体来说，结合大数据等数字技术对企业进行绿色转型的必要性认知（BdTraNe）的回归系数在 1%的水平上显著为正，表明被调查者对企业结合大数据进行绿色转型的必要性认知与企业绿色转型程度显著正相关。即被调查者对企业结合大数据进行绿色转型的必要性认知程度越高，则企业发展对当地生态环境的破坏程度越低；

企业对结合大数据进行绿色转型的必要性认知程度越低，说明管理层对绿色转型的重视程度不够，企业发展对当地生态环境的破坏程度越高。

从绿色减排相关角度看，企业文化有无绿色生产、节能减排的内容（GreCul）和是否采用节能节水、绿色制造进行生产（EnvTec）的Logit回归系数分别在10%和1%的显著性水平上表现为负。这表明企业文化中有无绿色生产、节能减排的内容以及生产过程是否采用节能节水、绿色制造均与企业对当地生态环境的破坏程度呈显著负相关，即企业文化中存在绿色生产、节能减排的内容，企业采用节能节水、绿色制造进行生产，则该企业对当地生态环境的破坏程度更小。企业文化向员工传递绿色制造、环保理念，并作为企业的主要价值观为员工所认知，增强企业的绿色转型意识，并在生产、经营、管理过程中切实采用节能节水、绿色制造等设备，从而减少对生态环境的破坏程度。

从环保认证方面来看，是否获得ISO 14001认证（EnvCer）的估计系数为-0.7561，通过1%的显著性水平检验。这表明是否获得ISO 14001认证与企业对生态环境的破坏程度显著负相关，即获得ISO 14001认证的企业对当地生态环境的破坏更小。获得ISO 14001认证的企业一方面受认证标准体系的制约；另一方面获得认证会促进企业自觉遵守环境方面的法律法规，自觉履行社会职责，加强企业内部的绿色环保意识和环境管理，会在生产经营活动中注重节能、倡导绿色，减少对生态环境的破坏程度。

从技术角度看，研发经费总额（R&DFun）的估计系数为0.0799，未通过10%的显著性水平检验。这表明研发经费总额的投入与企业对生态环境的破坏程度之间不存在显著的相关关系。

从大数据对企业业务覆盖情况（BdCov）和节能减排、诊断、监察及污染处理过程是否运用大数据等数字技术（DiDigTec）来看，二者的回归系数分别为-0.2888和-0.3312，且分别通过1%和5%的显著性检验。这表明大数据对企业业务的覆盖情况（BdCov）和节能减排、诊断、监察及污染处理过程是否运用大数据等数字技术（DiDigTec）均与企业对当地生态环境的破坏程度显著负相关，即大数据对企业覆盖水平越高，企业在节能减排、诊断、监察和污染处理等过程运用大数据等数字技术的程度越高，则可说明企业已认识到利用大数据进行生产经营绿色转型和绿色治理的重要性，其发展对生态环境的破坏程度较小。

从能源角度看，能源消费类型（EnerTy）偏向于清洁、可持续能源的企业对当地生态环境的破坏程度较小。能源消费类型（EnerTy）的Ordered Logit回归系数在1%的水平上显著为负，说明能源消费类型与企业对环境的破坏程度呈现负相关。企业使用的能源类型越偏向于清洁能源，则对不可再生资源的消耗越少，对废弃物的产生和排放也越少，对生态环境的破坏程度越小。

从企业规模看，企业员工总数（EmNum）的估计参数为0.7811，在1%的显著性水平上通过统计检验。这表明企业员工总数与企业对当地生态环境的破坏程度呈显著正相关，即企业员工数越多，生产规模越大，对当地生态环境的破坏越大。企业营业收入（Rev）的估计参数为-0.8048，在1%的显著性水平上通过统计检验。这表明企业营业收入与企业对当地生态环境的破坏程度呈显著负相关，即企业营业收入越高，对当地生态环境的破坏程度越小。企业营业收入越高，规模相对越大，企业越需要谋求长期、绿色、可持续的发展方向，企业发展必须契合绿色发展理念，承担相应社会责任，倡导节能环保，寻求绿色转型，以此提升企业竞争力，因此对生态环境的破坏程度较低。

（三）大数据与工业企业融合发展影响因素的 Logit 模型回归分析

以是否愿意加大投入、积极推进大数据与企业深度融合（FudeDe）发展为被解释变量，利用 Stata 15.0 对式（2）的大数据与工业企业融合发展影响因素进行 Logit 模型回归分析，模型回归的估计结果见表 6-5。

表 6-5 大数据与工业企业融合发展影响因素的 Logit 模型回归结果

变量	系数	标准误	*t* 值	*P* 值
BdTraNe	1.2383***	0.1946	6.36	0.000
ProFre	0.5748***	0.2061	2.79	0.005
GreCul	0.0207	0.3345	0.06	0.951
EnvCer	0.6395**	0.3086	2.07	0.038
DatCen	0.0937	0.4551	0.21	0.837
R&DFun	0.3408**	0.1556	2.19	0.028
DigPro	0.3649***	0.1228	2.97	0.003
BdCov	0.9176***	0.3069	2.99	0.003
DatSha	0.7566***	0.1720	4.40	0.000
EnerTy	0.4066***	0.1521	2.67	0.008
DiDigTec	-0.0464	0.2990	-0.16	0.877
EmNum	-0.2081	0.1575	-1.32	0.186
Rev	-0.2238	0.1424	-1.57	0.116
Constant	-8.0384***	1.0164	-7.91	0.000
Log-L	-309.13223			
Mean dependent var	0.861	SD dependent var		0.346
R-squared	0.4148	N		1312
Chi-square	264.521	Prob > chi2		0.0000

续表

变量	系数	标准误	*t* 值	*P* 值
Akaike crit.（AIC）	646.264	Bayesian crit.（BIC）		718.775

注：本表由 Stata15.0 分析而得。*、**、*** 分别表示在 10%、5%和 1%的置信水平上显著。

数据来源：对江苏等 8 个省市 212 家工业企业关于企业绿色转型的问卷调查。

由表 6-5 中的 Logit 模型回归估计结果可知，除了企业文化有无绿色生产、节能减排的内容（GreCul），有无统一的数据管理中心（DatCen），节能减排、诊断、监察及污染处理过程是否运用大数据等数字技术（DiDigTec），企业员工总数（EmNum）和企业营业收入（Rev）以外，其余变量均对企业绿色转型程度产生了显著正向影响。

具体来说，结合大数据等数字技术对企业进行绿色转型的必要性认知（BdTraNe）的回归系数在 1%的水平上显著为正。这表明被调查者对结合大数据进行绿色转型的必要性认知对企业是否愿意与大数据深度融合发展显著正相关，即被调查者对企业结合大数据进行绿色转型的必要性认知程度越高，管理层对企业进行绿色转型过程中应用大数据等数字技术的重视程度就越高，被调查者越愿意加大投入、积极推进大数据与企业的深度融合。

从绿色减排相关角度看，企业进行绿色制造、节能环保方面宣传培训的频繁程度（ProFre）对企业是否愿意深入推进大数据与企业深度融合具有显著正向影响。企业进行绿色制造、节能环保方面宣传培训的频繁程度（ProFre）的估计系数为 0.5748，P 值为 0.005，说明在 1%的显著性水平上，企业进行绿色制造、节能环保方面宣传培训的频繁程度（ProFre）与其是否愿意深入推进大数据与企业深度融合存在显著正相关关系，即企业进行绿色制造、节能环保方面宣传培训越频繁，企业管理者和员工对绿色转型的了解越深刻，越是想寻求绿色转型的路径，而大数据与企业深度融合为企业绿色转型提供了一种现实路径，故企业也就越愿意加大投入、积极推进大数据与企业融合发展。

从环保认证来看，是否获得 ISO 14001 认证（EnvCer）的估计系数为 0.6395，通过了 5%的显著性检验。这表明企业是否获得 ISO 14001 认证与其是否愿意推进大数据和企业融合发展显著正相关，即获得 ISO 14001 认证的企业愿意推进大数据和企业深度融合的概率更大。获得 ISO 14001 认证的企业往往具备较强的社会责任感，积极响应国家最新政策方针，寻求加深两化融合程度，因此其愿意加大投入、积极推进与大数据融合发展的概率更大。

从技术角度看，研发经费总额（R&DFun）的估计系数为 0.3408，通过了 5%的显著性水平检验。这表明研发经费总额的投入与企业是否愿意推进与大数据的融合发展存在显著正相关关系，即企业研发经费总额投入越多，愿意加大投入、积极推进与大数据融合发展的概率越大。

从企业信息化和数据共享程度来看，数字化生产设备占设备总量的比例（DigPro）、大数据对企业业务覆盖情况（BdCov）和企业各环节已实现数据共享业务的共享程度（DatSha）的回归系数均在 1%的显著性水平下表现为正。这表明数字化生产设备占设备总量比例越高，大数据对企业业务覆盖水平越高，企业各环节已实现数据共享业务的共享程度越高，企业愿意加大投入、积极推进大数据与企业深度融合发展的概率越高。数字化生产设备占设备总量比例、大数据对企业业务覆盖水平和企业各环节已实现数据共享业务的共享程度均反映了大数据与企业融合发展的状况。企业在这 3 个方面融合水平越高，说明企业数字化转型程度越高，生产经营效益得以提升，因此愿意加大投入、深入推进与大数据融合发展的概率越大。

从能源角度看，能源消费类型（EnerTy）的 Logit 模型回归估计参数在 1%的水平上显著为正。这说明企业能源消费类型与是否愿意推进大数据和企业深度融合发展显著正相关，即能源消费类型（EnerTy）偏向于清洁、可持续能源的企业愿意加大投入、深度推进与大数据融合发展的概率越大。使用的能源类型偏向于清洁能源的企业，面临较弱的生态环境风险，推进大数据与企业的深度融合并不会增加企业的环境风险。因此，企业更有动力利用大数据等数字技术进行数字化转型和绿色转型，其愿意加大投入力度、推进与大数据深度融合发展的概率更大。

五、工业企业绿色转型的难点及政策期待

表 6-6 显示了对工业企业发展破坏当地生态环境的可能原因的调研结果。被调查者认为工业企业发展破坏当地生态环境的最主要原因是“技术研发投入少，生产技术落后”，占总体样本的 60.823%。这说明大多数被调查者认为企业破坏生态环境的原因是企业内部技术问题，企业生产技术落后，技术研发投入少，采用传统生产经营方式，缺少数字转型和绿色转型，对当地生态环境产生不良影响。接下来几个较重要的原因依次为“能源结构不合理，能源使用效率较低”“企业管理人员对绿色制造、节能减排的重视不够”“政府相关优惠政策无法切实实施”，分别占样本总量的 52.134%、41.159%和 36.204%。这其中既包括企业内部因素，如能源使用效率较低的企业会对环境产生较大破坏，高层管理人员对绿色制造、节能环保重视不够导致缺乏污染排放的监控和治理；也包括政府政策实施等外部因素，如政府提供的相关绿色制造或绿色

转型的优惠政策无法实施，或者优惠政策执行效率慢，制约企业绿色转型积极性，导致工业企业发展依旧会对当地生态环境产生不同程度的破坏。

表 6-6　工业企业发展对当地生态环境产生破坏的原因

破坏当地生态环境的原因	数量/人	占比/%
能源结构不合理，能源使用效率较低	684	52.134
技术研发投入少，生产技术落后	798	60.823
政府处罚力度和监管力度不够	353	26.905
政府相关优惠政策无法切实实施	475	36.204
企业管理人员对绿色制造、节能减排的重视不够	540	41.159
企业管理人员不太了解相关的环保和节能降耗标准	334	25.457
其他	91	6.936

数据来源：对江苏等 8 个省市 212 家工业企业关于企业绿色转型的问卷调查。

表 6-7 显示了对工业企业绿色转型所面临的主要困难的调研结果。被调查者认为工业企业绿色转型的主要困难是“缺乏行之有效的新技术、新材料和新管理模式以及相关信息推广交流平台”，这一部分占总体样本的 63.491%。这也说明被调查者认为企业绿色转型最主要的困难集中在技术、管理模式和交流平台方面。当前，工业企业除了缺乏绿色转型相关技术和材料之外，同样需要变更企业管理模式，加之缺乏相关的绿色转型信息推广交流平台，使得企业不得不面临技术层面、管理层面和信息交流平台层面的问题，阻碍了企业绿色转型进程。此外，占比较多的还有“自主研发能力不足，只能提供一些技术含量低、附加值低的产品”“研发经费不足，技术进步缓慢，生产技术落后”“节能降耗成本太高，严重影响企业的营业收入”等问题，分别占样本总量的 60.213%、55.716% 和 52.744%。这三项分别反映出企业绿色转型过程中的自主研发能

力不足、生产技术落后和转型成本高等问题，表明被调查者认为自主创新、生产技术和转型成本是制约工业企业绿色转型的主要因素。

表 6-7　工业企业绿色转型面临的主要困难

工业企业绿色转型面临的主要困难	数量/人	占比/%
缺乏行之有效的新技术、新材料和新管理模式以及相关信息推广交流平台	833	63.491
自主研发能力不足，只能提供一些技术含量低、附加值低的产品	790	60.213
研发经费不足，技术进步缓慢，生产技术落后	731	55.716
节能降耗成本太高，严重影响企业的营业收入	692	52.744
企业不具备相应的资金条件，融资渠道狭窄，面临较强的融资约束	543	41.387
企业管理人员不太了解相关的环保和节能降耗标准	328	25.000
市场上的绿色制造技术成熟度不高，无法真正用于生产	303	23.095
政府的节能减排优惠力度不够，优惠政策太少	282	21.494
政府的“三废”排放处罚标准过重，不符合企业生产实际情况	191	14.558
政府管理部门的环保标准模糊不清	98	7.470
地方政府对工业企业运用数字技术进行绿色转型升级的宣传力度及政策举措不足	122	9.299
其他	5	0.381

数据来源：对江苏等 8 个省市 212 家工业企业关于企业绿色转型的问卷调查。

表 6-8 列示了被调查者对于政府推进工业企业绿色转型存在的政策期待。据表 6-8 可知，“开展大数据人才培养，制定人才引进及培训补贴政策”是被调查者对于政府最主要的政策期待，占全体样本的 78.582%。这说明人才因素是被调查者认为推进工业企业绿色转型的最重要一环，培养大数据人才，制定人才引进与培训补贴政策，可以增强企业及地区的数字化水平，以数字转型带动企业绿色

转型。此外，所占比重较高的政策期待还包括“政府公开信息资源，促进数据流通交易”“资助工业企业大数据等数字技术项目研发”“政府实施绿色制造、数字城市建设”“支持重点行业大数据等数字平台建设”，分别占总体样本的75.076%、73.247%、65.777%和58.079%。这四项政策期待分别反映出企业希望政府在加速数据资源流通交易、资助企业大数据项目研发、建设数字城市和重点行业大数据等数字平台等方面加大政策力度，促进数据要素流通，加深数据资源共享程度，加大对工业企业大数据等数字技术研发项目的资助力度，加快推进绿色制造、数字城市、智慧城市的建设，重点支持建设行业大数据等数字平台，以此夯实工业企业数字转型基础，推动工业企业绿色转型进程。

表6-8　被调查者对工业企业绿色转型的政策期待

被调查者对工业企业绿色转型的政策期待	数量/人	占比/%
开展大数据人才培养，制定人才引进及培训补贴政策	1031	78.582
政府公开信息资源，促进数据流通交易	985	75.076
资助工业企业大数据等数字技术项目研发	961	73.247
政府实施绿色制造、数字城市建设	863	65.777
支持重点行业大数据等数字平台建设	762	58.079
政府加大大数据等数字项目采购力度	708	53.963
政府设立引导工业企业绿色转型的投资基金	640	48.780
鼓励“政产学研”协同创新及高校技术转移转化	480	36.585
加快实施绿色制造工程，推广节能节水技术设备，利用数字技术实施节能诊断与节能监察	448	34.146
推动落实工业领域污染防治攻坚战	372	28.354
其他	6	0.457

数据来源：对江苏等8个省市212家工业企业关于企业绿色转型的问卷调查。

六、工业企业绿色转型的实现路径

（一）结论

本章以东部（江苏、天津），中部（河南、湖南、山西），西部（贵州、四川）和东北部（吉林）8个省市212家工业企业为调查样本，采用1312份关于大数据融合机制背景下工业企业绿色转型的问卷调查数据，构建Logit及Ordered Logit模型分别对工业企业绿色转型影响因素、工业企业绿色转型程度影响因素和大数据与工业企业融合发展影响因素进行实证分析，得出如下结论：

第一，通过Logit模型对工业企业绿色转型的影响因素实证分析结果可知，结合大数据等数字技术进行绿色转型的必要性认知，企业文化有无绿色生产、节能减排的内容，是否采用节能节水、绿色制造进行生产，有无进行绿色治理方面的投资，是否获得ISO 14001认证，研发经费总额，大数据等数字技术对企业业务覆盖水平，万元产值综合能耗相比同行业水平，能源消费类型与企业是否开始绿色转型存在显著正相关关系；企业员工总数对企业是否开始绿色转型具有显著负向影响；企业进行绿色制造、节能环保方面宣传培训的频繁程度，节能减排、诊断、监察及污染处理过程是否运用大数据等数字技术，企业营业收入与企业是否开始绿色转型不存在显著的相关性。

第二，通过Ordered Logit模型对工业企业绿色转型程度的影响因素实证分析结果可知，结合大数据等数字技术进行绿色转型的必要性认知、企业员工总数与工业企业发展对当地生态环境的破坏程度呈显著正相关；企业文化有无绿色生产、节能减排的内容，是否采用节能节水、绿色制造进行生产，是否获得ISO 14001认证，大数据对企业业务覆盖水平，节能减排、诊断、监察及污染处理过程是否运用大数据等数字技术，能源消费类型和企业营业收入对当地生态环境的破坏程度具有显著负向影响；企业进行绿色制造、节能环保方面宣传培训的频繁程度，研发经费总额，万元产值综合能耗相比同行业水平，有无进行绿色治理方面的投资均与企业绿色转型程度不存在显著相关性。

第三，通过 Logit 模型对大数据与工业企业融合发展的影响因素实证分析结果可知，结合大数据等数字技术进行绿色转型的必要性认知，企业进行绿色制造、节能环保方面宣传培训的频繁程度，是否获得 ISO 14001 认证，研发经费总额，数字化生产设备占设备总量的比例，大数据对企业业务覆盖水平，企业各环节已实现数据共享业务的共享程度，能源消费类型均对企业是否愿意推进大数据与工业企业融合发展产生显著的正向影响；企业文化有无绿色生产、节能减排的内容，有无统一的数据管理中心，节能减排、诊断、监察及污染处理过程是否运用大数据等数字技术，企业员工总数，企业营业收入与企业是否愿意推进大数据与工业企业融合发展不存在显著的相关性。

（二）绿色转型实现路径

1. 加大自主研发投入，推动工业企业数字化技术进步

本章研究表明，是否采用节能节水、绿色制造进行生产，大数据对企业业务覆盖情况和节能减排、诊断、监察及污染处理过程是否运用大数据等数字技术均与企业对当地生态环境的破坏程度显著负相关。因此，一方面，企业应加大自主研发投入，坚持创新驱动，尤其是针对大数据等关键性的数字技术，把握先进技术主动权，推动企业数字化转型。另一方面，研发或引进节能减排、诊

断、监察、污染处理等绿色技术，利用绿色技术和先进设备进行生产经营，减少高污染能源的耗费和污染物排放，以数字化技术进步推进企业绿色转型。

2. 构建绿色企业文化，实现工业企业绿色发展模式

本章研究表明，企业文化有无绿色生产、节能减排的内容与企业对当地生态环境的破坏程度显著负相关。因此，应构建绿色制造、节能减排的绿色企业文化，将绿色理念融入企业文化，树立绿色发展的企业价值观，贯穿企业生产经营的全过程。此外，企业管理人员应积极宣传绿色制造、节能减排的内涵，增强企业员工的绿色环保意识，加深员工对企业绿色转型必要性和重要性的认识，兼顾企业效益与绿色转型，实现工业企业的绿色发展模式。

3. 优化能源消费结构，提高能源使用效率

本章研究表明，企业能源消费类型与其对当地生态环境的破坏程度呈现负相关关系。当能源消耗类型偏向于清洁可持续能源时，对当地生态环境的破坏程度更低。因此，企业通过减少煤炭、石油等高投入、高污染能源的使用，增加对太阳能、风能、地热能等清洁能源的利用，可以有效减轻对当地生态环境的破坏程度。因此，企业应优化内部能源消费结构，构建合理的能源消费模式，加速清洁能源对煤炭、石油等化石能源的代替，深入推进企业节能减排，不断提高能源使用效率。

4. 重视相关人才培养与引进，推进“政产学研”一体化

本章研究表明，被调查者最希望政府开展大数据人才培养，制定人才引进及培训补贴政策，相关人才的培养与引进是推进企业数字转型和绿色转型的关键要素。一方面，企业重视对大数据等数字技术和节能减排等绿色技术的研发，提升自身研发创新能力；另一方面，工业企业的数字转型和绿色发展模式转变离不开政府的帮助，地方政府应实施引进绿色技术和相关人才方面的政策，营造地区绿色发展模式氛围。政府、企业、科研院所和高校形成“以政引产、以产养研、以研促产”的绿色发展模式，推进“政产学研”一体化。

5. 开放信息资源共享，建设重点行业数字平台，打造绿色转型范式

本章研究表明，较多的被调查者希望政府在信息资源共享、数据交易流通、重点行业大数据等数字平台建设方面提供更多帮助。一方面，开放信息资源共享，削弱信息资源共享壁垒，加快数据等要素的交易流通速度，提高地区工业企业上云率，推进企业数字化转型；另一方面，支持重点行业大数据等数字平台建设，提供企业间技术和信息交流平台，连接行业内或不同行业的企业，逐步形成“单行业平台—多行业平台”的网状结构，在网状结构中贯彻绿色发展理念，深入推进数字化转型和绿色转型，形成数字化转型和绿色转型的领先企业，以点带面逐步推进整个网状结构中的各企业实现绿色转型，打造绿色转型范式。

参考文献

[1] 李干杰. 以习近平生态文明思想为指导坚决打好污染防治攻坚战 [J]. 行政管理改革，2018 (11)：4-11.

[2] 新华网. 习近平在气候雄心峰会上发表重要讲话 [N]. 人民网，2020-12-12.

[3] 中国社会科学院工业经济研究所课题组. 中国工业绿色转型研究 [J]. 中国工业经济，2011 (4)：5-14.

[4] 卢强，吴清华，周永章，等. 广东省工业绿色转型升级评价的研究 [J]. 中国人口·资源与环境，2013 (7)：34-41.

[5] 于连超，毕茜，张卫国. 工业企业绿色转型评价体系构建 [J]. 统计与决策，2019，35（14）：186-188.
[6] 肯尼斯·D. 贝利. 现代社会研究方法 [M]. 上海：上海人民出版社，1986.

附录 2

大数据与工业企业绿色转型调查问卷

您好！非常感谢您的参与！

我们是来自天津市工信局与天津商业大学共建“数字经济与绿色发展研究中心”及国家社科基金重点项目“大数据与制造业融合机制创新下我国制造业绿色转型的路径与对策研究”课题组，希望通过这份问卷，对贵企业大数据与绿色转型的现状进行了解。

本次问卷不记名，请放心填写。

除少数多选题，其他均为单选题，确定选项打√即可。

一、被访问者基本状况

1.1 您所在企业名称：________________

1.2 您在企业中担任的职位（ ）

A. 高层管理人员　　B. 中层经理

C. 基层经理　　D. 普通员工

1.3 您认为推进大数据等数字技术与企业融合发展有必要吗？（ ）

A. 非常有必要　　B. 有必要

C. 不太必要　　D. 完全没有必要

1.4 您认为企业进行绿色转型有必要吗？（ ）

A. 非常有必要　　B. 有必要

C. 不太必要　　D. 完全没有必要

二、企业基本信息

2.1 企业所属经济类型（　　）

A. 国有企业　　B. 集体企业

C. 民营企业　　D. 外资企业

E. 混合所有制企业　　F. 中外合资企业

2.2 企业所属行业（　　）

A. 煤炭开采和洗选业　　B. 石油和天然气开采业

C. 黑色金属矿采选业　　D. 有色金属矿采选业

E. 非金属矿采选业　　F. 开采辅助活动

G. 其他矿采选业　　H. 农副食品加工业

I. 食品制造业　　J. 酒、饮料和精制茶制造业

K. 烟草制品业　　L. 纺织业

M. 纺织服装、服饰业　　N. 皮革、毛皮及其制品业

O. 木材加工及木、竹、草制品业　　P. 家具制造业

Q. 造纸和纸制品业　　R. 印刷业和记录媒介的复制业

S. 文教、体育和娱乐用品制造业　　T. 石油加工、炼焦和核燃料加工业

U. 化学原料和化学制品制造业　　V. 医药制造业

W. 化学纤维制造业　　X. 橡胶制品业和塑料制品业

Y. 非金属矿物制品业　　Z. 黑色金属冶炼及压延加工业

A1. 有色金属冶炼及压延加工业　　B1. 金属制品业

C1. 通用设备制造业　　D1. 专用设备制造业

E1. 汽车制造业　　F1. 运输设备制造业

G1. 通信设备、计算机及其他　　H1. 仪器仪表制造业

电子设备制造业

I1. 其他制造业　　J1. 废弃资源综合利用业

K1. 金属制品、机械和设备修理业　　L1. 电力、热力生产和供应业

M1. 燃气生产和供应业　　N1. 水的生产和供应业

2.3　2020 年企业营业收入总额（　）

A. 1 亿元以上　　B. 5000 万~1 亿元

C. 1000 万~5000 万元　　D. 1000 万元以下

2.4　2020 年企业员工总数（　）

A. 500 人以上　　B. 200~500 人

C. 100~200 人　　D. 100 人以下

2.5　企业是否会经常进行绿色制造、节能环保方面的宣传或培训？(　　)

A. 经常进行　　B. 偶尔进行　　C. 从不进行

2.6　企业文化中有没有关于绿色生产、节能减排的内容？(　　)

A. 有　　B. 没有

2.7　企业是否制定了绿色转型相关措施？(　　)

A. 是　　B. 否

2.8　企业是否获得 ISO 14001 环境管理体系认证（　　）

A. 获得　　B. 尚未申请　　C. 申请中

2.9　企业是否制定了与大数据融合或企业数字化、智能化转型等相关战略措施？(　　)

A. 是　　B. 否

2.10　企业经营过程中是否运用大数据、人工智能等新型数字技术？(　　)

A. 是　　B. 否

三、企业研究与开发状况

3.1　2020年企业研发经费总额（　）

A. 1000万元以上　　B. 500万~1000万元

C. 100万~500万元　　D. 100万元以下

3.2　2020年研发人员总数（　）

A. 100人以上　　B. 50~100人

C. 10~50人　　D. 10人以下

3.3　2020年企业专利申请数（　）

A. 50个以上　　B. 10~50个

C. 1~10个　　D. 无

3.4　企业目前拥有的专利总数为（　）

A. 50个以上　　B. 10~50个

C. 1~10个　　D. 无

3.5　企业现阶段主要研发内容（　）

A. 主导产品的核心技术　　B. 企业前瞻技术研究

C. 工艺改进　　D. 产品设计

E. 工程化或试生产　　F. 新产品开发

G. 其他（请注明）：________________

3.6　企业研发内容是否涉及大数据等数字信息技术？（　）

A. 是　　B. 否

3.7　企业的研发成果主要通过何种方式实现？（　）

A. 自主研发　　B. 合作研发

C. 委托外单位研发　　D. 直接购买

E. 其他（请注明）

3.8　企业新产品研发周期与同行业其他企业相比（　）

A. 达到国际先进水平　　B. 达到国内先进水平

C. 达到国内平均水平　　D. 达到初级水平

四、大数据与企业融合状况

4.1　企业主干网覆盖情况（　　）

A. 尚未建有企业主干网

B. 建有企业主干网

C. 企业主干网覆盖50%以上办公和生产区域

D. 企业主干网覆盖80%以上办公和生产区域

4.2　企业计算机联网率（　）

A. 50%以下　　B. 50%~70%

C. 70%~90%　　D. 90%以上

4.3　企业数字化生产设备占生产设备总数量的比例（　　）

A. 25%以下　　B. 25%~50%

C. 50%~75%　　D. 75%以上

4.4　企业针对大数据等数字技术与企业融合发展的规划、制定和执行情况（　）

A. 无具体规划

B. 分散在业务规划中

C. 有企业级专项计划

D. 有企业级专项计划且列入考核目标

4.5　企业有无统一的数据管理中心（　　）

A. 有　B. 正在建设中　C. 没有

4.6（可多选）　企业使用的数据来源（　　）

A. 外部购买　　B. 合作互换

C. 自有数据或自行搜集　　D. 其他（请注明）

4.7　企业数据统一和集中管理程度（　　）

A. 数据分散管理　　　　B. 分区域集中管理

C. 统一集中管理

4.8　企业大数据等数字技术水平及其对企业业务覆盖情况(　　)

A. 初级水平，覆盖面在30%以下

B. 中级水平，覆盖面在30%~50%

C. 中高级水平，覆盖面在50%~70%

D. 高级水平，覆盖面在70%以上

4.9（可多选）　企业在哪些方面已应用数据资源或数据分析技术（　　）

A. 基础研发　　　　B. 产品设计

C. 生产制造　　　　D. 仓储物流

E. 营销服务　　　　F. 财务管理

G. 市场流通　　　　H. 企业与供应商或分销商协同

I. 其他（请注明）：____________________

4.10（可多选）　公司现有大数据相关业务的主要商业模式(　　)

A. 数据买卖（直接通过买卖数据取得收入）

B. 信息服务（将数据隐含在信息服务中取得收入）

C. 咨询服务（将数据隐含在行业咨询服务中取得收入）

D. 第三方数据服务（提供第三方数据服务取得收入）

E. 融合服务（将数据隐含在传统产品及服务中取得收入）

F. 软硬件技术服务与销售（通过提供大数据处理的软硬件取得收入）

G. 其他（请注明）：____________________

4.11　企业研发设计环节大数据应用水平（　　）

A. 部分使用数字化研发工具，仍以传统研发手段为主

B. 使用通用的基础性研发工具，基本实现无纸化研发

C. 使用定制或自行研发的系统和平台，完全实现设计研发的数据化

D. 拥有数字化研发中心，能实现虚拟仿真、协同研发

4.12 企业生产制造环节大数据应用水平（ ）

A. 生产流程与相关工序实现半自动管控

B. 基本实现生产环节自动化管控覆盖

C. 实现生产制造的完全数据化，以及生产计划与生产执行之间的数字化衔接

D. 实现生产执行与采购、销售、研发等各个环节之间的数字化衔接

4.13 企业运用大数据等数字技术实现信息化生产监控的层级（ ）

A. 没有实现信息化生产监控

B. 仅能监控到单个车间

C. 能够监控到整条生产线或工序

D. 能够直接监控到设备

4.14 企业电子商务采购额占采购总额的比例（ ）

A. 10%以下　　B. 10%~30%

C. 30%~60%　　D. 60%~90%

E. 90%以上

4.15 企业电子商务销售额占销售总额的比例（ ）

A. 10%以下　　B. 10%~30%

C. 30%~60%　　D. 60%~90%

E. 90%以上

4.16（可多选） 企业运用大数据等数字技术进行内部供应链集成管理所覆盖的环节（ ）

A. 物料采购环节　　B. 原料库环节

C. 生产制造环节　　D. 产成品库环节

E. 产品销售环节　　F. 产品配送环节

G. 以上均未实现

4.17 企业各环节已实现数据共享业务的共享程度（ ）

A. 无数据共享

B. 仅是数据共享，无具体操作

C. 已通过具体流程把相关业务连接起来，但各业务间的协同仍需要手动操作

D. 已通过具体流程把相关业务连接起来，各业务之间可自动反应反馈

4.18 企业产品质量合格率（ ）

A. 60%以下　　B. 60%~70%

C. 70%~80%　　D. 80%~90%

E. 90%以上

4.19 企业万元产值综合能耗与同行业其他企业相比（ ）

A. 达到国际先进水平　　B. 达到国内先进水平

C. 达到国内平均水平　　D. 达到初级水平

4.20（可多选） 您认为利用大数据等数字技术给企业发展带来了哪些影响？（ ）

A. 缩短研发周期，加速产品迭代

B. 生产流程优化，产品质量提升

C. 能源消耗降低，资金利用率提高

D. 库存周转率提高，订单响应速度加快

E. 市场占有率提高，扩大企业规模

F. 决策效能提高，管理更加规范

G. 创新商业模式

H. 其他（请注明）：______________

五、企业绿色转型

5.1　企业是否属于高投资、高消耗、高污染增长模式？(　　)

A. 是　　　　　　　　B. 否

5.2　企业是否已采用节能节水、绿色制造进行生产？(　　)

A. 是　　　　　　　　B. 否

5.3　企业的生产活动对当地水源的污染情况（　　）

A. 造成了严重污染，水生生物大量死亡

B. 造成水体污染，水生生物减少

C. 排污前经过净化处理，对水源影响较小

D. 并不会造成水体污染

5.4　企业有没有进行绿色治理方面投资？(　　)

A. 有　　　　　　　　B. 没有

5.5　您认为企业发展对当地生态环境的影响程度（　　）

A. 严重破坏　　　　　　B. 破坏

C. 影响较小　　　　　　D. 不影响

5.6（可多选　接上题），您认为破坏当地生态环境的原因是（　　）

A. 能源结构不合理，能源使用效率较低

B. 技术研发投入少，生产技术落后

C. 政府处罚力度和监管力度不够

D. 政府相关优惠政策无法切实实施

E. 企业管理人员对绿色制造、节能减排的重视不够

F. 企业管理人员不太了解相关的环保和节能降耗标准

G. 其他（请注明）

5.7（可多选） 企业使用的主要能源类型（ ）

A. 煤炭　　B. 石油　　C. 天然气　　D. 电力

E. 太阳能、风能、地热等清洁能源

5.8 企业污染物的主要排放类型（ ）

A. 废水　　B. 固体废弃物

C. 废气

5.9 企业是否使用污染物处理装置将污染物进行处理后排放？（ ）

A. 是　　B. 否

5.10 企业节能减排、节能诊断、节能监察及污染处理过程是否运用大数据等数字技术？（ ）

A. 是　　B. 否

六、问题与建议

1. 大数据与企业融合存在的问题与建议

6.1 您对目前大数据与企业融合发展状况是否感到满意（ ）

A. 非常满意　　B. 比较满意

C. 一般　　D. 不太满意

E. 很不满意

6.2（可多选） 企业与大数据深度融合实现数字化转型面临的主要困难是？（ ）

A. 5G、数据中心、工业互联网等数字基础设施落后，融合环境较差

B. 研发经费不足，大数据等核心技术有待突破，生产技术落后

C. 缺乏大数据相关技术的复合型专用人才，企业信息化人才不足

D. 企业不具备完善数字基础设施和技术创新的资金条件，融资渠道相对较窄

E. 政府对于企业进行数字化转型升级的宣传力度和优惠政策不足

F. 企业管理人员对于智能制造、数字化转型缺乏深度认识

G. 其他（请注明）：____________

6.3（可多选） 您认为企业可以通过哪些方式促进大数据与企业深度融合？(　　)

A. 加强数字基础设施建设，完善大数据与企业融合发展环境

B. 拓宽融资渠道，加大数字技术研发投入，提升企业自主创新能力

C. 提升大数据等相关技术与企业业务融合的深度与广度

D. 制定相关人才培养政策，大力引进复合型大数据技术高端人才

E. 积极构建企业内外部数据流通与共享平台，加强数据安全保障

F. 提升融合发展意识，制定相关融合发展战略，大力推进企业智能化、数字化转型

G. 其他（请注明）：____________

6.4　您所在企业是否愿意加大投入，积极推进大数据与企业深度融合？(　　)

A. 是　　　　　　　　B. 否

6.5（可多选） 您希望政府或行业组织为企业与大数据融合提供哪些支持？(　　)

A. 开设针对个人的大数据等相关数字技术的技能培训

B. 发挥融合标杆企业示范效应，鼓励企业现场参加学习

C. 提供专业的大数据与企业融合咨询服务

D. 给予企业一定的大数据等数字技术研发资金支持

E. 积极参与数字基础设施的建设，加大企业融合发展的宣传力度

F. 鼓励数据信息资源公开与共享，促进企业交流协作

G. 其他（请注明）：____________________

2. 企业绿色转型存在的问题与建议

6.6 企业是否已经开始绿色转型？(　　)

A. 是　　　　B. 否

6.7 您认为结合大数据等数字技术进行企业绿色转型升级有必要吗？(　　)

A. 非常有必要　　　　B. 有必要

C. 不太必要　　　　D. 完全没有必要

6.8（可多选） 您认为本企业进行绿色转型面临的主要困难是(　　)

A. 缺乏行之有效的新技术、新材料和新管理模式以及相关信息推广交流平台

B. 自主研发能力不足，只能提供一些技术含量低、附加值低的产品

C. 研发经费不足，技术进步缓慢，生产技术落后

D. 节能降耗成本太高，严重影响企业的营业收入

E. 企业不具备相应的资金条件，融资渠道狭窄，面临较强的融资约束

F. 企业管理人员不太了解相关的环保和节能降耗标准

G. 市场上的绿色制造技术成熟度不高，无法真正用于生产

H. 政府的节能减排优惠力度不够，优惠政策太少

I. 政府的“三废”排放处罚标准过重，不符合企业生产实际情况

J. 政府管理部门的环保标准模糊不清

K. 地方政府对工业企业运用数字技术进行绿色转型升级的宣传力度及政策举措不足

L. 其他（请注明）：______________

6.9　您认为本企业绿色转型最需要哪方面的努力？（　　）

A. 企业自身战略规划

B. 政府相关部门引导监管

C. 市民的认识

6.10（可多选）　您认为可以通过哪些方式促进本企业绿色转型？（　　）

A. 调整能源利用结构，提高资源利用效率，增加清洁要素投入，降低能源消耗和污染物排放

B. 调整产品结构，减少破坏生态环境的产品生产，增加绿色产品、绿色设计、绿色工艺技术

C. 提高研发经费及人员投入，增强自主创新能力，创新引领企业绿色转型升级

D. 加大节能减排投资力度，增加清洁技术投入生产，推进绿色制造技术在企业中的应用

E. 制定节能环保规章制度，设定绿色标准，培养节能减排意识

F. 将大数据等新型数字技术与本企业的生产经营、节能减排相结合

G. 增加绿色项目资金投入，推进传统生产流程的数字化、智

能化改造进度

H. 其他（请注明）：________________

6.11（可多选） 您认为企业绿色转型带来的好处有（　　）

A. 保护生态　　　　　　　B. 节约资源

C. 提高生产效益　　　　　D. 加快经济转型发展

6.12（可多选） 您对扶持大数据等数字技术用于工业企业绿色转型的政策期待（　　）

A. 开展大数据人才培养，制定人才引进及培训补贴政策

B. 政府公开信息资源，促进数据流通交易

C. 资助工业企业大数据等数字技术项目研发

D. 政府实施绿色制造、数字城市建设

E. 支持重点行业大数据等数字平台建设

F. 政府加大大数据等数字项目采购力度

G. 政府设立引导工业企业绿色转型的投资基金

H. 鼓励“政产学研”协同创新及高校技术转移转化

I. 加快实施绿色制造工程，推广节能节水技术设备，利用数字技术实施节能诊断与节能监察

J. 推动落实工业领域污染防治攻坚战

K. 其他（请注明）：________________

第七章　大数据与制造业融合下我国制造业绿色转型的路径与对策

一、大数据与制造业融合下我国制造业绿色转型面临的问题与挑战

《中国制造 2025》行动纲领提出“创新驱动、质量为先、绿色发展、结构优化、人才为本”的基本方针，将“绿色制造工程”纳入五大工程之一。2022 年《“十四五”数字经济发展规划》提出要“加快推动数字产业化”，党的二十大进一步提出加强数字经济和实体经济深度融合。当下，面临着资源和能源的浪费以及污染物的排放等问题，如何利用大数据提升制造业绿色转型已成为我国紧迫的问题。在转型过程中，政府和企业面临许多问题与挑战。

（一）大数据与制造业融合不充分

目前，我国大数据与制造业融合进程已经取得一定成就，截至 2020 年，我国产业数字化规模占 GDP 比重已达 31.2%，占数字经济比重达到 80.9%，是经济持续增长的强劲驱动力。但我国制造业总体上处于产业链中低端，资源投入与损耗高、污染高、效益较低，尚未形成资源节约型、环境友好型的制造业生产体系，在融合

过程中，仍存在着大数据与绿色制造融合不充分的问题。

1. 大数据与制造业差异化融合路径与内在机制仍需探寻

据中国信息通信研究院报告显示，2020年我国产业数字化中工业和服务业数字经济渗透率分别为21.0%和40.7%，可见制造业中各领域融合的深度与广度还有待提升，数字技术与不同行业融合的速度与方式存在较大差异，其底层融合路径与机制仍需探寻。

一方面，大数据与制造业的融合已渗透至制造业的全生命周期各阶段，生产初期可以靠数字技术进行智能化设计，生产中期依靠数字化系统控制技术和工业用机器人制造产品，生产后期利用云服务等技术对客户进行个性化定制服务。其融合发展涉及组织架构、业务流程、经营管理等各方面的系统过程，大部分企业会面临如何平衡资金投入与收益、选择技术平台、变革商业模式等问题，而出现“不敢转、不会转、不能转”的难题。另一方面，由于企业对融合发展与数字化转型存在认知偏差，很多企业只是在数字经济发展背景下简单应用数字技术，对数据的挖掘和利用往往只局限于产品研发、生产制造和技术服务等产业链上的某些部分，远远跟不上数据爆发式增长的态势。同时，也忽视了数据作为新型生产要素的价值，缺乏对数字化渗透生产工艺的底层逻辑的了解，故不能将大数据带来的正面影响辐射至完整产业链，无法满足企业实际的运营需求。

2. 数字技术和绿色制造核心环节融合度较低

我国在2016年发布了《绿色制造标准体系建设指南》，2023年发布了《数字中国建设整体布局规划》，文件中对大数据与制造业融合和制造业绿色转型路径都作出了一定指示，但目前数字技术和绿色制造核心环节融合度仍然较低，数字技术和绿色制造技术未能深度协同发展，生产中能源结构的转型程度、资源回收循环利用的效率、能耗与碳排放的管理完善度都不足，无法进一步推进大数据赋能制造业绿色转型。

数字经济与绿色制造两者的着力点不同，绿色制造的着力点在于绿色低碳环保，较少关注数字化、人工智能等数字技术的应用，绿色制造中的产业链上下游核心环节尚未与数字化技术深度融合。在生产过程中，缺乏数字化监测和控制系统，导致能源和资源的浪费。数据搜集和分析能力不足，无法有效优化生产过程，从而无法降低能耗和排放。缺乏智能制造和自动化技术，无法实现高效节能的生产方式。绿色制造理念与数字技术融合不足，两者融合往往集中于生产经营过程中的排放阶段，针对产业链上下游和热力电力等能源的降碳手段较少，导致无法实现整体绿色生产链的闭环管理。

绿色制造数字化技术促进节能减排降碳的能力较弱，数字化减碳能力有待提升。其原因可能是包括中小企业在内的大多数企业仍然面临无法负担高昂的技术成本，无法承受技术应用的复杂性和风险，无法完成相关人员的培训等障碍，数字化应用于降碳减排的路径受阻。同时，大企业大多集中于经济发达的省份，更能利用数字基建布局，掌握的数据质量和可靠性更高，而中小企业数字化转型难度大，不得不被动接受大企业转嫁的高污染生产活动，在生产运营过程中更难做到降碳减排。

（二）大数据与绿色制造融合发展存在区域间行业间不平衡

区域间、行业间大数据与绿色制造存在发展不平衡的问题，这也对制造业企业利用大数据进行绿色制造提出了挑战。大数据与制造业融合进度缓慢的地区和难以承担绿色转型前期所需成本的企业面临着没有足够的人力、物力、财力投入技术研发、人才培养、产品设计、基础设施建设等方面的问题，阻碍了绿色制造数字化进程，对我国制造业利用数字技术进行的绿色转型有不利影响。

1. 区域间大数据与绿色制造融合发展不平衡

在2022年工业和信息化部正式公布的45个国家先进制造业集群名单中，有2/3的国家级集群位于东部地区，8个国家级集群位于中部地区，5个国家级集群位于西部地区，仅有2个国家级集群位于东北地区。可见先进制造业大多集聚在东部地区，呈现极度不平衡的区域特征。根据工业和信息化部发布的《2022年度绿色制造名单》同样可以发现区域间的绿色工厂分布具有明显的不平衡特征。绿色工厂数量较多的地区集中于京津冀、长三角、川渝、珠三角4个重点区域的东部省份，在874个工厂中，有90家工厂位于京津冀，184家工厂位于长三角，64家工厂位于川渝，63家工厂位于珠三角。而西部和东北地区的绿色工厂数量较少，黑龙江仅有17家，新疆仅有10家，西藏仅有5家。

在数字基础设施、数字内需、技术与人才供给等方面，我国东中西部不同地区、同一地区不同省份以及同一省份城市与农村之间均存在较为显著的差距。对于欠发达地区，5G、高速宽带网络、互联网服务中心等基础设施建设明显落后于发达地区，且对大数据、人工智能、云计算等关键技术的创新不足。根据《中国数字经济发展白皮书2020》发布的数据显示，数字产业化增加值均超过1000亿元的省市除北京以外集中在东部地区和南部地区，信息产业作为能强力推动大数据与绿色制造发展的产业，在广东、江苏、北京等地GDP中的占比超过大部分中西部地区10%以上。同时，中西部地区对于数字消费与数字服务的需求不足，以及对于高端数字化人才缺乏吸引力等原因都在一定程度上限制了区域大数据与绿色制造发展的水平。

2. 行业间大数据与绿色制造融合发展不平衡

大数据与制造业中的不同行业融合发展也不平衡，数字经济与通信设备、计算机及其他电子设备制造业的融合水平要明显高于食品制造及烟草加工业。国家市场监督管理总局、国家标准化管理委员会于2020年10月联合发布《智能制造能力成熟度模型》对制造业企业进行评估，2022年全国通过智能制造成熟度评估的117家企业中，属于先进制造业的有94家，属于食品制造及烟草加工业的仅有2家；四级（优化级）企业有17家，通信设备、计算机及其他电子设备制造业入选企业最多，其次为汽车制造业，而航空、航天器及设备制造业中没有企业被评为四级，可以看出大数据和制造业的融合度在细分行业之间呈现一定的不平衡性。

根据工业和信息化部发布的《2022年度绿色制造名单》中的绿色工厂公示名单，我国绿色工厂中属于电器机械和器材制造业的公司占绿色工厂总数的10.7%，通用设备制造业占比5.6%，通信设备、计算机及其他电子设备制造业占比5%，而与大数据融合较为紧密的航空、航天器及设备制造业仅有1家入选绿色工厂名单，可见不同行业间大数据与绿色制造发展不平衡，即行业间的绿色化水平差别较大，部分行业绿色制造发展较为落后。

同时，中小企业资金、技术薄弱，无法支撑绿色转型，其自身绿色转型意识也不强。绿色转型前期需要付出大量成本，比如新生产设备的引入、绿色能源的使用、绿色技术的研发、生产的废物废水等的治理，等等。这些都会在短期甚至中期内增加企业的生产成本、降低其产品的价格竞争力、压缩企业获利空间，甚至减少企业的利润。传统制造业企业转型发展需要巨大的资金投入，要主动进行这种改革和转型，需要经营管理者具有极大的勇气和魄力。因为，企业发展方式的转型是有一定风险的，万一转型不顺利或者转型失败，不但会失去现在的市场份额和利润，还有可能使企业陷入财务困境，进而威胁企业的正常经营。所以，大部分企业的经营管理者并不愿意主动面对这样的转型问题。转型的成本和风险在一定程度上会削弱中小企业进行绿色转型的内在动力，制约这些中小企业的绿色转型和发展。

（三）核心数字技术水平有待提升

1. 数据关键领域的核心技术存在短板

核心技术实力的提升是推动我国数字经济与实体经济深度融合的关键支撑力量。近年来，随着数字经济与实体经济融合程度的加深，我国在人工智能、云计算、量子通信、大数据等技术领域的应用不断加快；技术水平也持续突破和提升，如双燃料动力船、后道封测光刻机等高端装备成功生产使用，理想汽车北京绿色智能工厂、小米北京智能工厂二期等智能工厂已建成投产，但一些关键领域的核心技术应用仍有较大提升空间。

在数字技术赋能工业转型方面，“5G+工业互联网”融合应用尚处于发展初期，在工业研发设计、制造操作系统、仿真测试等智能制造软件层面的核心技术水平有待提高，而传感器、关键零部件等硬件层面的核心技术的自给率不足；对工业上云、工业大数据等领域的应用与自主创新开发能力还有待加强。

此外，对于芯片、传感器、控制器等核心元件的储备与利用还未完全摆脱外部依赖。在数据搜集、有效集成、数据辅助决策、计算分析等领域，企业仍不得不面对创新与突破的技术性约束，未能在生产制造过程中深度应用数字技术、信息技术、系统开发集成，影响了构建完善的数字制造体系，无法持续进行大数据与制造业的融合。这些都限制了我国智能工厂和数字化车间的建设，导致数实结合的乘数效应没有得到充分发挥。

2. 绿色生产技术研发存在技术性约束

制造业的绿色转型和发展需要持续的研发投入和基础绿色生产技术的支持。自党在十八大报告中提出坚持走中国特色新型工业化等“新四化”道路后，数字化转型与绿色转型成为制造业技术突破和产品研发的主要方向。

目前，绿色生产技术研发存在以下问题：首先，我国前期重应用而轻理论，绿色生产基础技术研发与突破的能力不足，绿色设计、产品制造工艺技术还有待提高。大部分绿色制造技术在国内应用尚未成熟，或依赖于国外的企业，技术投入产出比低，需要承担较大风险，给我国制造业绿色转型带来较大压力。其次，我国绿色制造创新技术尚未形成完整体系，不能运用到从设计、制造、包装、运输、使用到最后处理的生产流程中，从而无法实现产品制造全生命周期清洁化、绿色化。企业通常更重视如何在产品生产中实现节能减排和降本增效，而对产物回收、污染处理环节欠缺考虑。

时间和资金问题是提升绿色制造能力的两大限制，无论是传统制造业引入或研发绿色生产技术，还是新的绿色技术转化为真正能向市场提供产品和服务的产业，都需要足够的时间和资金。传统制造业绿色转型和发展往往需要强大的资金支持：在产品的绿色生产过程中，原有的传统非绿色生产设备需要改造或者升级为绿色生产设备；关于绿色转型相关生产技术的应用，无论是外部引入还是自行研发，都需要投入专利费用或研发资金；生产过程中提升对绿色能源的使用率也会提高企业生产成本，如将成本较低的火力发电改为风力发电或太阳能发电；对环境有污染的工业“三废”等需要投入资金进行治理。无论是从绿色生产过程、绿色能源和电力的生产和使用、绿色技术的引入和研发，还是对制造业产生的污染物进行治理，都需要企业有足够的经济实力，否则将难以真正推进绿色转型，绿色技术研发和升级难以实现，对产业的绿色发展形成了技术性约束。

（四）跨界融合应用型人才储备不足

进行绿色转型和数字化转型亟需技术和业务能力兼备、同时拥有“数字素养+绿色制造知识”的复合型人才。但从当前的人才结构看，跨界复合型人才储备不足仍然是制约我国制造业绿色转型的重要因素。

随着大数据与制造业融合的深入，对相关数字技术与具体行业的场景应用也更加广泛，无论是传统制造业还是新一代信息技术产业，对兼具数字技术与行业专业知识的跨界融合应用型人才的需求都日益旺盛。但目前我国数字化人才的存量和增量都跟不上我国制造业绿色发展的需求。当前各个行业普遍面临数字化人才缺口，人才缺乏已成为制约企业数字化转型的关键因素，既懂技术又懂业务的复合型人才颇为紧缺。中国信息通信研究院发布的《数字经济就业影响研究报告》显示，2020 年中国数字化人才缺口已接近 1100 万，这一缺口随着每年各行业的数字化转型力度的提高正在持续加大。目前，我国紧缺的数字化人才不仅包括数字产业化创造的数字技术、数字研发岗位人才，也包括产业数字化转型过程中所需的大量数字技能人才。随着制造业企业数字化转型的全面深入，除了高技术产业，传统制造业中的专业技术、业务应用和管理决策方面的数字化转型的业务需求缺口正在扩大。以能源行业为例，中国华电集团在 2021 年发布“数字华电”规划，深入推进数字电厂建设；中国海油提出“智慧海油”计划，逐步实现海上油田数字化；中国石油提出“数字中国石油”建设，于 2022 年搭建完成数字高精度网。行业新业务，如分布式智能电网和数字化能源管理服务等对相关从业者提出了新的要求。不同行业对数字化人才的具体需求在不同的时间段都不尽相同，但对具有创新能力和时代嗅觉的数字化人才的需求是持续存在的。

在数字化的绿色发展过程中，要求具备复合型能力的人才参与。这些人才需要具备数字化技能、环保意识和综合能力，能够在推动数字化绿色发展的同时，解决相关问题和挑战。作为制造业绿色创新驱动的核心要素之一，我国企业的数字化、绿色化很大程度上依赖掌握关键技能的核心人才。制造业企业自己研发相关的绿色生产技术需要产业发展的前瞻性，并要能做好相关方面的规划和资金投入，而这既需要在国家层面培养足够多的专业优秀人才，也需要产业内部有足够多的人才储备和积累。

对于我国制造业企业来说，精通产品研发和生产运营的人才较多，但同时真正掌握大数据分析、云平台建设、人工智能等新型技术的人才又较为缺乏。在绿色转型过程中，企业既缺乏掌握新型数字化转型技术的人才，又缺乏能够胜任规划、核算、评估制造业碳排放的专业人才。这种既了解制造业未来趋势和公司业务，又具备数字化专业技术、高效协同和创新能力的综合型人才的严重短缺给企业数字化转型和绿色转型造成一定困难。

（五）数据治理体系与环境规制滞后

1. 适应大数据发展的监管体系不完善

数字经济是依托数字技术发展的新兴经济形式，传统法律法规难以规制因数据泄露、非法交易所导致的网络诈骗、网络赌博等违法犯罪案件。近年来，数字经济政策密集出台，数字经济政策部署逐渐成为推进中国式现代化的重要驱动力量。但与数字经济发展阶段相适应的监管体系尚不完善，主要存在以下两个问题。

第一，我国数据产权界定与规范使用的法律法规滞后于产业数字化转型步伐。随着数字经济与实体经济不断地深度融合，产业边界与业务边界变得越来越模糊，现有的制度环境下数据产权归属仍难以界定，缺乏明确清晰的数据知识产权保护与责任主体划分的相关规定，易出现数据侵权纠纷、创新成果被平台违法抄袭、企业自主融合动力不足等问题。例如，对无人机、无人车来说，现有的交通事故责任划分和产品侵权的法律法规难以完全适用，这就导致无人驾驶引发安全事故时难以认定责任主体。从制造业绿色转型的角度看，制造业总体的生产活动能耗数据和碳排放监测数据交换使用往往涉及不同行业、区域、主体的利益，而这些数据的使用尚没有更科学、有效的规制制度进行规范。

第二，我国尚未形成较为完善的数据治理体系，无法较好处理大数据造成的新问题。大数据、人工智能等数字技术的通用目的性使得数据在场景应用与融合流通过程中较易形成规模庞大的信息数据垄断巨头。而这些大型数字平台在运营过程中储存了海量数据，不仅可能利用自身优势形成竞争壁垒，破坏有效竞争的市场，还可能出现数据滥用、非法传播、隐私泄露等问题。同时，垄断导致大数据无法采集、适配、重构与共享，阻碍了数据发挥更大的价值。随着智能算法的不断更迭和广泛利用，数字鸿沟、由算法带来的算法歧视、大数据杀熟、恶性竞争等问题日益突出，给数据内在价值充分发挥造成阻碍。

2. 制造业绿色转型规制制度不健全

制造业绿色转型，既需要相关企业的管理者有绿色生产的意识和对产业未来技术和产品发展趋势的前瞻性，更需要国家相关政策尤其是与环保有关的相关政策和制度的引导和约束。部分制造业企业绿色转型意识需要外部环境进行倒逼，政府的环保政策要求对相关产业和企业的发展是重要的外部约束。企业的生产必须符合政府制定的生产标准及排污等环保要求，否则将面临巨额罚单、社会信誉受损，甚至取消生产资格等处罚，因此，制造业的绿色发展受国家环境规制的影响非常大。

目前，我国对制造业新型绿色转型过程中的行为管控能力不足，生态环境信息流通不畅、数据管理不善。尽管一些地区已经开始使用数字化能耗监管系统，但其监测范围有限，仍有一部分地区的排污企业未能接入系统，导致监测数据无法有效联通。同时，环境执法监管机制无法和数字化浪潮相配合，信息获取能力不足，各地生态信息仍然不够公开透明。此外，环境违法现象的监管难度大，企业在承担绿色责任方面表现不佳，难以有效支持生态产业和生产安全治理，相关部门难以及时发现问题并进行有效风险预警。

二、大数据与制造业融合下我国制造业绿色转型的路径与对策

（一）推进新型基础设施建设布局

1. 加快数字化基础设施建设

2018 年 12 月中央经济工作会议提出“加快 5G 商用步伐，加强人工智能、工业互联网、物联网等新型基础设施建设”。在 2022 年发布的《扩大内需战略规划纲要（2022—2035 年）》中提到布局新型基础设施系统需要从加快建设信息基础设施、全面发展融合基础设施、前瞻布局创新基础设施等方面入手。

完善的数字基础设施是推动制造业数字化转型和绿色转型、实施创新驱动发展战略的重要支撑。为此，①要加强对 5G 网络、物

联网、人工智能、数据中心等为代表的新型基础设施建设的投资力度，加快对传统基础设施的数字化改造与升级，积极构建大数据网络中心、智能计算中心和工业互联网平台，提升实体经济各行业实时数据采集、存储、处理和分析的能力。②积极完善有助于新型基础设施建设的各种政策与制度，合理规划区域数字基础设施建设，提升数字基础设施建设的普惠性。③加快推进云平台与云计算的创新应用，为实体经济各领域的数据存储和算法提供空间支撑。

2. 统筹规划数据中心布局

为解决我国数据中心存在的供需失衡、失序发展等问题，我国需要重新合理统筹规划数据中心布局，推动供需平衡、绿色集约和互联互通的实现。

各地需因地制宜找准自身定位，配合中央布局数据中心，除了数字经济较为发达的京津冀、长三角、粤港澳大湾区、成渝地区之外，也要在陕甘宁、云贵地区等西部地区建设算力网络国家枢纽节点。对于应用需求大，但能耗指标紧张、电力成本高，大规模发展数据中心难度和局限性大的东部地区，要选择靠近数据源和用户的地理位置，以降低数据传输延迟和提高访问速度。同时，还须考虑气候条件和自然灾害风险，选择适合建设数据中心的地理环境，并确保有稳定的供电和网络基础设施支持数据中心的运行。

（二）培育开放共享的制造业转型生态

1. 健全区域互补协调发展的机制

要解决区域间大数据与绿色制造发展不平衡的问题，就要建立地区协作机制，引领区域协同发展。

首先，要扶持转型力度较低的中西部和东北地区制造业企业进行数字化转型及绿色转型。利用中西部地区与东部地区相比所具备的独特的地质、山体和人文优势建设绿色算力产业，促进先进制造业的发展。同时，利用中西部的算力资源，如贵州的大数据中心运算来自东部的数据，发挥西部地区运算成本低、资源丰富的优势，加快培育中西部地区的先进制造业。在充分利用东北老工业基地优势的基础上，发展先进制造业，推动传统制造业进行转型升级。

其次，将转型力度较高的东部地区建设为绿色智造高地，发挥技术扩散作用，对中西部地区产生辐射带动效应。东部地区统筹整体区域发展的同时，转移一部分符合中西部地区发展条件的高技术产业到中西部地区，构建低碳发展区域共同体。

最后，各区域进行优势互补，实现全国各区域数字化、绿色化联通发展。目前，单纯依靠制造业单个区域行业和企业之间的互动往往还不能满足绿色技术研发和应用的需要，还需要通过全国各区域企业与政府、科研院所的全面合作来解决核心难题。企业通过与研究机构开展基础科学的合作，弥补企业研发过程中存在的领军人才和关键领域人才不足的困境，以从根本核心技术上破解绿色生产技术的难题。企业通过与各级政府积极合作，不仅有助于构建良好的产业发展生态，还可以获得数字化转型及绿色转型所需的各项补贴支持。这样便可充分发挥不同区域优势，缩小各区域之间的数字鸿沟，区域互补协调发展，促进区域间的碳中和与碳排放的深度对接，沟通协调行动方案的制定与实施。同时，鼓励不同区域之间的企业联合进行绿色转型，共享低碳发展的经验，促进技术扩散和辐射作用。

2. 促进产业链上中下游整体转型

制造业的绿色转型与发展不是单一制造业独立谋划和推进就可以实现的，需要多方参与和协调统筹才能落实，才能做到降本提效。从产业链的视角来看，制造业再生产过程中的绿色转型只是其中的一个环节，需要进一步从实现制造业产业链绿色发展的角度探索新的绿色发展路径，不断打造制造业绿色供应链、服务链、循环链。最终实现包括制造业在内的全产业链绿色发展。

第一，完善与大数据融合的制造业供应链。由上游产业提供更为清洁的或无毒无害的原材料，能源供应领域提供清洁的能源，设备制造行业提供节能减排和绿色生产的机器设备，教育行业提供更多具备领先技术的人才，具备以上这些条件则可更好地处理生产环节的末端污染物。制造业要顺应经济社会发展的趋势，利用好国家支持产业发展的政策和转型环境，抓住绿色发展的机遇，提升产品的内在价值和在消费者群体中的好感度，从而提升国内外市场份额。

第二，发挥龙头企业的枢纽作用和核心作用，助力中小企业融入绿色转型产业链。在制造业绿色转型过程中，往往涉及多个经济主体，比如汽车、电子电器、通信、机械、大型成套装备等行业的龙头企业，这些企业的上游零部件或元器件供应商和下游回收处理企业等涵盖采购、生产、营销、回收、物流等环节的各类经济主体。因此，在协调过程中，相关龙头企业要肩负起协调各方的主体责任，以龙头企业带动相关上下游企业把绿色发展落实到位，搭建交流转型经验的平台与中小企业交流沟通，联合产业链内上中下游包括中小企业在内的企业定期共享信息，交流技术与合作。

第三，通过顶层设计和制度安排来协调企业绿色转型发展过程中各种利益关系，最终更好推进制造业的转型进程。我国党和政府在推进制造业绿色发展的顶层设计和协调过程中发挥着至关重要的作用。中央和各级政府从法律法规方面和制度层面制定能耗、水耗排放标准，以及相关激励和惩戒措施，引导、激励企业按照绿色发展的要求开展生产经营活动。制定一系列促进中小企业发展的政策措施，促进中小企业平稳健康发展。

（三）加快相应技术的研发与应用

技术发展是制造业数字与绿色双转型的根本支撑，我国制造业必须继续扩大数字技术应用，强化数字技术对绿色转型的赋能作用，加快绿色核心生产技术的研发与突破，以面对大数据与制造业融合下绿色转型面临的问题与挑战。

1. 提升数字技术水平

加快数字技术的研发与突破，要识别关键性技术需求，积极引导人工智能、大数据等数字技术与传统制造业融合，促进数字技术自身集成发展，为产业数字化转型提供技术支撑。要解决制造业企业转型过程中“不敢转、不会转、不能转”的问题，加快数字经济与实体经济深度融合。若要在未来产业发展与国际竞争中占据优势，科技水平的提升是重中之重。

第一，加大对数字技术的研发投入。鼓励企业、研究院加大对数字领域的基础技术、共性技术以及智能关键系统与软件的研发投入。有关机构大力给予互联网龙头企业致力于研发大数据、传感器、人工智能、量子通信、集成电路、区块链等前沿技术的资金支持和政策支持，吸引更多的企业自主增加对大数据、人工智能、云计算等技术的投入。

第二，在持续吸收外来先进技术的基础上，实现关键技术领域的自主可控。通过吸收外资来引入先进技术并提升研发能力，实现引进吸收后自主创新，以及创新技术与外来先进技术融合的良性协同。同时，集中行业领军企业与著名科研院所的力量，持续深入探究物联网、人工智能、云计算、大数据等数字技术在实体经济各领域场景应用的底层逻辑，加快实现计算机仿真技术、芯片、人工智能基本算法等底层技术以及传感器、基础软件、核心元器件等领域的自主可控。同时，突出我国在大装备、大设施方面的优势和需求，针对高端控制系统、大规模集成电路、基础软件、网络传感器、制造业机器人等智能化关键薄弱点，引导企业和研发机构协同攻关，补齐产业基础能力短板弱项，摆脱技术层面受制于人的局面。

第三，做好数字技术中长期布局，完善全国工业互联网平台，围绕数字技术产业发展部署。继续加快构建国家、区域、产业以及企业不同级别的工业互联网平台，促进更多的企业上云上平台，加强云端数据采集、网络传输、分析预测等功能的应用与推广，推进企业数字化转型的进程。

第四，加速数字化相关科技成果转化。集中力量转化5G/6G、人工智能、区块链、量子信息、神经芯片等前沿重点领域技术的科技成果，加快前沿技术应用于基础设施购买、运维保障、系统研发、服务支持等方面的步伐。

2. 加快绿色科技创新

技术创新是制造业实现绿色发展转型的前提和基石。制造业的绿色发展需要多环节的绿色技术的支持和创新，没有创新科技的支撑，没有创新科技真正转为现实生产力，将无法从根本上推进制造业的绿色转型过程。

制造业绿色转型要求企业面向节能环保、新能源装备、新能源汽车等绿色制造产业的技术需求，加强核心技术研发，构建支持绿色制造产业发展的技术体系，令我国制造业从传统高能耗生产向低碳高效生产转变，加快绿色科技创新，加大关键共性技术研发力度，增加绿色科技成果的有效供给，发挥科技创新在工业绿色发展中的引领作用。

第一，加快传统产业关键技术改造升级。钢铁、有色金属、化工、建材、造纸、印染等传统制造业要注重减少制造过程的能源资源消耗和污染物排放。一方面，要求企业在生产资料采购和加工等产业内部投入与排放过程中实现绿色发展，比如在企业生产用水、用电、原材料等方面实现资源节约和采购绿色的原材料，从源头上减少有毒有害原料使用；另一方面，企业针对工业“三废”，应重点降低二氧化硫、氮氧化物等主要污染物成份的排放强度和数量，实现绿色排放，促进大气、水、土壤污染防治行动计划落实。另外，企业应从再生产的视角实现绿色发展。在购买环节、生产环节、销售环节中，按照减量化、再利用、资源化原则，加快建立循环型制造业体系，特别要注重对生产过程中的固体废物进行废物再利用，重点围绕尾矿、废石等工业固体废物，推广一批先进适用的技术装备，推进深度资源化利用，在钢铁、有色、石化、化工、建材等行业强化行业间横向耦合、共享资源。

第二，加快新兴产业绿色技术发展进程。在通信产业降低电子信息产品能耗，推广无铅生产工艺，控制有毒物质含量。应用节能、节水、降碳技术，发展绿色低碳产业。推广绿色节材工艺，研发绿色新材料和生物工艺产品。

第三，推进新材料与新能源的研发，改善制造业能源结构。鼓励我国相关企业从传统材料领域向新结构功能材料发展，将新材料广泛应用于航空航天、汽车、机械等领域的工程塑料及纤维的制造等，并涉足可降解塑料、生物合成等符合绿色环保、减碳减排的重要行业。制造业在能源使用方面需要提高清洁能源比重，建设清洁能源基地，推动能源替代。政府奖励清洁能源企业，鼓励消费结构调整。推进能源改革，完善电力定价机制，优化新能源与制造业布局。利用太阳能、风能、水能等为制造业提供电能，减少能源浪费。

3. 推动数字技术与绿色技术的深入协同

除了推动数字技术与绿色技术的研发与突破外，也要注重二者的融合以达到协同发展的目的，实现数字化关键领域的绿色化转型和绿色化关键领域的数字化转型双重驱动效应。

第一，引导现有数字技术赋能绿色制造。在融合过程中，通过对制造业生产环节的数字化、智能化改造和赋能，一方面节约劳动力提高劳动效率，另一方面也可以降低单位产值能耗。在与绿色生产直接相关的绿色生产技术创新之外，目前的数字化发展和创新技术赋能同样可以用于提升制造业的绿色转型过程。一方面，利用数字化和自动化技术与传统产业深度融合。用新技术驱动我国制造业节能降碳增效，提高能源利用效率。另一方面，新兴企业需要加快数字技术与新能源新材料开发、整体节能减排系统、环境污染治理、清洁煤发电等领域技术的融合与突破，将云计算、人工智能、5G 技术、工业互联网等数字技术运用于绿色制造生产过程。以数字化综合能源管理平台为核心，将大数据与产品设计、生产制造全产业链环节深度融合，推动企业、园区实施全流程、全生命周期精细化管理，带动能源资源效率系统提升。

第二，注重数字化产业的低碳转型，加强绿色数据中心的建设。在数据中心的建设过程中注重利用自然环境协同节能减排，加快规划绿色智能的数据中心布局，降低数字化新型基础设施能耗，减小数据中心的年均电源使用效率（power usage effectiveness，PUE）值，提高数据中心的绿色化程度。

另外，将数字化和大数据应用于绿色制造产品的流通和消费环节，实现流通和消费环节的绿色发展。同时，鼓励制造业企业与高校和研究院开展产学研合作，协同进行数字技术和绿色技术创新；

加强国际交流合作，引进国外先进技术在国内落地。

（四）建设高端数字化人才队伍

产业的数字化转型亟须大量掌握先进的数字技术与行业专业知识的复合应用型人才，特别是随着数字经济与实体经济融合应用的深入，对于新业态、新模式等领域的研究型人才将面临很大缺口。要加快我国制造业绿色转型进程，就要加快跨界融合高端数字化人才队伍建设。

第一，加快设立数字技术研究中心及培训基地。鼓励企业、科研机构与高校深度合作，集聚多方优势资源培养数字技术专业人才。

第二，加大人才引进力度。政府和企业加大对国内外与数字经济和实体经济融合发展相适应的高层次领军人才和相关研究人员的引进力度，制定相应的补贴优惠措施，提升相关研究人员的福利待遇，争取培养出掌握数据分析、平台运营维护、信息数据安全等专业知识的人才。

第三，加强数字化职业教育，加快改革高校人才培养机制。鼓励高校积极开设与智能制造、数据分析、计算科学等相关的学科专业，建设复合型人才培养的综合实验室，加大对大数据、人工智能、云计算等数字技术应用人才的培养规模，并将相关专业的学科人才尽早加入具体行业数字化转型的实践中，逐步打造跨界融合的专业化和国际化人才队伍。

第四，企业内部培养与数字化转型及绿色转型相适应的人才。除了从外部引进人才之外，企业需要根据自己的实际业务需求从内部人员中选拔培训，或让一部分具备核心素质和基本能力的人员跨岗，构建与企业未来发展相切合的人才体系。同时，制造业绿色发展需要企业管理者有环保意识，以及对消费者消费理念转变的敏感性和数字化转型相关的战略眼光。企业管理者在企业数字化转型及绿色转型的进程中发挥着关键力量，企业数字化转型进程很大程度与管理者是否对企业转型的目的、商业逻辑、转型步骤和未来发展有足够清晰的理解和坚持推进转型的决心相关。企业新生产设备的引入、绿色能源的使用、绿色技术的研发、生产的废物废水等的治理等资金投入都需要管理者进行正确的安排。这要求管理者具备战略指引能力和战略落地能力，对公司的业务和技术足够了解，因此企业需要培养具备以上能力的管理型人才。

第五，多方开展产学研合作。单纯依靠制造业行业和企业之间的互动和内外联合发展往往不能满足绿色技术研发和应用的需要，还需要企业与研究机构开展基础科学的合作，弥补企业研发过程中存在的领军人才和紧缺人才不足的困境，以从根本核心技术上破解绿色生产技术难题。

制造业企业特别是传统制造业的高端数字化人才队伍建设具有长期性，在建设过程中，需要不断引进外部人才并调动培养内部人才，同时推动产学研合作，令企业的数字化转型及绿色转型持续焕发生机。

（五）健全数据及绿色制度体系，推动数据治理体系建设

1. 完善数据要素制度体系

第一，加快数字安全立法，支持数据要素市场建设，明晰数据产权归属，加快健全归属清晰、权责明确、保护严格、流转顺畅的数据产权制度。有关机构对数据的使用权限、应用方式和安全机制等进行严格的标准化管理，加大对政务数据、科研成果、大众隐私等相关信息的保护力度。

第二，加强网络安全与数字治理力度。规范治理网络平台企业与底层算法应用，针对平台垄断、算法歧视、恶性竞争等行为尽快制定合理的惩罚措施，明确数字平台与各方主体在数字治理中应当承担的责任，充分发挥政府、企业、消费者等在网络监管和数字治理中的作用，逐步提升治理精准度。不断夯实政府数字网络安全基础，加强对关键信息基础设施、重要数据的安全保护，提升全社会网络安全水平。

第三，提升数据安全保障技术水平，加强云平台数据安全防护、隐私数据防泄露、网络风险预警等技术的应用，保障数据安全流通共享，为数字经济与实体经济融合提供健康的发展环境。

第四，完善数据相关制度体系。完善数据市场制度、治理制度、信用制度、安全制度，细化数据市场准入和竞争制度，建立健全数据信用体系和数据治理体系，修订完善数据法律法规，强化企业端到端数据安全管理，加强与国家安全相关的数据监管，规范和鼓励数据跨境流动。建立统一的数据标准和规范，包括数据命名、格式、存储结构等方面的规定，确保数据的一致性和可比性。加强数据安全管理，包括数据的备份、加密、权限控制等措施，防止数据泄露和损坏。推动数据共享和开放，建立数据共享平台和机制，促进数据的跨部门和跨机构共享和利用。

2. 以体制创新激活绿色转型

在国家层面，要创新国家治理理念，出台相关法律法规来规范和引领企业和社会树立节约生产理念，推进能源消费革命，提高钢铁、化工、建材、有色金属等制造业的生产效率和能源利用效率，主动运用环保、能耗、技术、工艺、质量、安全等标准，依法淘汰落后产能，加快发展能耗低、污染少的先进制造业和战略性新兴产业。有了绿色发展技术支持和绿色发展理念和意识的更新，还不能确保制造业更好推进绿色转型发展，需要进一步理顺和创新制造业发展过程中的体制机制，以体制机制创新激活制造业的绿色发展转型。

在体制机制创新方面，①要在政府引导和支持机制方面有所创新，例如，出台更多具体的举措来支持企业进行绿色设计，开发绿色产品，建设绿色工厂，发展绿色工业园区，打造绿色供应链，全面发展建立绿色制造体系。②要继续深化资源体制改革。《工业绿色发展规划（2016—2020年）》提出进一步通过理顺资源价格体系，建立以市场化为导向的，能够反映市场供求关系、资源稀缺程度、环境损害成本的资源价格形成机制，建立健全用能权、用水权、排污权、碳排放权初始分配制度，创新有偿使用、预算管理、投融资机制，培育和发展交易市场。③要做好制造业绿色转型发展的良好发展生态。例如，强化绿色监管，健全节能环保法规、标准体系，加强节能环保监察。进一步转变职能，创新行业管理方式，推行企业社会责任报告制度，开展绿色评价。在财税政策方面，充分利用中央预算内投资、技术改造、节能减排、清洁生产、专项建设基金等资金渠道及政府和社会资本合作（PPP）模式给予的支持。在金融支持方面，通过发展绿色金融，即工业绿色信贷和绿色债券，为中小企业绿色转型提供更好的担保服务和信贷支持，从而加速制造业绿色发展。

后　记

本书是吕明元主持的国家社会科学基金重点项目结项成果之一，项目名称：国家社会科学基金重点项目“大数据与制造业融合机制创新下我国制造业绿色转型的路径与对策研究”（20AJY007）。

吕明元负责了本书的总体构思、初稿、后期统稿和修改定稿等全面的工作。天津商业大学经济学院部分产业经济学硕士研究生参与了本书的资料搜集和整理编辑工作，在此表示感谢。

本书的出版得到了天津商业大学相关部门及经济学院的热情支持，中国商务出版社的领导和编辑老师给予了积极的帮助，编辑周珺老师为该书的出版付出了辛勤的劳动和热忱的服务。值此出版之际，谨向他们表示衷心的感谢。

本书作为国家社会科学基金重点项目的结项成果之一，从构思、写作到完稿，前后历时逾四年，深深地感谢支持我完成书稿的家人和合作者们。

写作过程中，本书参考和吸收了诸多专家学者的研究成果，并尽可能地在注释或参考文献中列出，在此，对相关专家学者表示由衷的敬意和谢意。

本书的观点和论述可能还不成熟，期待读者的批评指正。

天津商业大学经济学院　吕明元

2024 年 11 月